Hans Fink

Heinzelmännchen
im Heuboden

Halbstarke im Dienste der Dorfgemeinschaft

Zum Hintergrund der Sagen
über hilfreiche Zwerge und Salige Fräulein

Gießen
2022

Herstellung und Verlag: BoD – Books on Demand,
Norderstedt
ISBN: 9783756211043

INHALT

Das Vorhaben .... Seite 7
Die Heinzelmännchen und ähnliche Gestalten 23
Die Saligen Fräulein und ähnliche Gestalten 39

Heinzelmännchen und Salige Fräulein im Vergleich 45
Der Aufenthaltsort im Sommer 45
Der Aufenthaltsort im Winter 52
Die Verpflegung durch die Bevölkerung 56
Einsätze nach Bedarf 68
Hilfe nach Anleitung 82
Ein soziales Praktikum 92
Die konventionelle Unsichtbarkeit 96
Das Gebot der Meidung 109
Die rituelle Umwandlung in Erwachsene 121
Die Entlassung 125

Das Rätsel der fremden Mädchen 131
Die bestraften Nixen 137

Der Verleih von Geschirr 142
Die Leiter der Buschschule 146
Das soziale Umfeld 159
Das Ende der Buschschule in Mitteleuropa 167

Übereinstimmungen in Märchen, Sagen und Brauchtum 178
Der Abstieg in die Unterwelt 178
Schwärzung und Unsichtbarkeit 179
Die Verpflegung 179
Die Erneuerung des Körpers 179
Der Unterricht 181
Im Dienste der Dorfgemeinschaft 183
Die Schweigepflicht 188
Eheanbahnung 189

Entstellungen .... Seite 201

Schluss 226

Die Ortschaften 233

Bibliografie 253

Geschichte und Archäologie 253

Volkskunde und Völkerkunde 254

Erzählforschung 261

Sammlungen von Märchen und Sagen 263

Märchentypen aus dem Aarne-Thompson-Katalog 283

Das Vorhaben

In Mitteleuropa, das bedeutet Frankreich, die Benelux-Länder, Deutschland, Tschechien, Österreich, Südtirol und die Schweiz, hat eine Institution der Gentilordnung, die unter dem Namen *Buschschule* bekannt ist, bis ins Mittelalter bestanden. Das ergibt sich aus der Analyse der Sagen von den *Heinzelmännchen,* den *Saligen Fräulein* und vergleichbaren Gestalten der Folklore: *Wichteln, Zwergen, Hollen, Heugüteln* bzw. *Erdweibeln, Seejungfrauen, Elfen, Nachtfräulein.* Deren Urbilder waren Jugendliche, Halbstarke, die an einem spezifischen Ritus teilnahmen und sozialisiert wurden, indem die Dorfgemeinschaft sie als Hilfskräfte zur Erledigung einfacher Arbeiten einsetzte.

Die vorliegende Recherche setzt sich zum Ziel, die Zusammenhänge und die Hintergründe zu klären.

Sowohl ihre völlige Abhängigkeit von den Menschen durch die Verköstigung wie auch die Verrichtung von Hilfsarbeiten aller Art, und zwar auf Bestellung und Anweisung, widerlegen die in der Erzählforschung eingenistete Vorstellung, die hilfreichen Zwerge des Typus Heinzelmännchen und die Saligen Fräulein wären Dämonen des Volksglaubens. Wie vertraulich das Verhältnis war, ergibt sich aus den Mitteilungen, dass die Menschen ihre Mahlzeiten mit ihnen teilten und ihnen Kleinkinder anvertrauten. Die Bewohner vom Kretschhaus zu Lulzhausen in Luxemburg etwa setzten abends das vom Nachtessen Übriggebliebene auf den Küchenschrank, indem sie sagten: „Das ist für die Wichtelcher", und gingen dann zur Ruhe, ohne das Tischgeschirr vom Tisch geräumt zu haben. Morgens beim Aufstehen fanden die Hausleute das Essgeschirr wohlgescheuert in Ordnung an seinem Platz aufgestellt, das Haus gereinigt und die auf dem Küchenschrank aufgestellten Überreste des Abendessens verzehrt (Wichtlein zu Lulzhausen[1]).

---

[1]   Wichtlein zu Lulzhausen: In: N. GREDT (Hg.): Sagenschatz des Luxemburger Landes. Bd. 1, S. 5.

Die Buschschule, eine aus der Steinzeit stammende Einrichtung, war der Rahmen für die kollektive Jugendweihe.[2] Sie lässt sich mit einer Internatsschule unserer Zeit vergleichen. Ihr Standort befand sich im Wald. Dort lernten die Knaben und Mädchen alles, was ein Erwachsener wissen und können musste, um selbstständig für sich und für seine Angehörigen zu sorgen. Irgendwann während der Schulzeit, vermutlich kurz nach der Einschulung, verwandelten der Stammeszauberer und die Stammeshexe sie rituell in Erwachsene.

Diese Einrichtung ist Gegenstand sowohl des Märchens als auch der Sage; Relikte in Form von Bräuchen überlebten bis in die nahe Vergangenheit. Bei der Darstellung macht sich ein deutlicher Unterschied zwischen Märchen und Sagen bemerkbar.

Im Falle der Märchen setzt sich die Handlung aus (z.T. umgedeuteten) Erlebnissen der Zöglinge von ihrer Einschulung bis zu ihrer Rückkehr ins Dorf zusammen. Bis auf den heutigen Tag erfreuen sich Märchen von der Buschschule großer Beliebtheit. Von den 200 Texten der berühmten Grimm'schen Sammlung „Kinder- und Hausmärchen" enthalten drei Dutzend Motive, die Momenten der kollektiven Jugendweihe entsprechen, unter ihnen so bekannte wie „Der Froschkönig" – „Marienkind" – „Märchen von einem, der auszog, das Fürchten zu lernen" – „Der treue Johannes" – „Rapunzel" – „Die sieben Raben" – „Rotkäppchen" – „Fitchers Vogel" – „Die sechs Schwäne" – „Dornröschen" – „Sneewittchen" – „Die drei Federn" – „Hans mein Igel" – „Der Königssohn, der sich vor nichts fürchtet" – „Der Eisenofen" – „Die weiße und die schwarze Braut" – „Der Eisenhans" – „Der Trommler". Im international

---

[2]   Das Wort *Jugendweihe* stammt nicht aus dem politischen Vokabular der 1949 gegründeten DDR. Die Völkerkundler haben es schon vorher verwendet, z.B. MARTIN GUSINDE in einem 1946 veröffentlichten Buch über die Feuerland-Indianer. Siehe: Die Jugendweihe. In: Urmenschen im Feuerland. S. 260-292. Andere Bezeichnungen für denselben Brauch sind: *Initiation, Knabenweihe, Mädchenweihe, Pubertätsinitiation, Pubertätsriten, Pubertätsweihen, Mannbarkeitsriten, Reifefeier, Reifeweihe, Reifezeremonien* und *Stammesinitiation*.

gebräuchlichen Verzeichnis der Märchentypen von Aarne-Thompson gehören mehr als 50 Typen zu dieser Kategorie. Besondere Erwähnung verdient der Typus AT 301 „Die drei geraubten Königstöchter" mit den Untertypen AT 301 A „Die Prinzessinnen in der Unterwelt, AT 301 B „Die außerordentlichen Gesellen" und AT 301 C „Der Apfelbaum des Königs", weil die zahlreichen spezifischen Texte den Vorgang der Jugendweihe umfassend wiedergeben.[3]

Die Natur dieser Märchen hat der russische Erzählforscher Wladimir Propp in einem bahnbrechenden Werk enthüllt, das ist die 1946 in Leningrad veröffentlichte Abhandlung „Die historischen Wurzeln des Zaubermärchens".[4]

In den Sagen lernen wir die Zöglinge der Buschschule aus der Sicht der Dorfgemeinschaft kennen: Sie helfen bei allen fälligen Arbeiten, dafür werden sie von den Bauern verpflegt; ältere Knaben und Mädchen absolvieren einzeln ein soziales Praktikum auf einem Bauernhof oder bei einem Handwerker. Mit der Buschschule als Zange lässt sich das Rätsel der Hamelner Rattenfänger-Sage knacken, an dem sich viele Volkskundler und Historiker die Zähne ausgebissen haben.

Wenn man von Frankreich absieht, ist die Handlung des Märchens nur ausnahmsweise mit einer Ortschaft verknüpft. Dagegen sind Angaben zum Handlungsort bei den Sagen die Regel.

Ein wesentlicher Unterschied zwischen Märchen und Sagen betrifft ihr Alter. Die Märchen über die europäische Buschschule sind anderthalbtausend Jahre älter als die Sagen über Heinzelmännchen und Salige Fräulein. Ihre Entstehungszeit stimmt mit der Späten Bronzezeit (etwa 1200 bis 800 v.Chr.) überein. Wenn wir davon ausgehen, dass man in der Öffentlichkeit nicht über die Buschschule sprechen durfte, solange sie existierte, lässt sich die Entstehungszeit der Märchen durch zwei Vorgänge eingrenzen: Zum einen durch die Herstellung von Ganzmetallrüstungen aus Bronzeblech, die sich in den Texten widerspiegelt, denn in

---

[3]   AT – Abkürzung für den international verwendeten Märchenkatalog von ANTTI AARNE und STITH THOMPSON.

[4]   VLADIMIR PROPP: Die historischen Wurzeln des Zaubermärchens. [Leningrad, 1946.] München und Wien: Hanser, 1987.

Mitteleuropa hat die Herstellung von Rüstungsteilen wie Helm, Panzer, Arm- und Beinschienen im 13. Jahrhundert v.Chr. begonnen.[5] Zum anderen durch die Verbreitung des Reitpferds, denn in die Märchen von der Buschschule ist das Reitpferd nachträglich eingeführt worden, also hat es diese schon gegeben, als das Reitpferd noch nicht verbreitet war, und das heißt: noch nicht allgemein bekannt war. Folglich muss die Buschschule in Teilen des Kontinents während der Späten Bronzezeit aus der sozialen Wirklichkeit verschwunden sein.

Damals haben die Menschen auf einem ausgedehnten Areal auf die Buschschule verzichtet. Man darf von einem ausgedehnten Areal sprechen, weil die Märchen zahlreiche gegensätzliche Angaben zur Jugendweihe enthalten:

(A) Wir unterscheiden drei Formen, was das Geschlecht der Teilnehmer betrifft, nämlich: ausschließlich Knaben, ausschließlich Mädchen und die gemischte Gruppe.

(B) Es zeichnen sich mehrere Möglichkeiten ab, wie der Initiand aus dem Elternhaus zur Initiationsstätte gelangte: Er wurde dem Schulleiter bzw. der Schulleiterin übergeben (AT 314, 325, 710). – Die Gruppe der Initianden folgte einer Tier-Maske (AT 303, 311, 313, 405); solche Masken verkörpern Hirsch, Fuchs, Kater, Schwein, Eule. – Man führte das Kind bis in die Nähe der Initiationsstätte, die letzte Wegstrecke bewältigte es allein (AT 502, 709 und rumänische Balladen, die Monica Brătulescu analysiert). – Der Initiand legte den Weg allein zurück (AT 313). – Die Schulleiterin griff sich das Mädchen mit Einverständnis der Eltern (AT 310). – Der Schulleiter und seine Gehilfen inszenierten eine Entführung der Mädchen (AT 301, 302).

---

[5]   ALBRECHT JOCKENHÖVEL: Schimmernde Wehr – Die ältesten Schutzwaffen aus Metall. In: ALBRECHT JOCKENHÖVEL und WOLF KUBACH (Hg.): Bronzezeit in Deutschland. S. 84-85. – Siehe auch: ERNST PROBST: Deutschland in der Bronzezeit. S. 271. – Siehe ferner: OTTO SCHERTLER: Die Kelten und ihre Vorfahren. S. 103-106.

Man weiß heute, dass die Schutzrüstung aus Bronzeblech damals weniger dem praktischen Gebrauch als der Parade diente, sie war vor allem ein Rangabzeichen.

(C) Wir stellen fest, dass Knaben und Mädchen in manchen Fällen gleichzeitig an der Jugendweihe teilnahmen und als künftiges Ehepaar nach Hause zurückkehrten (AT 301 und 303 A), während der Knabe in anderen Fällen früher initiiert wurde als seine künftige Braut oder an einem anderen Ort initiiert wurde, denn er holt sie von der Initiationsstätte ab (AT 402, 408, 409 A).

(D) Gemäß einer Vorstellung befanden sich die Initianden während der Ausbildungszeit unter dem Erdboden, gemäß einer anderen in der Tiefe eines Gewässers.

(E) Der Tunnel im künstlich aufgeworfenen Hügel, der angeblich in die Unterwelt führte, weist zwei Profile auf: a) wie der Großbuchstabe [L] und b) wie ein Kellerhals.

(F) Um die Körper der Initianden zu erneuern, haben Zauberer und Hexe sie angeblich verbrannt und wiederbelebt – oder zerstückelt, gekocht und wiederbelebt – oder Organe ausgetauscht.

Auf einem kleinen Gebiet wäre eine derartige Vielfalt nicht möglich gewesen

Warum hatte sich die Buschschule überlebt? Als Gründe dafür kommen die horizontale und die vertikale soziale Differenzierung in Betracht. Die Buschschule war in der egalitären Gesellschaft der Wildbeuter entstanden. Neben die Jäger waren mit der Zeit Viehzüchter und Bauern getreten, Töpfer und Salzsieder, Prospektoren, Bergarbeiter, Schmiede und Händler, parallel damit hatte eine Spaltung in Arm und Reich stattgefunden, sodass die Menschen schließlich auf die gemeinsame Erziehung ihrer Kinder verzichteten. Die vertikale Differenzierung führte zur Entstehung von zwei Hauptklassen: Bauernschaft und Adel. Diese Spaltung ist einerseits in burgartigen Festungen, andererseits in den Grabbeigaben greifbar, die große Unterschiede aufweisen. Die Archäologen registrierten sie auf einem Gebiet, das sich vom Balkan über die Slowakei und Böhmen bis Mittel- und Süddeutschland erstreckt, von der Iberischen Halbinsel über Frankreich bis zu den Britischen Inseln.[6]

---

[6] ALBRECHT JOCKENHÖVEL: Bauern und Krieger, Künstler und Händler – Bronzezeitliche Gesellschaft. In: ALBRECHT JOCKENHÖVEL und WOLF KUBACH (Hg.): Bronzezeit in Deutschland. S.

Doch auf einem bedeutenden Teil des Kontinents, nämlich in Mitteleuropa und in Osteuropa, bestand die Buschschule weiter fort. In Mitteleuropa bis zur Verbreitung des Christentums, mit anderen Worten bis ins frühe Mittelalter. Davon künden die Sagen. Auf einem ebenfalls ausgedehnten Areal – Rumänien und Ukraine – hat sich die Buschschule für Mädchen in abgelegenen Dörfern bis ins 20. Jahrhundert erhalten. Die rumänische Mädchen-Spinnstube wurde von Monica Brătulescu in einem 1978 veröffentlichten Aufsatz beschrieben.[7] Brătulescu zitiert wiederholt Aussagen von Frauen, die in ihrer Jugend Mitglied in einer solchen Spinnstube waren. Im folgenden Jahr gelangte die Monografie über die ukrainischen Andreasbräuche von Bohdan Georg Mykytiuk in die Buchhandlungen, aus ihr lässt sich ersehen, dass die ukrainischen und die rumänischen Mädchen-Spinnstuben einander glichen wie Zwillinge.[8] Durch seine Komplexität stellt dieser Brauch andere rezente Relikte in den Schatten.

An der rumänischen Mädchen-Spinnstube nahmen die Mädchen vom Eintritt der Pubertät bis zur Heirat teil, dann mussten sie diese verlassen. Ihre Zusammenkünfte fanden von September bis Ostern in einem Haus statt, in dem keine Männer lebten, auf diese Weise konnte sich die Schar von der Öffentlichkeit abschließen. Diese Art Spinnstube hatte den Charakter einer Schule, und zwar einer heidnischen Schule, weshalb die Rumänische Orthodoxe Kirche sie bekämpfte. Leiterin war eine in den Bräuchen bewanderte Frau mit großer Autorität. In ihr erkennt Brătulescu die ehemalige Zauberin, allerdings vermeidet sie dieses Wort, sie

---

45—47. – OTTO SCHERTLER: Die Kelten und ihre Vorfahren. S. 114-115.

[7] MONICA BRĂTULESCU: Ceata feminină – încercare de reconstituire a unei instituţii tradiţionale româneşti. [Die Mädchen-Schar – Versuch der Rekonstruktion einer traditionellen rumänischen Institution.] In: REVISTA DE ETNOGRAFIE ŞI FOLCLOR. Bukarest: Editura Academiei Republicii Socialiste România. Tomul 23. Nr. 1/1978. S. 37-60.

[8] BOHDAN GEORG MYKYTIUK: Die ukrainischen Andreasbräuche und verwandtes Brauchtum. Wiesbaden: Harrassowitz, 1979.

umschreibt es wie folgt: „eine Gestalt, die ehemals bei der Initiation eine Rolle spielte".[9] Der Unterricht setzte sich aus Wissensvermittlung, Riten und Übungen zusammen. Aus moderner Sicht umfasste der Lehrplan folgende Fächer: Handwerkliche Ausbildung – Heilpflanzenkunde – Magische Praktiken – Sexuelle Aufklärung – Rechte und Pflichten der Frauen.

Zum Verschwinden der Mädchen-Spinnstube trugen mehrere Faktoren bei: die Textilindustrie, weil sie das Spinnen und Weben in der Hauswirtschaft überflüssig machte – die Schichtarbeit, weil sie regelmäßige Zusammenkünfte vereitelte – der Unterricht in staatlichen Schulen – das Kulturheim – zuletzt das Fernsehen. In der ursprünglichen Form erhielt sich die Mädchen-Spinnstube in abgelegenen Dörfern bis in die dreißiger Jahre, in hybriden Formen (Zusammenkünfte von Mädchen *und* Frauen in *wechselnden* Häusern) sogar bis in die fünfziger Jahre.

Auch im westlichen Europa überdauerten uralte Initiationsriten für Mädchen als Relikte die Zeiten. Noch in den sechziger Jahren des 20. Jahrhunderts konnte sie der Sprachforscher und Volkskundler Felix Karlinger in zwei Regionen Italiens, nämlich Apulien und Kalabrien, wie auch auf Sardinien beobachten. Im Folgenden gebe ich wieder, was er mir in einem Brief[10] mitgeteilt hat:

„Natürlich kann ich nicht für den heutigen Stand und Zustand zeugen, denn meine praktischen Erfahrungen in der Feldforschung enden etwa mit 1972/73. Aber bis dahin darf gelten, dass die Initiation von Mädchen kurz vor der Reife im romanisch-katholischen Raum in rustikalen Kreisen noch sehr lebendig war. Ich will nur ein Beispiel wählen: Sardinien. Mit Hilfe von zwei Volksschullehrerinnen konnte ich vor allem im Zentrum der Insel solchen Ritualen nachgehen, wenn auch – selbstverständlich! – nie daran teilnehmen. Die entsprechenden Mädchengruppen wurden von zwei oder drei alten Frauen betreut. Die Mädchen hießen *nuinantes*, wohl weil es mit dem *nuinare – neun mal nächtigen* – zusammenhängt. Diese Nächte mussten sie außerhalb des Dorfes verbringen unter der Aufsicht der Frauen; untertags kehrten sie entweder nach Hause oder zur Feld- und Gartenarbeit zurück. Nur in einem Dorf

---

9   MONICA BRĂTULESCU: Ceata feminină. S. 55.
10   Brief, datiert 7. Juli 1995 in Kritzendorf, Österreich.

(Lanusei) blieben sie den ganzen Tag an dem etwas entlegeneren Ort. Meist stehen solche kleine, oft fensterlose Hüttchen auf einem Berg, sogar unmittelbar neben kleinen Wallfahrtskapellchen, von einer Steinmauer eingefasst. Sie werden *cumbessias* oder *muristenes* benannt. Ich habe auch zwei der älteren Frauen kennen gelernt, welche diese Einführung vornahmen; sie haben mir auch Texte auf Tonband gesprochen, die zu diesen Initiationen gehörten: Legendenmärchen, Zaubermärchen auf mythischem Hintergrund, Volkslegenden um christliche Gestalten und Exempla."

Die älteste Mitteilung über Salige Fräulein stammt vom Bischof Berthold von Regensburg (gestorben 1272); er hat vermerkt, dass man für sie abends bei offenen Fenstern Speisen auf den Tisch der Wohnstube stellte.[11] Die Mitteilung ist nicht stichhaltig, weil von Berthold keine authentischen Predigten erhalten blieben. Doch bieten zahlreiche Sagen Anhaltspunkte wie Namen von Ortschaften, Höfen und Straßen – sie können erst entstanden sein, als jene Ortschaften, Höfe und Straßen schon existierten. Genauso die Sagen über hilfreiche Zwerge. Man kann diese Angaben nicht ignorieren.

Die Buschschule für Mädchen, die sich in den Sagen über die Saligen Fräulein abzeichnet, ist eindeutig archaischer als die rumänische Mädchen-Spinnstube zu Beginn des 20. Jahrhunderts:

(A) Die Saligen Fräulein hausten den Sommer über in einer dürftigen Unterkunft in der Nähe des Dorfes. Sie wurden von den Bauern mit Nahrung versorgt. Bei kollektiven Hilfsarbeiten erhielten sie einen Imbiss. Wer ein individuelles soziales Praktikum in einem Bauernhof absolvierte, wurde dort verköstigt. Bei Winterbeginn kehrten die Mädchen nicht ins Elternhaus zurück, sondern fanden Aufnahme in einem anderen Bauernhaus. – Die Mitglieder der rumänischen Mädchen-Spinnstube versammelten sich von September bis Ostern regelmäßig in einem Haus, in dem keine Männer lebten, wohnten aber bei ihren Eltern.

(B) Die Saligen Fräulein waren konventionell unsichtbar, und das bedeutet, dass sie sich geschwärzt haben, um den Zustand des Todes zu veranschaulichen. – Die Mitglieder der rumänischen Mädchen-

---

[11]   PAUL HERRMANN: Deutsche Mythologie. S. 143.

Spinnstube pflegten zwar Riten, die eine Beziehung zwischen Pubertät und Tod andeuten, aber sie schwärzten sich nicht. Gemeint sind folgende Riten: Das Mahl der Schar hieß *Totenmahl der Mädchen-Spinnstube (pomana şezătorii)*. Bei den Zusammenkünften wurden mimisch Bestattungen dargestellt. Es gab ein *Umsingen für die Toten (colinde de mort)*. Gelegentlich der *Lioară,* eines zu Ostern und Pfingsten geübten Brauchs, tanzte man auf dem Friedhof. In manchen Ortschaften webten die Mädchen vor dem Totensamstag ein *Erfolgshemd (cămaşă de izbîndă)* für die Toten. Manche Spiele mit betont erotischem Charakter wurden auch im Rahmen der Totenwache praktiziert.

(C) Die Saligen Fräulein erledigten unentgeltlich Arbeiten im Haus, auf dem Hof und auf dem Feld. Einzelne Fräulein hielten sich längere Zeit im selben Hof auf, aber es bestand kein Dienstverhältnis, denn sie erhielten keinen Lohn, nur die Kost und beim Abschied ein Gewand. – Im Falle der rumänischen Mädchen-Spinnstube ist nichts über kollektive oder individuelle Arbeitseinsätze bekannt.

Die meisten Sagen über Salige Fräulein stammen aus der Alpenregion, aber es gibt analoge Informationen über vergleichbare Gestalten aus anderen Gebieten, z.B. aus dem Schwarzwald.

Nach dem Verschwinden der Buschschule aus der sozialen Wirklichkeit haben die Dorfgemeinschaften nicht auf die Bräuche verzichtet, die zu ihrem Repertoire gehörten, sondern pflegten sie weiter, sei es aus wirtschaftlichen Gründen, sei es aus religiöser Überzeugung, sei es aus Gewohnheit.

Umzüge in der Neujahrszeit fanden in historischer Zeit in zahlreichen Ländern statt. Zusammen mit vielen Sagen erinnern sie an einen komplexen Fruchtbarkeitsritus, dessen Träger die Zöglinge der Buschschule waren, angeführt von der Stammeshexe und Schulleiterin. Das Programm des Umzugs umfasste – insgesamt – folgende Elemente: die Berührung mit der Lebensrute – rituelles Pflügen und Säen – Lieder mit Segenswünschen für die Wirtsleute – den Tanz vor dem Haus, in den die Frauen und die herangewachsenen Mädchen hineingezogen wurden – das Aufführen einer Posse. Von der Lebensrute wird berichtet aus England, Belgien, Frankreich, Deutschland, Österreich, Kroatien, Rumänien und

Bulgarien. Vom rituellen Pflügen wird berichtet aus England, Dänemark, Ukraine, Rumänien und Griechenland.

Das gemeinsame Quartier der Burschen. An den Charakter der Internatsschule, der für die alteuropäische Buschschule spezifisch war, gemahnt das gemeinsame Quartier der Burschen, die im südlichen Siebenbürgen, im *Alt-Land (Ţara Oltului),* aber auch in anderen Gebieten mit rumänischer Bevölkerung, an den Neujahrsumzügen teilnahmen. Dieser Brauch hat bis in die Zwischenkriegszeit bestanden.[12]

Dem gemeinsamen Quartier der Burschen im Alt-Land entspricht ein im nordwestlichen Thüringen gepflegter Brauch. In der Ortschaft Flarchheim (westlich von Bad Langensalza) stand den *Pfingstburschen* ursprünglich etwa fünf Wochen lang – vom Aufstellen der *Pfingstmaie* (Birke) am Pfingstsonnabend bis zu dem Tag, an dem diese *umgeschmissen* wurde – ein entsprechend geräumiges Haus für Versammlungen und Schmausereien zur Verfügung; es hieß *Gelag.* Das Auslosen der heiratsfähigen Mädchen (wie anderwärts beim *Mailehen*) fand in Flarchheim auch nach dem Zweiten Weltkrieg noch statt.[13]

Genauso – *Gelage (Jeloach, Gelog)* – hieß in der Eifel die zeitweilige Vereinigung, die eine besondere öffentliche Veranstaltung vorbereitete, wie Mailehen, Maispiel, Feste und Feiern im Zusammenhang mit Pfingsten und mit der Kirmes, falls es keinen zuständigen Verband gab. Die Aufnahme in die Vereinigung erfolgte im Alter von 16 bis 18 Jahren. Deren Mitglieder hießen *Große Jungen (Jruß Jonge).*[14] Den Großen Jungen standen die *Großen Mädchen (Jruß Mädcher)* zur Seite, die ebenfalls in einer Vereinigung zusammengeschlossen waren, im *Rosengarten,* den eine Seniorin präsidierte.

Die Selbstständigkeit der Großen Jungen und Großen Mädchen wurde durch Obliegenheiten gegenüber der Dorfgemeinschaft beschränkt. Bei Hochzeiten, in Krankheitsfällen, in Todesfällen, bei

---

[12] TRAIAN HERSENI: Forme străvechi de cultură poporană românească. S. 5-20.

[13] Mitteilung von Dr. Diether Röth in einem Brief, datiert 15. Februar 2011 in Kassel.

[14] ADAM WREDE: Eifeler Volkskunde. S. 215-218, 312-314.

Beerdigungen und an kirchlichen Feiertagen fielen ihnen laut Tradition bestimmte Aufgaben zu.[15] Obwohl die rumänische Mädchen-Spinnstube in ihrem Wesen heidnisch war und von der Orthodoxen Kirche verfolgt wurde, während der Rosengarten streng katholisch war, ist die Parallele unverkennbar. Die Mitglieder der Mädchen-Spinnstube erlernten u.a. die Rolle der Frauen bei Begräbnissen; die Mitglieder des Rosengartens lernten, wie man die Kirche schmückt und Blumengebinde für Prozessionen anfertigt.

Die rituelle Umwandlung in Erwachsene. In Böhmen gingen zu Weihnachten als *Peruchten* bezeichnete weibliche Masken von Haus zu Haus und mimten an jungen Burschen das Aufschneiden des Bauches – eine Anspielung auf den „zeitweiligen Tod" durch den Austausch von Organen. Dafür wurden sie beschenkt. Dieser Brauch überlebte bis in die zweite Hälfte des 19. Jahrhunderts – „nach 1867, als die Gendarmen aufkamen, hörte der Brauch nach und nach auf."[16]

Die Mädchenhütte. In Mazedonien, und zwar im Skopje-Becken und im nördlich davon gelegenen Crna-Gora-Gebirge, war es bis zum Ersten Weltkrieg üblich, dass die Mädchen vom achten Lebensjahr an im Winter den ganzen Tag in einer besonderen Arbeitshütte verbringen, die in den Dunghaufen eingetieft war. Diese hieß *Mädchenhütte (devojačka kućarica)*. Dort übten sie sich im Sticken und Nähen, Spinnen und Weben. Sie wurden von einem erwachsenen Mädchen angeleitet. Zuletzt fertigten sie ein gesticktes Hemd an, welches zu ihrer Mitgift gehörte. Sobald das Hemd fertig war, konnte das Mädchen noch im selben Jahr heiraten.[17]

Kreuzbrüderschaft. Der Brauch, sich zeremoniell zu verbrüdern, war im rumänischen Banat noch in der ersten Hälfte des 19.

---

[15]   Ebd., S. 218.

[16]   JOSEF HANIKA: „Bercht schlitzt den Bauch auf" – Rest eines Initiationsritus? S. 42. Die Bezeichnung *Peruchten* entspricht dem deutschen Wort *Perchten*.

[17]   BÉLA GUNDA: Arbeitshütten auf der Balkanhalbinsel. In: Ders.: Ethnographica carpato-balcanica. S. 269-287, hier S. 269-273.

Jahrhunderts lebendig.[18] In Montenegro, wo sich archaische Gemeinschaftsbräuche am besten erhalten haben, sogar noch im 20. Jahrhundert.[19] So wie die Absolventen der Buschschule einander beispringen sollten, verpflichtete die Kreuzbrüderschaft zu gegenseitiger Hilfe in jeder Notlage.

Gemeinschaftsmähler. Für die festlichen Mahlzeiten der ukrainischen Spinnstuben-Gemeinschaften brachten entweder die Mädchen Lebensmittel von zuhause mit oder die Buschen stahlen sie zusammen. „Diebstähle dieser Art galten im Rechtsempfinden der Dorfgemeinschaft als ‚Bagatelldelikte', die nicht geahndet wurden, insbesondere wenn die Burschen am Kosmos-und-Damians-Tag die Hühnerställe plünderten."[20] Dieser Mundraub hat Entsprechungen in Afrika, z.B. im Brauchtum der Bambara in Mali[21], der Kpelle in Liberia[22] sowie der Ukuanyama in Namibia[23], und hängt mit dem Motiv der *Räuber* in den Märchen von der Buschschule zusammen.[24]

Erstaunlicherweise hat sich der geschilderte Brauch sogar innerhalb der zusammengewürfelten Volksgruppe der *Banater Schwaben* im rumänischen Banat bis in die Zwischenkriegszeit und von Fall zu Fall bis nach dem Zweiten Weltkrieg erhalten. Die Beauftragten der *Kameradschaft* besorgten das Fleisch für ihren *Paprikasch-Abend,* indem sie die Hühnerställe der Mädchen visitierten, zu denen sie *in die Reih* gingen

---

[18]   Fußnote zum Märchen „Die beiden Kreuzbrüder". In: ARTHUR und ALBERT SCHOTT: Rumänische Volkserzählungen aus dem Banat. S. 136-140, hier S. 138.

[19]   EDMUND SCHNEEWEIS: Serbokroatische Volkskunde. S. 176-177.

[20]   BOHDAN GEORG MYKYTIUK: Die ukrainischen Andreasbräuche. S. 70.

[21]   HANS RITTER: Salzkarawanen in der Sahara. S. 179.

[22]   DIEDRICH WESTERMANN: Die Kpelle. S 246.

[23]   A. E. JOHANN: Afrika gestern und heute. S. 110-115. Die Ukuanyama bilden den größten Stamm der Ovambo.

[24]   Siehe die Ausführungen von WLADIMIR PROPP in der Abhandlung „Die historischen Wurzeln des Zaubermärchens", S. 146-147.

(eine aus der Spinnstube hervorgegangene Unterhaltung). Notfalls wurden auch die erforderlichen Zwiebeln und der Rote Paprika gestohlen. In manchen Dörfern lud man die Mädchen zum Mahl ein. Den Wein spendierten Erwachsene, und zwar ehemalige Mitglieder der Kameradschaft oder Väter von Mitgliedern, wenn sie – angeblich durch Zufall – zur Gesellschaft stießen.[25] Die Vorfahren der Banater Schwaben stammten überwiegend aus dem Westen und Südwesten des Heiligen Römischen Reiches. Sie waren im 18. Jahrhundert von den Wiener Kaisern in den von den Türken zurückeroberten Gebieten angesiedelt worden. Nach der politischen Wende 1989 haben die meisten der noch in Rumänien lebenden Deutschen die Gelegenheit wahrgenommen und das von der kommunistischen Diktatur ausgemergelte, von politischen und wirtschaftlichen Krisen gebeutelte Land verlassen.

Im Lichte der Fachliteratur erscheint mein Vorhaben vermessen. Im „Wörterbuch der deutschen Volkskunde" wird die Entstehung des Zwergen-Mythos durch kleinwüchsige Kelten und Slawen erklärt[26] (während Paul Herrmann noch gemeint hatte, dass in den Zwergsagen der Kelten und Germanen die Erinnerung an ein kleines Geschlecht, die sogenannten Pfahlbauern, fortlebt[27]). In der „Enzyklopädie des Märchens" werden die Zwerge als kleinwüchsige, menschenähnliche Wesen

---

[25]   Mündlich von Nikolaus Horn, Lehrer und Brauchtumsforscher, zurzeit Ingolstadt, im Oktober 2013. Bestätigt für Billed/Biled von Elisabeth Martini, zurzeit Karlsruhe, für Jahrmarkt/Iermata von Luzian Geier, zurzeit Augsburg, für Klein-Jetscha/Iecea Mică von Katharina Schmidt, zurzeit Grevenbroich, für Kleinsanktpeter/Sânpetru Mic von Heidrun Straub, zurzeit Hamm, für Neuarad/Aradul Nou von Franz Straub, zurzeit Hamm, für Saderlach/Zădăreni von Hans Burger, zurzeit München. In Neuarad wurden auch Würste gestohlen.

[26]   OSWALD ADOLF ERICH: WÖRTERBUCH DER DEUTSCHEN VOLKSKUNDE. S. 1003.

[27]   PAUL HERRMANN: Deutsche Mythologie. S. 120-121.

der niederen Mythologie vorgestellt.[28] Ein langjähriger Redakteur der „Enzyklopädie", Hans-Jörg Uther, definiert die hilfreichen Zwerge als *Hausgeister:* „Der Hausgeist ist meistens ein Einzelwesen: Er ist für die Bewohner des Hauses nicht sichtbar, wird aber stets mit Essen und Trinken versorgt, weil er als eine Art Schutzgeist gilt, der Glück und Segen über das Haus bringt. Oft verrichtet er auch heimlich die Hausarbeiten, dann wird er als Heinzelmann oder Heinzelmännchen bezeichnet. Solche Vorstellungen sind seit alters überliefert und haben besondere Popularität in der Gestalt der Heinzelmännchen von Köln gefunden. Der Dichter August Kopisch (1799-1853) stellte die Heinzelmännchen 1836 in einem Gedicht erstmals vor: In der Nacht bauten sie für den Zimmermann die Häuser, backten für den Bäcker das Brot, nähten für den Schneider die Kleider etc. [...]."[29] An einer Stelle der „Enzyklopädie" wird postuliert, dass die Grundlagen des Hausgeisterglaubens, in dem sich Wunschprojektionen besonders agrarisch strukturierter Lebensgemeinschaften ausdrücken dürften, im menschlichen Sicherheitsverlangen liegen.[30] Die Matriarchatsforscherin Heide Göttner-Abendroth hält das „kleine Volk" für eine ursprüngliche, matriarchale Bevölkerung[31]. Das Wort *Salige* kommt in der „Enzyklopädie des Märchens" als Stichwort gar nicht vor.

---

[28]   BERND STEINBAUER: Zwerg. In: ENZYKLOPÄDIE DES MÄRCHENS. Bd. 14, Spalten 1437-1445, hier Spalte 1438. [2015.]

[29]   HANS-JÖRG UTHER: Zur Einführung. In: Ders. (Hg.): Deutscher Sagenschatz. S. 5-12, hier S. 8-9. – Siehe auch: HANS-JÖRG UTHER: Zur Einführung. In: Ders. (Hg.): Knaurs Sagenschatz. S. 7-13, hier S. 10.

[30]   ERIKA LINDIG: Hausgeister. In: ENZYKLOPÄDIE DES MÄRCHENS. Bd. 6, Spalten 610-617, hier Spalte 613. [1990.]

[31]   Die „Witten Wiwer" von Rügen. In: HEIDE GÖTTNER-ABENDROTH und KURT DERUNGS (Hg.): Mythologische Landschaft Deutschland. S. 255-275, hier S. 260, 274.

Die Vertreter der traditionellen Erzählforschung zählen die Saligen zu den Naturdämonen.[32, 33, 34, 35, 36, 37]

Wieso die Wissenschaftler sich mit den zitierten Deutungen abgefunden haben, ist unbegreiflich angesichts der zahllosen Überlieferungen aus acht Ländern, die in wesentlichen Details übereinstimmen. Wer diese unvoreingenommen analysiert, gelangt zu einer rationalen Erklärung.

Die menschliche Natur der angeblich dämonischen Wesen wird überzeugend durch ihre Vergnügungen und Streiche offenbart: Wenn der Bauer im Saale-Tal seinen vollen Erntewagen von steilen Höhen herab nach Hause fuhr, saß oft ein *Heimchen,* bekränzt mit Ähren, jubelnd auf dem Zugvieh.[38] – Eine besondere Belustigung für die *Bergmännchen* vom Pleschberg bei Ardning war es, auf dem Rücken der Rinder zu reiten (Die verwünschte Alm[39], aus der Steiermark). – Wenn im Martelltal die

---

[32]   LEANDER PETZOLDT (Hg.): Deutsche Volkssagen. Siehe das Kapitel „Naturdämonen", S. 182-207. [1970.]

[33]   KARL HAIDING: Anmerkungen. In: Ders. (Hg.): Alpenländischer Sagenschatz. S. 379-415, hier S. 381-382 (zu Nr. 8, „Der Wildschütz und das Bergfräulein"). [1977.]

[34]   LEANDER PETZOLDT: Dämonenfurcht und Gottvertrauen. Siehe den Abschnitt „Dämonische und übernatürliche Wesen", S. 99-104, hier S. 99-100. [1989.]

[35]   LEANDER PETZOLDT: Die Haare der Saligen. Wanderungen und Wandlungen eines dämonologischen Motivs in Literatur und Volksdichtung. In: LEANDER PETZOLDT und SIEGFRIED DE RACHEWITZ (Hg.): Der Dämon und sein Bild. S. 85-102. [1989.]

[36]   LUTZ RÖHRICH: Mahrtenehe. In: ENZYKLOPÄDIE DES MÄRCHENS. Bd. 9, Spalte 44-53, hier Spalte 47 (Absatz „Die Saligenehe"). [1999.]

[37]   CLAUDE LECOUTEU: Melusine. In: ENZYKLOPÄDIE DES MÄRCHENS. Bd. 9, Spalte 556-561. [1999.]

[38]   PAUL QUENSEL (Hg.): Sagen aus Thüringen. S. 250.

[39]   Die verwünschte Alm. In: JOHANN KRAINZ (Hg.): Mythen und Sagen aus dem steirischen Hochlande. S. 237.

Knechte im Herbst das Heu auf Schleipfenwagen herausführten, kamen die *Bergfräulein,* setzten sich auf die Heufuder und fuhren oft so weit mit, dass die Knechte sie mit ihren Geißeln herabjagen mussten (Die wilden Bergfräulein in Martell[40], aus Tirol).

Bedenkenswert ist auch die Geschichte der Jungfrau aus dem See von Oberellenbach, die zur Kirmes auf dem Wacholderberg kam. Statt sich am Abend mit ihren Schwestern zu entfernen, blieb sie die Nacht über bei ihrem Tänzer und kehrte erst gegen Morgen in den See zurück. Nach Verlauf von drei Vierteljahren wurde eines Tages die Kinderfrau von Oberellenbach gerufen, einer Wöchnerin im See beizustehen (Der See bei Oberellenbach[41], aus Hessen). Hier haben die Erzähler die örtliche Überlieferung mit der weitverbreiteten, auch in Afrika bekannten mythischen Erzählung vom Besuch der Hebamme bei der kreißenden Zwergin verknüpft.

Wir dürfen annehmen, dass die Buschschule als Einrichtung der Urbevölkerung Europas auf dem gesamten Kontinent üblich war. Die Annahme stützt sich a) auf die Relikte in Form von Bräuchen in einem Gebiet, das von Rumänien und der Ukraine über Mitteleuropa bis Apulien, Kalabrien und Sardinien reicht – b) auf die Sagen von den Heinzelmännchen und Saligen Fräulein, die aus Mitteleuropa stammen – c) auf die Erkenntnis der Archäologen, dass in der Späten Bronzezeit auf einem ausgedehnten Areal Änderungen in der sozialen Struktur feststellbar sind (siehe oben), wobei diese Erkenntnis mit der Analyse spezifischer Märchen übereinstimmt.

---

[40]   Die wilden Bergfräulein in Martell. In: JOHANN ADOLF HEYL: Volkssagen, Bräuche und Meinungen aus Tirol. S. 518-520.

[41]   Der See bei Oberellenbach. In: KARL LYNCKER: Deutsche Sagen und Sitten in hessischen Gauen. S. 65. – Unter dem Titel „Der See von Oberellenbach" in: KLAUS PETER RIPPE (Hg.): Nordhessens Sagen. S. 85-86.

Die Heinzelmännchen
und ähnliche Gestalten

Bei näherer Betrachtung stellen wir fest, dass die Heinzelmännchen nur eine Gruppe der zahlreichen Gestalten bilden, die man unter dem Begriff „Zwerge" zusammenfasst. Sie verrichten Arbeiten im Haushalt, auf dem Feld und im Steinbruch, sie dienen als Hirten, helfen in der Sennhütte, in der Mühle, in der Werkstatt und im Bergwerk, ja sogar auf einem Schiff, und werden dafür verköstigt. Mit ihnen identisch sind die Zwerge, die bei Hochzeiten und Kindstaufen Geschirr verleihen, aber auch die Zwerge, die Erbsen von den Feldern, Brot und andere Nahrungsmittel aus den Häusern stehlen. Dagegen unterscheiden sie sich funktional von den Unterirdischen, die mit der Bauernfamilie in Streit geraten, weil der neue Stall sich über ihrer Wohnung befindet.[42] Desgleichen von jenen, die eine Hebamme rufen lassen.[43] Die Mitglieder dieser Gruppe gehören keiner

---

[42] Die Sage von den Zwergen, die ihre Wohnhöhle unter dem Bauernhaus haben, ist weit verbreitet. Sogar die grönländischen Eskimos erzählten von Zwergen, die unter dem Misthaufen leben. Wenn die Menschen Wasser auf den Misthaufen ausgießen, so läuft dieses zu den Zwergen hinab; darüber werden diese so böse, dass sie dem Betreffenden den Tod wünschen (Ikaleq und Qátaitsiaq oder die spielenden Zwerge unter dem Misthaufen). In: KNUD RASMUSSEN: Der Sängerkrieg. S. 175-177, hier S. 176.

[43] Was in Mitteleuropa der Wassermann oder Nix, ist in Nubien der *Dogir*. Von Zeit zu Zeit taucht ein Dogir aus dem Gewässer auf, fängt eine menschliche Frau, nimmt sie mit ins Wasser und heiratet sie. Auch in Nubien erzählte man von der Hebamme, die unerwartet gerufen wird, um bei einer schweren Geburt zu helfen. Sie ist verängstigt, als man sie in den Fluss führt. In den mitteleuropäischen Sagen besteht der Lohn der Hebamme aus dem Kehrdreck hinter der Tür, der sich in Gold verwandelt, in Nubien aus einem Korb Lupinensamen, einer sudanesischen Delikatesse, und dann stellt sich heraus, dass einige Samen Goldkörner sind. JAN KNAPPERT: LEXIKON DER AFRIKANISCHEN MYTHOLOGIE. S. 85.

Zwergen-Familie und keinem Zwergen-Volk an (obwohl die Erzähler es unter dem Einfluss anderer Sagenkreise nicht selten so darstellen). Sie haben auch nichts gemein mit den zauberkräftigen Zwergen, die dem „guten" Mädchen beispringen, als es von der Stiefmutter in den verschneiten Wald geschickt wird, um ihr Erdbeeren bzw. Heidelbeeren zu bringen (Die drei Männlein im Walde[44], aus Hessen, AT 480; Die Stiefgeschwister[45], aus Niedersachsen, AT 480).

Die hilfreichen Zwerge sind wohlbekannte Gestalten der deutschen, französischen, niederländischen, luxemburgischen, belgischen, österreichischen, tschechischen und schweizerischen Folklore. Wie verbreitet die einschlägigen Sagen im deutschen Sprachraum waren, geht indirekt aus den Namen der Wasserläufe hervor, die sie angeblich überquerten, um ihre alte Heimat zu verlassen, weil sie sich gestört fühlten oder weil man sie vertrieben hatte: Ems, Rhein, Weser, Leine, Aller, Saale, Elbe, Eider, Trave, Schwalm, Werra, Weiße Elster, Neiße, Eger, Drau. Sogar auf Rügen wurde von einer Überfahrt der Zwerge erzählt, dort flüchteten sie angeblich aus Wittow auf die gegenüberliegende Seite der Insel und ließen sich in den Banzelvitzer Bergen nieder (Auswanderung der Zwerge aus Wittow[46]).

In Hessen, wo man von *Wichteln* erzählte, hat sich die Erinnerung an diese Altersklasse in zahlreichen Flurnamen niedergeschlagen. Dazu vermerkte Karl Lyncker Mitte des 19. Jahrhunderts:

„Von den Wichtelmännchen hört man überall in Althessen, von der Diemel bis zur Werra, Schwalm und Lahn, und an vielen Orten werden noch Felsenritzen und Höhlen gesehen, worin sie gewohnt haben.

---

[44]   Die drei Männlein im Walde. In: GRIMM, BRÜDER GRIMM: Kinder- und Hausmärchen. KHM 13. Bd. 1, S. 91-97.
[45]   Die Stiefgeschwister. In: AUGUST EY: Harzmärchenbuch. S. 215-219. – Auch enthalten in: BERNDT SCHULZ (Hg.): Märchen aus Niedersachsen. S. 52-55.
[46]   Auswanderung der Zwerge aus Wittow. In: U. HAAS: Rügensche Sagen und Märchen. S. 63-64.

Um Rotenburg herum findet man bei Erkshausen ein *Wichtelfeldchen* und einen *Wichtelgraben,* bei Richelsdorf eine *Wichtelkammer,* bei Süß einen *Wichtelstein.*

Bei Abterode hinterm Weißner wird ein *Wichtelloch* gezeigt. Bei Datterode liegt ein *Wichtelberg.* Im Otterbachstein zwischen Allendorf und Osterrode, im Burgberg bei Ermschwerd und bei Laudenbach haben Wichtel gehaust.

Unfern Cassel [Kassel] bei Sandershausen liegt ein *Wichtelberg* und eine *Wichtelbreite,* und in der *Wichtelwiese* der *Wichtelborn.*

In der Nähe von Homberg sieht man bei Mühlbach einen *Wichtelberg,* bei Holzhausen eine *Wichtelhecke* und dabei unter zerrissenem Gestein eine *Wichtelkirche.*

Über Ernsthausen bei Frankenberg liegt auf einem Berge das *Wichtelhaus,* eine Höhle, die von Wichtelmännchen bevölkert gewesen sein soll." (Wichtelwohnungen.[47])

Bei Jestädt, heißt es in einer anderen Mitteilung, zeigt man noch den *Wichtelanger,* auf welchem sie sich herumtummelten, eine *Wichtelkirche* und eine *Wichtelküche* (Wichtelanger, Wichtelkirche und Wichtelküche[48]).

Was lesen wir in einem hessischen Sagenbuch? „In vielen Gegenden unseres lieben Hessenlandes gab es ehemals *Wichtelmännchen, Wichteln* oder *Erdmännchen.* In anderen Ländern werden sie *Zwerge* genannt. In Viermünden heißen sie *Heinzelmännchen,* in Niederelsungen *die guten Hollen,* in Kelze bei Hofgeismar *Wispelmännerchen,* im Schaumburgischen *Mäumken,* d. i. Mütterchen. An sie erinnern noch die Namen Wichtelberg, Wichtelhecke, Wichtelstein, Wichtelloch, Wichtelkammer, Wichtelkirche, Wichtelhaus u. a." (Die Wichtelmännchen und Schuster Jobst in Eschwege[49].)

---

[47] Wichtelwohnungen. In: KARL LYNCKER: Deutsche Sagen und Sitten in hessischen Gauen. S. 43.

[48] Ebd., S. 49.

[49] Die Wichtelmännchen und Schuster Jobst in Eschwege. In: EMIL SCHNEIDER (Hg.): Hessisches Sagenbuch für Schule und Haus. S. 107-109, hier S. 107.

Im „Hessischen Flurnamenarchiv Gießen" sind 19 Flurnamen mit dem Wort *Heinzel*, 61 Flurnamen mit dem Wort *Wichtel* und 66 Flurnamen mit dem Wort *Zwerg* eingetragen. Davon sind a) 9 historisch und 10 rezent; b) 30 historisch und 31 rezent; c) 61 historisch und 5 rezent. Sie beziehen sich u.a. auf Wege, Felder, Wiesen, Gräben, Anhöhen (z.B. *Heinzelberg, Wichtelskopf, Zwerghöhe*) und auf Höhlungen (z.B. *Heinzelkammer, Wichtelloch*). Merkwürdig sind die Flurnamen *Wichtelhäuser* (bei Treisbach und Wetter) sowie *Wichtelkirche* (bei Holzhausen und Zierenberg).[50]

Im Harzgebirge, das sich nordöstlich von Hessen ausbreitet [heute auf dem Territorium von drei Bundesländern], gibt es kaum ein Felsenloch oder eine Höhle, die nicht von Zwergen bewohnt war (Von den Zwergen des Harzes[51]).

Der Sammler der mecklenburgischen Sagenwelt Richard Wossidlo kannte neun *Mönkenberge* (d.h. „Männchenberge") in Mecklenburg, außerdem Erhebungen, die *Zwerchenbarg* oder *Ünnerierdsch-Barg* hießen.[52]

Johann Wilhelm Wolf, der in den Niederlanden Folklore aufzeichnete, berichtete im Jahre1843: „In den wallonischen Landen findet

---

[50]   Die Datenbank der hessischen Flurnamen wurde zwischen 1980 und 2002 im Hessischen Flurnamenarchiv Gießen aufgebaut. Prof. Dr. Hans Ramge, der ab 1980 das Flurnamenarchiv leitete, machte mich in einem Brief, datiert 4. November 2020 in Biebertal, darauf aufmerksam, dass die Zwerg-Namen mit Sicherheit in den allermeisten Fällen auf das mittelhochdeutsche Wort *zwerch* zurückgehen, das „quer" bedeutet. „Die Zahl der Flurnamen, die sich auf die Sagenfiguren beziehen, ist also m.E. eher gering und betrifft vor allem die Wichtel-Namen."

[51]   Von den Zwergen des Harzes. In: WALTER CRAMM (Hg.): Sagenwelt des Harzes. S. 107-108.

[52]   KURT BIESALSKI: Von den Ünnerierdschen in Mecklenburg. In: Ders.: Die rauhbeinigen Zwerge von Mecklenburg. S. 10-15, hier S. 11. Ünnerierdsche – Unterirdische.

man keinen Flecken und kein Dorf, welches nicht eine Zwerghöhle oder ein Zwergloch besäße." (Zwergschmieden.[53])

Eine Anhöhe bei Beggen in Luxemburg hieß *op de wichtelcher;* mit dieser Mitteilung verband Paul Zaunert den Vermerk, dass solche und ähnliche Flurnamen sich häufig finden.[54]

Auf dem Gebiet der Gemeinde Feldthurns in Südtirol (italienisch: *Velturno*) heißt der Fußweg zwischen dem Dorf Feldthurns und dem Weiler Schrambach bis heute *Törggelesteig.*

Nach dem „Handwörterbuch des deutschen Aberglaubens" gilt der Name *Zwerg* vor allem in Mitteldeutschland vom Rheinland und Harz bis zur Lausitz, doch auch hier neben anderen Namen.[55] Er dient als Gattungsname für alle vergleichbaren männlichen Helfer, die oft anders heißen. Im deutschen Sprachraum verbreitete Bezeichnungen sind: *Zwerge, Wichtel, Männlein* und *Hollen.* Man nennt die Helfer ferner: *Aulken* (Emsland), *Sgönaunken* (Osnabrück), *Gupel, Heimchen, Zinselmännchen, Böhlersmännchen, Schlätzla, Hütchen* (Thüringen), *Lutken* (Lausitz), *Schrazen* (Bayerischer Wald), *Orgen* (Tirol), *Fänggen* (Ostalpen), *Schrätteli* (Schweiz).[56] Ein lokaler Name ist *Killewittchen.* So hießen sie im Eschweiler Wald am Niederrhein. Laut Paul Zaunert erinnerte an sie „heute noch", das heißt 1924, der Flurname *Im Killewittchen* beim

---

[53] Zwergschmieden. In: JOHANN WILHELM WOLF: Niederländische Sagen. Zweites Buch, S. 577-578.

[54] Wilde Leute und Wichtel. In: PAUL ZAUNERT (Hg.): Rheinland-Sagen. Bd. 1, S. 241-251, hier S. 248.

[55] HANNS BÄCHTOLD-STÄUBLI, unter Mitwirkung von EDUARD HOFFMANN-KRAYER (Hg.): HANDWÖRTERBUCH DES DEUTSCHEN ABERGLAUBENS. Bd. IX, Spalte 1008-1024.

[56] Zu dem Wort *Zwerg* gibt es lautliche Varianten wie *Dwarf, Gotwärgi, Querx, Twarg* u.a. Zu dem Wort *Hollen* – *Schahollen, Schanhölleken.* Zu dem Wort *Aulken* – *Aunken, Jülken, Ollkers, Üllken, Umken.* Zu dem Wort *Sgönaunken* – *Schönaunken.* Zu dem Wort *Lutken* – *Lutchen, Luttchen,* alles Eindeutschungen des sorbischen Wortes *ludki,* was „kleine Leute" bedeutet. Zu dem Wort *Schrazen* – *Schrazeln, Razeln.*

Dorf Hastenrath.[57] Ein anderer lokaler Name ist *Fähnskedinger* im ehemaligen schlesischen Kreis Falkenberg.[58]

Nach dem tatsächlichen oder angeblichen Aufenthaltsort während der Jugendweihe heißen die Helfer: *Unterirdische, Erdmännlein, Seemännlein, Moosmännlein, Bergmännchen* bzw. *Erdweiblein, Seejungfrauen, Holzweibchen, Holzweiblein, Buschweibchen.* Außerdem gibt es Bezeichnungen, aus denen hervorgeht, wie und wo sie sich nützlich machten: *Futtermännchen, Futterknecht, Buttermännchen, Dreschmännel, Kasmandl, Kasertörggelen, Sennenzwerg, Almlotterle* (Landwirtschaft); *Kohlenmandl* (Köhlerhandwerk); *Grubenmandl, Stollenmandl* (Bergbau), *Erzmännchen, Hüttenmännchen, Hüttenkobold* (Metallgewinnung und -verarbeitung).

Im Erzgebirge nannte man die kleinen Helfer *Heugütel*, weil sie sich in der Scheune aufhielten, wo das Heu untergebracht war (Breitenbrunn: Das Heugütel[59]).

Zweideutige Bezeichnungen sind *Hausgeist* und *Kobold.* Sie meinen einerseits den fleißigen, bescheidenen Helfer, andererseits den tückischen, tyrannischen Quälgeist.

Sowohl die Vielfalt der Bezeichnungen als auch die Verbreitung der Sagen und die Häufigkeit der alten Flurnamen mit Bezug auf die hilfreichen Zwerge hätten die Erzählforscher davor warnen müssen, jene als Erfindungen abzutun.

Die auf die Körpergröße bezogenen Bezeichnungen *Zwerge, Wichtel, Heinzel, Männlein* scheinen als Spottnamen für neu eingeschulte Initianden gebraucht worden zu sein. Sie sind mit der Bezeichnung *Dummling* vergleichbar, die eine direkte Entsprechung in Namen für die Novizen in Westafrika hat: Im Falle des Nkimba-Bundes in der

---

[57] Erdgeister. In: PAUL ZAUNERT (Hg.): Rheinland-Sagen. Bd. 1, S. 55-61, hier S. 58.

[58] Die Unterirdischen. In: PAUL ZAUNERT (Hg.): Deutsche Natursagen. 1. Reihe, S. 24-54, hier S. 54.

[59] Breitenbrunn: Das Heugütel. In: HERMANN HALLBAUER und HORST HENSCHEL (Hg.): Der Sagenschatz des Erzgebirges. 1. Teil, S. 56.

Katarakten-Gegend des Kongo kehrten die Ausgebildeten als *tongwata* (d.h. „Eingeweihte") in das profane Leben zurück, man unterschied sie von den *mungwata* oder *mungwala* (d.h. „Uneingeweihten").[60] – Im Falle des Ndembo-Bundes im Kongo-Becken hoben sich die Erwachsenen als *nganga* (d.h. „Wissende") von den uneingeweihten Kindern ab, die man mit *vanga* bezeichnete.[61] – Bei den Kpelle in Liberia hießen die Absolventen der Poro-Schule *kena nu* (d.h. „eingeweihter Mensch"). – In der Gola-Sprache gab es sogar je eine besondere Bezeichnung für die Knaben, die die Poro-Tänze verstehen: *ewoeda,* und für die Knaben, die sie noch nicht verstehen: *ekende.*[62] – Die Kpelle-Mädchen, welche im Sande-Busch die Tänze erlernt hatten, gehörten dem *Tanz-Sande* an und hießen deshalb *Tanz-Frauen.* – Bei den Gola hießen die Mädchen, welche das Tanzen noch nicht gelernt hatten, wie die entsprechende Knabenklasse: *ekende.*[63]

Der im Saale-Tal übliche Name *Heimchen,* ein Synonym für *Grille,* könnte ebenfalls ein Spottname gewesen sein. Eine deutsche Sage aus Nordsiebenbürgen stellt die Helfer der Bauern und Köhler als *die Kleinen* vor (Die „Kleinen" aus dem Wald[64]). Die Vorfahren der Siebenbürger Sachsen, die diese Sage erzählten, sind ab dem 12. Jahrhundert auf Einladung der Könige von Ungarn in Transsilvanien eingewandert, ins „Land jenseits der Wälder", die ersten Gruppen kamen aus dem Rheinland.

Offenbar haben spätere Erzähler die Spottnamen als objektive Bezeichnung aufgefasst.

Nun wird die Vorstellung von kleinwüchsigen Menschen fürs Erste durch Sagen widerlegt, die davon handeln, dass die Bauern, sooft

---

[60]　LEO FROBENIUS: Die Masken und Geheimbünde Afrikas. S. 47.

[61]　Ebd., S. 52. – Auch vermerkt in: HEINRICH SCHURTZ: Altersklassen und Männerbünde. S. 434.

[62]　DIEDRICH WESTERMANN: Die Kpelle. S. 237.

[63]　Ebd., S. 254.

[64]　Die „Kleinen" aus dem Wald. In: CLAUS STEPHANI (Hg.): Sagen der Rumäniendeutschen. S. 116-117.

ein Fest bevorstand, sich von den Zwergen Gefäße zum Kochen, Brauen und Essen borgten. Als Gegenleistung erhielten die Zwerge etwas von den festlichen Speisen: Braten – frisches Bier – frisches Brot – Kuchen.

Wir haben solche Sagen u.a. mit Bezug auf Scharfenberg im Hochsauerland (Die Hollen bei Scharfenberg[65]) – Rübeland im Harz (Zwerge in Rübeland[66]) – Lautenthal im Harz (Spar-die-Müh und die Zwerge am Bielstein I[67]) – Dardesheim im Harz (Die Zwerge bei Dardesheim[68]) – Jena im mittleren Saaletal (Die Zwerge in den Teufelslöchern[69]) – Tauchlitz im thüringischen Holzland (Die Braupfanne auf dem Mühlberge bei Krossen[70]) – Hitzacker an der Niederelbe (Zwerge bei

---

[65]   Die Hollen bei Scharfenberg. In: ADALBERT KUHN: Sagen, Gebräuche und Märchen aus Westfalen […]. Bd. 1, S. 213-214.

[66]   Zwerge in Rübeland. In: ADALBERT KUHN: Sagen, Gebräuche und Märchen aus Westfalen […]. Bd. 1, S. 306-307.

[67]   Spar-die-Müh und die Zwerge am Bielstein I. In: HEINRICH PRÖHLE: Harzsagen. S. 43-44. – Siehe auch: „Die Zwerge am Bielstein" in: JOHANN GEORG THEODOR GRÄSSE (Hg.): Sagenbuch des Preußischen Staats. Bd. 1, S. 548-549.

[68]   Die Zwerge bei Dardesheim. Ohne Titel in: OTMAR (das ist JOHANN CARL CHRISTOPH NACHTIGAL): Volcks-Sagen. S. 331-334. – Unter dem Titel „Die Zwerge bei Dardesheim" in: JOHANN GEORG THEODOR GRÄSSE (Hg.): Sagenbuch des Preußischen Staats. Bd. 1, S. 587-588.

[69]   Die Zwerge in den Teufelslöchern. In: LUDWIG EHRHARDT und GERTRUD FISCHER: Das Ledermännchen. Sagen und merkwürdige Begebenheiten aus Jena und dem mittleren Saaletal. S. 19-20.

[70]   Die Braupfanne auf dem Mühlberge bei Krossen. In: PAUL HEINECKE und GERHARD OST (Hg.): Holzlandsagen. S. 42-44.

Hitzacker[71]) – Plau in Mecklenburg (Unterirdische in Plau[72]) – Teschow in Mecklenburg (Unterirdische bei Teschow[73]).

Eine Überlieferung aus dem Harz verdient hervorgehoben zu werden: In ihr wird mitgeteilt, dass die Bewohner von Dardesheim sich an die Zwerge wandten, sobald sie a) *ein selteneres Gerät* und b) *ein Feierkleid* brauchten (Die Zwerge bei Dardesheim[74]).

Aus dem Motiv des Verleihs von Geschirr und Kleidern ergeben sich mehrere Fragen. Zunächst die Frage nach der Identität der Zwerge, wenn sie nicht kleinwüchsig waren. Wenn die Zwerge so klein gewesen wären, wie man sie oft beschreibt, hätten die Menschen weder mit ihrem Geschirr noch mit ihren Kleidern etwas anfangen können. Dann die Frage nach der Herkunft des als *selten* bezeichneten Geschirrs. Schließlich verlangt eine auf den ersten Blick unscheinbare Parallele nach Aufklärung: Der *Grînkenschmied*, auch eine Sagengestalt, leiht ebenfalls Gerät aus, nämlich einen Bratspieß, und erhält zum Dank ein Stück Braten, das

---

[71]   Zwerge bei Hitzacker. In: JOHANN GEORG THEODOR GRÄSSE (Hg.): Sagenbuch des Preußischen Staats. Bd. 2, S. 907-908.
[72]   Unterirdische in Plau (1). In: KARL BARTSCH: Sagen, Märchen und Gebräuche aus Meklenburg. Bd. 1, S. 42.
[73]   Unterirdische bei Teschow. In: KARL BARTSCH: Sagen, Märchen und Gebräuche aus Meklenburg. Bd. 1, S. 51-52. Laut WIKIPEDIA gibt es in Mecklenburg sechs Orte namens *Teschow*.
[74]   Die Zwerge bei Dardesheim. Ohne Titel in: OTMAR: Volcks-Sagen. S. 331-334. – Unter dem Titel „Die Zwerge bei Dardesheim" in: JOHANN GEORG THEODOR GRÄSSE (Hg.): Sagenbuch des Preußischen Staats. Bd. 1, S. 587-588. Bei Otmar war von *seltenem* Gerät die Rede, dann hat sich ein Druckfehler eingeschlichen, der sich vererbte, deshalb steht heute in manchen Texten „*seidenes* Gerät".
Vergleiche: Die Zwerge bei Dardesheim. In: GRIMM, BRÜDER GRIMM (Hg.): Deutsche Sagen. Erster Teil, Nr. 155 *(seltenes Gerät)*.

geschieht bei Hochzeiten wie auch zu Ostern und Pfingsten (Sagen vom Grînkenschmied[75], aus dem Münsterland).

Höchst merkwürdig ist die Beschränkung der als Zwerge bekannten Gestalten auf Mitteleuropa. In der polnischen Überlieferung blieb das Auftreten der Zwerge auf die westlichen Grenzgebiete beschränkt, woraus Indira Malcher den Schluss zog, sie seien teutonischen Ursprungs.[76] In der rumänischen Folklore kommen Zwerge nur sporadisch vor.[77] Friedrich S. Krauss hat mit Verwunderung festgestellt, dass die Südslaven kaum Zwergen-Sagen kennen.[78] Italo Calvino hielt im Kommentar zu einer „Schneewittchen"-Variante fest, dass Zwerge in der mündlichen italienischen Überlieferung so gut wie unbekannt sind.[79] Die „Schneewittchen"-Varianten, die außerhalb des deutschen Sprachraums aufgezeichnet wurden, bestätigen die Abgrenzung, denn hier findet die Heldin Zuflucht in einem Häuschen oder in einem Schloss, in dem *Brüder,*

---

[75]   Sagen vom Grînkenschmied. In: ADALBERT KUHN: Sagen, Gebräuche und Märchen aus Westfalen [...]. Bd. 1, S. 84-93, hier S. 84 bzw. 87.

[76]   INDIRA MALCHER: Der Zwerg in der polnischen Volks-Dämonologie. In: MÄRCHENSPIEGEL. Nr. 1/1999, S. 15-16.

[77]   OVIDIU BÎRLEA: MICĂ ENCICLOPEDIE A POVEȘTILOR ROMÂNEȘTI. S. 292.

Die auf dem Territorium Rumäniens aufgezeichneten deutschen und ungarischen Zwerg-Sagen stammen aus anderen Ländern. Die deutschen wurden von den Vorfahren der Siebenbürger Sachsen bzw. der Banater Berglanddeutschen aus deren Urheimat mitgebracht. Die von ELEK BENEDEK in ungarischer Sprache aufgezeichneten Texte sind wahrscheinlich durch entlassene Soldaten aus Österreich nach Siebenbürgen gelangt.

[78]   FRIEDRICH S. KRAUSS: Vorwort. In: Ders.: Tausend Sagen und Märchen der Süd-slaven. Bd. 1, S. V-XXXIII, hier S. XII. Krauss wörtlich: „warum sich die Südslaven mit Zwergsagen so gut wie gar nicht befreunden konnten".

[79]   ITALO CALVINO: Anmerkungen. In: Ders.: Die Braut, die von Luft lebte. S. 435-460, hier S. 451.

Räuber, Drachen, Recken oder *Jäger* wohnen. Nur Island bildet eine Ausnahme, in der isländischen Variante gelangt die Heldin ebenfalls zu Zwergen und heiratet zuletzt einen deutschen König (Schneewittchen[80], AT 709). Die Bezeichnung *Räuber* ist, wie schon vermerkt, ein im Märchen verewigter Spottname. Sie bezieht sich auf die Erlaubnis, während eines Abschnitts der Jugendweihe Nahrungsmittel zu stehlen.[81] AT 709 „Schneewittchen":

Brüder: „Die Jungfrau, so weiß wie der Schnee und so rot wie das Blut"[82] (rätoromanisch) – „Die Stieftochter"[83] (rätoromanisch) – „Drei Schwestern, welche wird Zarin?"[84] (bulgarisch) – „Der Vampir, der König, der Minister und das Mädchen"[85] (aramäisch).

Räuber: „Die böse Stiefmutter"[86] (polnisch aus der Provinz Posen) – „Die Prinzessin mit der Nadel im Kopf[87]" (polnisch) – „Die

---

[80]   Schneewittchen (AT 709). In: ADELINE RITTERSHAUS: Die neuisländischen Volksmärchen. S. 118-126.

[81]   Siehe die Ausführungen von WLADIMIR PROPP in der Abhandlung „Die historischen Wurzeln des Zaubermärchens", S. 146-147. – Siehe auch die Mitteilung von DIEDRICH WESTERMANN in der Monografie „Die Kpelle", S. 246.

[82]   Die Jungfrau, so weiß wie der Schnee und so rot wie das Blut (AT 709). In: URSULA BRUNOLD-BIGLER (Hg.): Die drei Hunde. S. 290-297. Bei den Brüdern handelt es sich um zwölf Zwillinge.

[83]   Die Stieftochter (AT 709). In: URSULA BRUNOLD-BIGLER (Hg.): Die drei Winde. S. 225-228.

[84]   Drei Schwestern, welche wird Zarin? (AT 709.) In: HILDE FEY (Hg.): Märchen aus Bulgarien. S. 24-28.

[85]   Der Vampir, der König, der Minister und das Mädchen (AT 709). In: WERNER ARNOLD (Hg.): Aramäische Märchen. S. 130-136.

[86]   Die böse Stiefmutter (AT 709). In: OTTO KNOOP: Polnische Märchen aus der Provinz Posen. In: Digitale Bibliothek, Bd. 80: Europäische Märchen und Sagen.

[87]   Die Prinzessin mit der Nadel im Kopf (AT 709). In: EWA BUKOWSKA-GROSSE und ERWIN KOSCHMIEDER (Hg.): Polnische Märchen. S. 176-181.

Unschuld kommt an den Tag"[88] (polnisch) – „Das Mädchen im Räuberhaus"[89] (estnisch) – „Der Zauberspiegel"[90] (rumänisch aus dem Banat) –
„Wer ist die schönste Frau der Welt?"[91] (rumänisch aus Siebenbürgen) –
„Die Weltenschöne"[92] (rumänisch aus Siebenbürgen) – „Wer ist schöner?"[93] (rumänisch aus der Moldau) – „Fatima"[94] (albanisch) – „Die Geschichte der zwölf Räuber"[95] (italienisch aus der Schweiz) – „Die dreizehn Räuber"[96] (sardinisch) – „Maria, die böse Stiefmutter und die sieben
Räuber"[97] (sizilianisch) – „Blanca Rosa und die vierzig Räuber"[98]

---

[88]   Die Unschuld kommt an den Tag (AT 709). In: DOROTA und
JERZY SIMONIDES (Hg.): Märchen aus der Tatra. S. 144-150.

[89]   Das Mädchen im Räuberhaus (AT 709). In: RICHARD VIIDA-
LEPP (Hg.): Estnische Volksmärchen. S. 289-294.

[90]   Der Zauberspiegel (AT 709). In: ARTHUR und ALBERT
SCHOTT: Rumänische Volkserzählungen aus dem Banat. S. 34-42.

[91]   Cine-i mai frumoasă-n lume? (AT 709.) In: MARIA IONIŢĂ:
Drumul urieşilor. S. 180-184.

[92]   Frumoasa lumii (AT 709). In: DEMETRIU BOER, MIRCEA
VASILE STĂNESCU ARĂDANUL, ŞTEFAN CACOVEANU: Poveşti
din Transilvania. S. 106-113.

[93]   Cine-i mai frumos? (AT 709.) In: ELENA D. O. SEVASTOS:
Literatură populară. Bd. 2, S. 34-35.

[94]   Fatima (AT 709). In: GERDA UHLISCH (Hg.): Die Schöne der
Erde. S. 84-87.

[95]   Die Geschichte der zwölf Räuber (AT 709). In: PIA TODORO-
VIČ-STRÄHL und OTTAVIO LURATI (Hg.): Märchen aus dem Tessin.
S. 133-136.

[96]   Die dreizehn Räuber (AT 709). In: FELIX KARLINGER (Hg.):
Das Feigenkörbchen. S. 26-31.

[97]   Maria, die böse Stiefmutter und die sieben Räuber (AT 709). In:
LAURA GONZENBACH: Sicilianische Märchen. Erster Teil, S. 4-7.

[98]   Blanca Rosa şi cei patruzeci de hoţi (AT 709). In: TUDORA
ŞANDRU OLTEANU (Hg.): Yara, zîna apelor. S. 111-115.

(chilenisch, d.h. spanischer Herkunft). Das Motiv begegnet auch in türkischen Fassungen.[99]

Drachen: „Die böse Mutter"[100] (rumänisch aus Siebenbürgen) – „Die schöne Naramza"[101] (rumänisch aus der Walachei) – „Schneewittchen"[102] (albanisch).

Recken: „Der Zauberspiegel"[103] (russisch) – „Die Schöne"[104] (russisch).

Krieger: „Schön-Jelena mit dem goldenen Zopf"[105] (russisch).

Jäger: Text ohne Titel[106] (deutsch aus Schleswig-Holstein) – „Das Mädchen und die sieben Jäger"[107] (arabisch aus Syrien).

Offenbar haben die germanischen Stämme die Sitte, die Zöglinge der Buschschule mit einem Spottnamen zu belegen (*Zwerg, Wichtel, Männchen* usw.) zusammen mit der Institution von der bodenständigen Bevölkerung, d.h. von den Kelten, übernommen haben.

---

[99] Siehe den Typus Nr. 167 „Nar tanesi [Granatapfelstück]". In: WOLFRAM EBERHARD und PERTEV NAILI BORATAV: Typen türkischer Volksmärchen. S. 185-187, hier S. 185.

[100] Mama cea rea (AT 709). In: ION POP RETEGANUL: Poveşti ardeleneşti. S. 145-147.

[101] Naramza a frumoasă (AT 709). In: G. DEM. TEODORESCU (Hg.): Basme române. S. 106-117.

[102] Schneewittchen (AT 709). In: J. G. v. HAHN: Griechische und albanesische Märchen. Zweiter Teil, S. 134-143.

[103] Der Zauberspiegel (AT 709). In: ALEXANDER N. AFANAS-JEW (Hg.): Russische Volksmärchen. Bd. 1, S. 478-490.

[104] Krasavica (AT 709). In: V. G. BAZANOV und O. B. ALEK-SEEVA (Hg.): Velikorusskie skazki v zapisjach I. A. Chudjakova. S. 186-189.

[105] Pro Elenu Krasotu, zolotuju kosu (AT 709). In: D. K. ZELENIN: Velikorusskie skazki Permskoj gubernii. S. 227-228.

[106] Text ohne Titel (AT 709). In: KURT RANKE (Hg.): Schleswig-Holsteinische Volksmärchen. Bd. 3, S. 67-68.

[107] Das Mädchen und die sieben Jäger (AT 709). In: UWE KUHR (Hg.): Arabische Märchen aus Syrien. S. 237-243.

In Frankreich sind folgende Namen gebräuchlich: *esprits servants* (Franche-Comté), *sotrets* (Lothringen), *dracs* (Provence), *solèves* oder *sarvans* (Savoyen), *gobelins* (Normandie), *corandons* (Nord-Bretagne), *fulletus* (Korsika), *cadets* (Lyonnais).[108]

In einem Standard-Werk der französischen Volkskunde finden wir weitere Bezeichnungen: Im Alpen- und im Pyrenäengebiet kamen nachts *lutins* in die Häuser und verrichteten verschiedene Arbeiten, außerdem hüteten sie die Kühe. Man nannte sie deshalb *servants* („Knechte"). Allerdings bestanden sie auf einer traditionellen kleinen Vergütung, z.B. Rahm.[109] Im Osten – im Elsass – erzählte man von *nains*. Diese reparierten ein Hufeisen oder eine Pflugschar, wenn man zugleich damit einen Kuchen vor den Eingang der Höhle legte.[110] *Lutin* wird mit *Kobold, nain* mit *Zwerg* übersetzt.

Die Herausgeberin einer Anthologie mit keltischen Märchen setzt die *corigane* der Bretagne mit den Heinzelmännchen gleich, weil sie wie diese nachts guten Menschen halfen und dafür Essen und ein Schüsselchen Milch erhielten (Wie die Korigane ihre Schätze trockneten[111]).

Auch in einer Sammlung mit Überlieferungen aus dem Tessin begegnen wir unseren Zwergen. Sie halfen heimlich in der Landwirtschaft, und sobald eine Familie Brot buk, stellten sie sich mit der Bitte um einen Laib Brot ein (Die Zwerge von Catto[112]).

Warum in der Folklore der Polen, Südslawen und Italiener keine Zwerge vorkommen, kann ich nicht erklären. Sagen mit Hausgeistern wurden auch in Ost-, Nord- und Westeuropa aufgezeichnet, doch weisen sie durch die Bank Entstellungen auf, wie weiter unten an Beispielen gezeigt werden soll. Folglich bildeten sich diese Sagen nicht lokal aus

---

[108]   HERVÉ FILLIPETTI und JANINE TROTEREAU: Zauber, Riten und Symbole. S. 226.

[109]   PAUL SÉBILLOT: Le Folk-Lore de France. Bd. 1, S. 230-231.

[110]   Ebd., S. 459-460.

[111]   Wie die Korigane ihre Schätze trockneten. In: ELENA CHME-LOVÁ: Keltische Märchen. S. 166-170.

[112]   Die Zwerge von Catto. In: WALTER KELLER: Tessiner Sagen und Volksmärchen. S. 96-97.

Erinnerungen an die Jugendweihe, sondern gelangten auf mündlichem Wege dorthin, wo man sie erzählte.

Merkwürdig sind zwei Überlieferungen aus Schwaben, die zwischen Wichteln und Bauernburschen einen Unterschied machen: Im Winter kamen die Erdwichtel gewöhnlich zweimal in der Woche in die Spinnstuben und setzen sich, wie es Sitte war, auf die linke Seite der Spinnerinnen, gerade so wie die Bauernburschen. Weil sie aber so klein waren, setzten sie sich nicht auf einen Stuhl, sondern – auf das Kunkelstühlchen ganz unten zu den Füßen des Mädchens (Erdwichtele[113]). – Die Erdmännlein von der „Halde" oberhalb Schlath, die nachts die Lichtstuben besuchten und sich mit den Spinnerinnen unterhielten, hatten immer rote Mäntelchen um, deshalb wurden sie von den Burschen *Rotmäntele* genannt (Die Rothmäntele[114]).

Auf den ersten Blick mag es verwundern, dass eine arabische Erzählung, die sich auf ein Gebiet im heutigen Land Sudan bezieht, nämlich auf die „Halbinsel" zwischen Weißem und Blauem Nil, von hilfreichen Zwergen handelt, die den mitteleuropäischen gleichen wie Brüder (Die Heinzelmännchen vom Nil[115]). Die wissenschaftliche Gründlichkeit erfordert, diese Erzählung zu vermerken, und sie erfordert auch, die Übereinstimmungen nach Möglichkeit zu erklären. Ich zitiere:

„Auf der Großen Halbinsel zwischen dem Weißen und dem Grünen Nil lebt ein *al-Karnīnā* genannter Volksstamm, der ein weites, vom Nil und vom Regen bewässertes Gebiet einnimmt. Wenn die Zeit der Saat anbricht, zieht bei ihm ein jeder mit allem Samen, den er besitzt, hinaus. Nachdem er je nach der Menge seines Saatgutes eine Fläche abgesteckt hat, sät er ein klein wenig an den vier Ecken des Feldes. Das übrige Saatgut stellt er in die Mitte, dazu etwas Bier und geht wieder von dannen. Am nächsten Morgen findet er die abgesteckte Fläche eingesät und das

---

[113]   Erdwichtele. In: ERNST MEIER: Deutsche Sagen, Sitten und Gebräuche aus Schwaben. S. 55-58, hier S. 56.

[114]   Die Rothmäntele. In: ERNST MEIER: Deutsche Sagen, Sitten und Gebräuche aus Schwaben. S. 58-59. Lichtstuben – Spinnstuben.

[115]   Die Heinzelmännchen vom Nil. In: MAX WEISWEILER (Hg.): Arabische Märchen. Bd. 2, S. 209-210.

Bier ausgetrunken. Kommt dann die Zeit der Ernte, so mäht er ein klein wenig davon ab, legt es mit Bier an eine beliebige Stelle und geht wieder fort. Nachher findet er dann alles abgeerntet und gebündelt. Das gleiche tut er, wenn er das Getreide gedroschen und geworfelt haben möchte. Manchmal kommt es vor, dass einer sein Saatfeld vom Unkraut gereinigt wissen möchte. Dann reißt er nur wie aus Versehen etwas Unkraut aus dem Feld heraus, und am nächsten Morgen ist alles gejätet. […]"

Die Bewohner der Gegend selbst behaupten, heißt es weiter, dass die Geister diese Arbeit tun. Der Herausgeber steuert keine Erklärung bei. Die Erklärung besteht wohl darin, dass der Brauch der Nachbarschaftshilfe unter den afrikanischen Bauern weit verbreitet ist und die Jugendlichen in das System der gegenseitigen Hilfe hineingewachsen sind. Im westafrikanischen Land Burkina Faso z.B. (bis 1984 *Obervolta*) lernten die Knaben und Mädchen eines Dorfes im Rahmen einer traditionellen zeitweiligen Vereinigung gemeinschaftlich arbeiten. Sie hieß *Naam*.

Diese Altersklassenvereinigung trat jedes Jahr befristet für die Dauer der Regenzeit zusammen. Die Naam-Gruppe sollte die Jugendlichen an Solidarität und Verantwortung gewöhnen. Innerhalb der Gruppe bestanden mehrere Funktionen, die die Aufgaben der Würdenträger des Mossi-Reiches kopierten: der Chef – der Sprecher des Chefs – der Chef der Trommler – der Verantwortliche für die Wege – der Richter, dafür zuständig, dass Strafen vollzogen werden – ein Beamter, der Strafen mildern oder aufheben kann – der Spaßvogel, der negative Eigenschaften karikiert – der Schatzmeister – schließlich der Vorkoster, der für die Sicherheit der Gruppe verantwortlich ist. „Ein- bis zweimal pro Woche arbeiten die Mitglieder der Naam auf den Feldern des Dorfes, vor allem auf jenen der Alten oder Kranken, die diese Arbeit selbst nicht verrichten können. Sie bearbeiten die Felder, ernten und besorgen den Transport der Ernte zum Markt. Für diese Tätigkeiten werden sie mit einem Teil der Ernte oder mit Geld belohnt. Am Ende der Regenzeit findet als Abschluss ein großes Fest statt, bei dem alle Ersparnisse verbraucht werden. Die Naam löst sich durch diesen Festakt auf."[116]

---

[116] BETTINA ROITTNER: Naam – ein wirksames afrikanisches Entwicklungsmodell. In: R. HÖRBURGER, H. NEHR, S. NEUWEG, K.

Die Saligen Fräulein
und ähnliche Gestalten

Die Saligen sind weibliche Gestalten der alpenländischen Folklore. Ihnen entsprechen die *Wilden Frauen* der deutschen Überlieferung, die *Feen* der französischen und die *Vilen* der balkanischen Folklore. Die Verbindung zwischen den Saligen der Alpenregion und den Feen der französischen Folklore wird eindeutig durch das Motiv der *Saligen-Ehe* hergestellt: Vor der Heirat stellt die Frau dem Mann eine Bedingung: nicht zu schimpfen – nicht zu schlagen – keine Geliebte zu haben – nicht nach dem Frauenbund zu fragen – der Frau einen Tag zu gewähren, an dem sie tun darf, was sie möchte. In jedem Text wird nur eine Bedingung genannt, weil das genügt, um die Spannung zu erhalten; zusammengenommen ergeben die Bedingungen einen Kodex von Rechten. Wahrscheinlich bezieht sich das Motiv auf die Zeit des Übergangs von matriarchalischen zu patriarchalischen Verhältnissen, als die genannten Rechte nicht mehr selbstverständlich waren, weshalb der Mann vor der Heirat ein förmliches Versprechen ablegen musste.

Viele Überlieferungen schildern das Auftreten der jungen Saligen oder Saligen Fräulein, die sich als Zöglinge der Buschschule zu erkennen geben. Ihnen lassen sich die *Wilden Fräulein* und die jungen Vilen zur Seite stellen. In Frankreich haben die Höhlen von einem Ende bis zum anderen Namen, die an die Feen erinnern[117], und zwar an die Novizen, die zeitweilig dort hausten (denn in der französischen Folklore gilt die Bezeichnung *Fee* sowohl für die Novizen als auch für die Vollmitglieder des Frauenbundes). Daneben gibt es Sagen über erwachsene Frauen, die einander beistehen: Als ein Hagelsturm droht, eilen die *Bergfeen* der

---

PICHLWANGER (Hg.): Burkina Faso. S. 154-169, hier S. 155-157, Zitat S. 157. Mossi – die größte Ethnie in Burkina Faso, rund 5 Millionen Menschen. Mossi-Reich – ein im 15. Jahrhundert entstandenes Reich mit der Hauptstadt Wogodogo, dem späteren Quagadougou. Dessen Hofstaat hat die Kolonialzeit überdauert.

[117] PAUL SÉBILLOT: Le Folk-Lore de France. Bd. 1, S. 436.

ganzen Umgebung herbei, um das Getreide der Familie zu retten (Die Fee von Cleibe[118], französisch aus der Schweiz). – Als der Ehemann einer Fee verreist, muss er sich keine Sorgen um seine Herde machen, weil ihre Schwestern ein Auge auf sie haben (Von Feen im Roussillon[119], katalanisch). In beiden zitierten Sagen kommt das Motiv der Saligen-Ehe vor. Darauf hat schon Heinrich Schreiber hingewiesen: Wo es Not tut, führt das schwesterliche Verhältnis die Feen ganzer Bezirke zur gegenseitigen Unterstützung zusammen.[120] Schließlich berichten die Sagen über Salige Frauen mit besonderen Fähigkeiten: Diese beraten die Bauern über die beste Zeit für Anbau, Heumahd und Ernte. – Sie sagen die Zukunft voraus. – Sie helfen Kranken mit heilsamen Getränken. – Sie machen Frauen gesund und fruchtbar und leisten Hebammendienste.

Schreiber hat vom schwesterlichen Verhältnis der Feen auf einen Schwesternbund oder auf ein Frauen-Kollegium mit hierarchischer Einrichtung geschlossen.[121] Wir gehen kaum fehl, wenn wir die erwachsenen Saligen bzw. die erwachsenen Feen als Mitglieder eines Bundes betrachten, der als Träger der Jugendweihe für Mädchen fungierte.

Mit der Führungsriege der Saligen Frauen lassen sich die Wilden Frauen der hessischen Überlieferung vergleichen, ebenso die *Billeweiß* von Kärnten (Die Billeweiß[122]) und die *Weißen Frauen* von Slowenien (Zlatorog[123]). Die späteren Erzähler, die nicht mehr wussten, wovon sie sprechen, haben die Vertreter der Ränge zusammengeworfen, so auch in

---

[118]   Die Fee von Cleibe. In: ROBERT WILDHABER und LEZA UFFER (Hg.): Schweizer Volksmärchen. S. 85-89.

[119]   Von Feen im Roussillon. In: FELIX KARLINGER und JOHANNES PÖGL (Hg.): Katalanische Märchen. S. 181-184.

[120]   HEINRICH SCHREIBER: Die Feen in Europa. S. 36.

[121]   HEINRICH SCHREIBER: Die Feen in Europa. S. 36.

[122]   Die Billeweiß. In: GEORG GRABER (Hg.): Sagen und Märchen aus Kärnten. S. 242.

[123]   Zlatorog. In: URSULA ENDERLE (Hg.): Märchen der Völker Jugoslawiens. S. 254-258, hier S. 254-255.

zwei Sagen aus dem Westerwald (Die Wilden Weiber in Oberdresseln-dorf[124]; Der Wildweiberfelsen bei Langenaubach[125]).

Von der Gestalt her gleichen die Saligen Fräulein völlig den Menschen. Das gilt auch für die *Guten Leute,* die einst in Kärnten den Menschen bei verschiedenen Arbeiten zur Hand gingen: Die geheimnisvolle Helferin, die einer Döllacher Bäuerin zwei Jahre lang das Brot bäckt, entpuppt sich *als eine schöne Jungfrau* (Die guten Leutlan[126]). Den Seejungfrauen vom Mummelsee haftet ebenso wenig ein Makel an (Die guten Seejungfrauen[127]). Bei der Darstellung ihrer Schwestern jedoch machen sich die Tücken der mündlichen Überlieferung bemerkbar. Zum einen werden sie als kleinwüchsig beschrieben, zum anderen haben die Erzähler ihre Maske als Missbildung begriffen: Die zwei *Meerweiblein,* die die Spinnstuben von Walddürn im Odenwäldischen Bauland besuchten, waren oben wie Menschen, unten wie Fische gestaltet (Der Marsbrunnen und die Meerweiblein[128]). – Ebenso die *Meerfräulein* auf dem Spucherschrofen oberhalb Kematen in Tirol (Die Meerfräulein[129]). – Die Trittspuren der *Nachtfräulein,* die vom Urschelberg aus nach Pfullingen in

---

124   Die Wilden Weiber in Oberdresselndorf. In: O. RUNKEL: Aus dem Sagenschatz der Heimat. Westerwaldsagen. I. Teil, S. 314-315.

125   Der Wildweiberfelsen in Langenaubach. In: O. RUNKEL: Aus dem Sagenschatz der Heimat. Westerwaldsagen. I. Teil, S. 315-316. – Unter dem Titel „Die Wilden Weiber und die Menschen" in: HELMUT FISCHER: Sagen des Westerwaldes. S. 162.

126   Die guten Leutlan. In: GEORG GRABER (Hg.): Sagen und Märchen aus Kärnten. S. 239. – Auch enthalten in: KARL HAIDING (Hg.): Alpenländischer Sagenschatz. S. 279.

127   Die guten Seejungfrauen. In: AUGUST SCHNEZLER (Hg.): Badisches Sagenbuch. Bd. 2, S. 119. – Auch enthalten in: GUNDULA HUBRICH-MESSOW (Hg.): Sagen und Märchen aus dem Schwarzwald. S. 47.

128   Der Marsbrunnen und die Meerweiblein. In: AUGUST SCHNEZLER (Hg.): Badisches Sagenbuch. Bd. 2, S. 627.

129   Die Meerfräulein. In: KARL HAIDING (Hg.): Alpenländischer Sagenschatz. S. 278-279.

die Karz oder Spinnstube kamen, glichen denen von Entenfüßen (Die Pfullinger führen die Nachtfräulein hinters Licht[130], aus Schwaben). Aus derselben Sage geht hervor, dass die Nachtfräulein Schläpperchen trugen. Vielleicht wurden die entenförmigen Trittspuren von den Schläpperchen erzeugt, aber mit Sicherheit nicht auf dem Weg zur Spinnstube.

Was die Missgestalt betrifft, gibt es eine Parallele auf Seiten der hilfreichen Zwerge: Die *Seemännlein* im Seebenweiher oder Glaswaldsee waren so groß wie Kinder und genauso beschaffen wie die sogenannten Meerweiblein – halb Mensch, halb Fisch (Seemännlein[131], aus Baden). Dagegen hatten die *Erdmännlein* von der Ramsfluh Enten- und Geißenfüße (Die Erdmännlein auf der Ramsfluh[132], aus dem Aargau). – Die Zwerge in der Berner Gegend hatten Gänsefüße (Die Füße der Zwerge[133]). – Die Zwerge von der Wolfshöhle südwärts von Pfirt hatten Geißenfüße (Die Zwerge in der Wolfshöhle[134], aus dem Elsass). – Die Fußstapfen der *Erdleute* aus der Tropfsteinhöhle bei Hasel waren denen

---

[130]   Die Pfullinger führen die Nachtfräulein hinters Licht. In: MARTIN FINK (Hg.): Pfullinger Sagen. S. 43.

[131]   Seemännlein. In: BERNHARD BAADER: Volkssagen aus dem Lande Baden und den angrenzenden Gegenden. S. 87-88. – Auch enthalten in: GUNDULA HUBRICH-MESSOW (Hg.): Sagen und Märchen aus dem Schwarzwald. S. 48.

[132]   Die Erdmännlein auf der Ramsfluh. In: EDMUND MUDRAK (Hg.): Das große Buch der Volkssagen. S. 245-247.

[133]   Die Füße der Zwerge. In: GRIMM, BRÜDER GRIMM (Hg.): Deutsche Sagen. Erster Teil, Nr. 150.

[134]   Die Zwerge in der Wolfshöhle. In: PAUL STINTZI (Hg.): Die Sagen des Elsasses. Bd. 1, S. 11-13. – Auch enthalten in: HEINZ BISCHOF (Hg.): Im Schnookeloch. S. 376-377.

der Gänse ganz ähnlich (Erdleute[135], aus Baden). – Die Fußabdrücke der thüringischen *Heugütel* ähnelten denen von Entenbeinen.[136]

Die vermeintlichen Missbildungen sind verblasste Erinnerungen an die rituelle Maskierung. Dafür sprechen jene Schläpperchen, die Entenbeine vortäuschten. Aber es gibt ein noch besseres Argument, nämlich eine Sage aus dem oberen Rheintal, aus der eindeutig hervorgeht, dass die Initianden Masken aufsetzten: „Auf dem Kaistenberg und der Kinzhalde vom Dorfe Frick an bis zur Stadt Laufenburg haben in den Höhlen des Juras und in den Felslöchern des Rheinufers *Erdmännchen* gehaust. Da schwärmten und schwirrten sie in der Wildnis herum wie Feld- oder Perlhühner, und wie diese in der Kindersprache *Biberli* heißen, so nannte man die Zwerge *Erdbiberli*. Wenn sie aber unter die Leute gehen wollten, so legten sie ihre Vogelgestalt vorher ab, sonst hätten sie nicht in Haus und Feld so gewandt mit wirtschaften können, wie sie im Dorfe Öschgen taten oder beim Bauern auf der Kinzhalde, dem sie jährlich beim Kornschnitt halfen." (Das Kloster der Erdbiberli[137], aus der Schweiz.)

Diese klare, im überlieferten Text enthaltene Aussage über die Tier-Maske enthüllt die Lückenhaftigkeit der Überlieferung. Selbstverständlich wurden jene Masken, die einen Fischschwanz bzw. Gänsefüße oder Entenbeine andeuteten, nur bei rituellen Anlässen verwendet, keineswegs bei profanen Tätigkeiten. Man darf annehmen, dass vormals viel mehr Einzelheiten mitgeteilt worden sind und dass die Überlieferung im Laufe der Jahrhunderte zusammengeschmolzen ist, wobei die späteren Erzähler Umdeutungen vornahmen. Was in einem Text ausführlich geschildert wird, erscheint in einem anderen als angehängter Satz. Wie die

---

[135] Erdleute. In: BERNHARD BAADER: Volkssagen aus dem Lande Baden und den angrenzenden Gegenden. S. 17-19. – Siehe auch den Text „Die Erdmännlein in der Haseler Höhle" in: WILHELM STRAUB (Hg.): Sagen des Schwarzwaldes. S. 172-173.

[136] DIETRICH KÜHN (Hg.): Sagen und Legenden aus Thüringen. S. 177. Im „Wörterbuch der deutschen Volkskunde" wird unter „Heinzelmännchen" das Wort *Gütchen* als Verkleinerung von *Gott* erklärt.

[137] Das Kloster der Erdbiberli. In: ARNOLD BÜCHLI (Hg.): Schweizer Sagen. Erster Band, S. 66-67. Auszeichnungen von H. F.

Protagonisten trotz ihrer angeblichen Missbildung den Weg zur Spinnstube zurücklegten, wie sie Arbeiten auf dem Bauernhof verrichteten –
solche Fragen haben die Erzähler sich nicht gestellt.

Von Frau Holle wurde berichtet, dass sie die armen Mädchen auf-
nahm, die von ihren Verlobten treulos verlassen worden waren. Als diese
einmal stritten, verwandelte Frau Holle sie in Katzen (Frau Holle[138], aus
Hessen). Auch dies ein Beispiel für Lückenhaftigkeit, denn die Maskierung war ein ritueller Akt, keineswegs eine Strafe. Brătulescu erwähnt,
dass zum Programm der rumänischen Mädchen-Spinnstube auch Ver-
mummungen *(travestiri)* gehörten (und an einigen nahmen die Burschen
teil), nennt aber keine Einzelheiten.[139]

Höchst merkwürdig ist eine Mitteilung mit Bezug auf Neunburg
vorm Wald in der Oberpfalz. Dort machten die Schrazeln einem Bäckermeister über Nacht das Brot zurecht, sodass er es am Morgen nur in den
Ofen zu schieben brauchte. Nun wollten Neugierige wissen, was für Füße
die Schrazeln haben, deshalb bestreuten sie den Fußboden eines Tages
mit Mehl. Die Fährte zeigte Kinderfüße, denen je eine Zehe fehlte (Bayerische Brotsagen[140]). Aus den Märchen von der Buschschule geht hervor, dass man den Initianden einen Finger oder eine Zehe abschnitt (siehe
AT 502 und 709); weshalb das geschah, ist nicht bekannt. Möglicherweise wurde die Verstümmelung bis ins Mittelalter praktiziert.

---

[138] Frau Holle. In: ULF DIEDERICHS und CHRISTA HINZE (Hg.):
Hessische Sagen. S. 83-86, hier S. 84. – Unter dem Titel „Frau Holle auf
dem Hohen Meißner" enthalten in: GERD BAUER: Das unsichtbare
Land. S. 188.

[139] MONICA BRĂTULESCU: Ceata feminină. S. 41.

[140] AUGUST SIEGHARDT: Bayerische Brotsagen. In: HEIDI
CAROLINE EBERTSHÄUSER (Hg.): Das bairische Leben. S. 232-237,
hier S. 235-236.

Heinzelmännchen und Salige Fräulein
im Vergleich

Der Aufenthaltsort im Sommer

Der Unterschlupf der Zwerge befand sich im Umfeld einer Ortschaft. Sie wohnten … in einer Höhle der versteckten Felswand, die *Ramsfluh* genannt wird (Die Erdmännlein auf der Ramsfluh[141], aus dem Aargau) – in den Höhlen des Juras und in den Felslöchern des Rheinufers vom Dorfe Frick an bis zur Stadt Laufenburg (Das Kloster der Erdbiberli[142], aus dem Aargau) – in einer Höhle unter dem riesigen Granitblock mitten im dichten Wald von Cregstas Crastota (Die Zwerge vom gespaltenen Felsen[143], aus Romanisch-Graubünden) – in Höhlen des Klostertals (Die Rutschifenggen zu Braz[144], aus Vorarlberg) – auf dem Pleschberg (Die verwünschte Alm[145], aus der Steiermark) – im Wichtelesloch auf dem Gipfel vom Wichtelesberg bei Zürgesheim, wo sich ein Kalksteinfelsen befindet (Der Wichtelesberg bei Zürgesheim[146], aus Schwaben) – in einem Berg

---

[141]   Die Erdmännlein auf der Ramsfluh. In: EDMUND MUDRAK (Hg.): Das große Buch der Volkssagen. S. 245-247.

[142]   Das Kloster der Erdbiberli. In: ARNOLD BÜCHLI (Hg.): Schweizer Sagen. Bd. 1, S. 66-67.

[143]   Die Zwerge vom gespaltenen Felsen. In: RICHARD WALDMANN (Hg.): Die Schweiz in ihren Märchen und Sennengeschichten. S. 241-243, hier S. 241.

[144]   Die Rutschifenggen zu Braz. In: FRANZ JOSEF VONBUN und RICHARD BEITL: Die Sagen Vorarlbergs mit Beiträgen aus Liechtenstein. S. 125.

[145]   Die verwünschte Alm. In: JOHANN KRAINZ (Hg.): Mythen und Sagen aus dem steirischen Hochlande. S. 237.

[146]   Der Wichtelesberg bei Zürgesheim. In: FRIEDRICH PANZER: Bayerische Sagen und Bräuche. Bd. 2, S. 104.

bei Kettershausen unweit Babenhausen (Die Haiden zu Kettershausen[147], aus Schwaben) – in der „Halde", einem Berg beim Fuchseckhof, oberhalb Schlath (Die Rothmäntele[148], aus Schwaben) – in den alten Stollen im Hang der Wied unfern vom „Häubchen" (Die Roßbacher Heinzelmännchen[149], aus dem Westerwald) – im zerklüfteten Kalksteinfelsen nahe vor Witzenhausen an der Kasseler Straße (Der Wichtelstein bei Witzenhausen[150], aus Hessen) – in den schroffen Felsen am rechten Wupperufer unterhalb Müngsten; die kleinen Höhlen wurden im Volksmund *Zwergenlöcher* genannt (Die Zwerge zu Müngsten[151], aus dem Bergischen Land) – in den Höhlen an der Straße nach Elbingerode (Zwerge in Rübeland[152], aus dem Harz) – in einer Höhle im Bielstein bei Lautenthal (Die Zwerge am Bielstein[153], aus dem Harz) – in der Stublacher Zwerghöhle (Zwerge[154], aus dem Vogtland) – in den Höhlen nahe dem Dorf

---

[147]   Die Haiden zu Kettershausen. In: ALEXANDER SCHÖPPNER (Hg.): Bayrische Sagen. Bd. 1, S. 60.

[148]   Die Rothmäntele. In: ERNST MEIER: Deutsche Sagen, Sitten und Gebräuche aus Schwaben. S. 58-59.

[149]   Die Roßbacher Heinzelmännchen. In: HELMUT FISCHER: Sagen des Westerwaldes. S. 102.

[150]   Der Wichtelstein bei Witzenhausen. In: KARL LYNCKER: Deutsche Sagen und Sitten in hessischen Gauen. S. 48-49.

[151]   Die Zwerge zu Müngsten. In: OTTO SCHELL (Hg.): Bergische Sagen. S. 178-179. – Unter dem Titel „Das Zwergjunkerlein an der Kohlfurt" in: JOHANN GEORG THEODOR GRÄSSE (Hg.): Sagenbuch des Preußischen Staats. Bd. 2, S. 20-22.

[152]   Zwerge in Rübeland. In: ADALBERT KUHN: Sagen, Gebräuche und Märchen aus Westfalen [...]. Bd. 1, S. 306-307.

[153]   Die Zwerge am Bielstein. In: JOHANN GEORG THEODOR GRÄSSE (Hg.): Sagenbuch des Preußischen Staats. Bd. 1, S. 548-549.

[154]   Zwerge. In: ROBERT EISEL: Sagenbuch des Voigtlandes. S. 17-23. Das Vogtland, früher auch *Voigtland* genannt, ist das Bergland zwischen Frankenwald, Fichtelgebirge und Erzgebirge.

Goldbeck, in der Richtung nach Rinteln (Zwergsagen[155], aus dem Wesertal) – in den Höhlen des Berges Hüggel, zwei Stunden von Osnabrück, zwischen den Orten Ohrbeck und Hagen (Die Sgönaunken[156]) – in den Grotten bei Rosport (Die Wichtelcher bei Rosport[157], aus Luxemburg) – in einer Grotte im Gemeindewald (Die Wichtelcher bei Reckingen und ihr Verfolger[158], aus Luxemburg) – in einer Höhlung im Katzenfels, dicht am Wege, der von Mamer nach Kehlen führt (Die Wichtelmännchen im Katzenfels[159], aus Luxemburg) – in einem Felsen im Kalvergrond, das ist ein Tälchen zwischen Eschborn und Kuborn (Die Wichtelmännchen im Kalvergrond[160], aus Luxemburg) – in einer Felskammer oberhalb von Ebersdorf (Das Zwergliloch[161], deutsch aus Mähren).

Während die Zwerge vom Wiedtal in Höhlen hausten (Die „Hehlemänncher" im Wiedtal[162]), wohnten die vom Siebengebirge angeblich in Brunnen, wobei nicht an Ziehbrunnen mit Schacht, sondern an Quellweiher zu denken ist. So ein Querkbrunnen befand sich am Drachenfels nahe bei Rhöndorf, ein zweiter in der Heidenhecke am Breiberg,

---

[155] Zwergsagen. In: ADALBERT KUHN: Sagen, Gebräuche und Märchen aus Westfalen [...]. Bd. 1, S. 232-236, hier S. 232-233.

[156] Die Sgönaunken. In: ADALBERT KUHN: Sagen, Gebräuche und Märchen aus Westfalen [...]. Bd. 1, S. 63-75, hier S. 63

[157] Die Wichtelcher bei Rosport. In: N. GREDT (Hg.): Sagenschatz des Luxemburger Landes. Bd. 1, S. 5.

[158] Die Wichtelcher bei Reckingen und ihr Verfolger. In: N. GREDT (Hg.): Sagenschatz des Luxemburger Landes. Bd. 1, S. 6-8.

[159] Die Wichtelmännchen im Katzenfels. In: N. GREDT (Hg.): Sagenschatz des Luxemburger Landes. Bd. 1, S. 10-11.

[160] Die Wichtelmännchen im Kalvergrond. In: N. GREDT (Hg.): Sagenschatz des Luxemburger Landes. Bd. 1, S. 20.

[161] Das Zwergliloch. In: MARIE KOSCH: Deutsche Volksmärchen aus Mähren. S. 78.

[162] Die „Hehlemänncher" im Wiedtal. In: O. RUNKEL: Aus dem Sagenschatz der Heimat. Westerwaldsagen. I. Teil, S. 122-123. Hehlemänncher – „Höhlenmännchen".

ein dritter am Steinsbusch bei Selhof in der Honnefer Gemarkung (Die Zwerge im Siebengebirge[163]).

Die Erdmännlein auf der Ramsfluh haben nicht gekocht, sondern nur Wurzeln und Beeren gegessen (Die Erdmännlein auf der Ramsfluh[164], aus dem Aargau). – Bei den Heinzelmännchen, die im Teutoburger Wald hausten, dürfte es genauso gewesen sein (Heinzelmännchen am Berge[165], aus Niedersachsen).

Merkwürdig ist eine Überlieferung aus dem Saarland. Hier hausten die Wichtelmännchen in einem Wald bei Serrig. Alljährlich zur Osterzeit kamen sie ins Dorf und benutzten dort, wo der Weg nach Greimerath abzweigt, mit stillschweigender Erlaubnis des Eigentümers ein Haus und dessen Backofen zum Brotbacken (Die Heinzelmännchen vom Serriger „Wichtershäuschen"[166]). – Mit Bezug auf Wolfenbüttel in Niedersachsen wurde erzählt, dass die Unterirdischen oft zu dem Backhaus eines Landmannes kamen, *der dem Walde zunächst wohnte,* und dort backten. Zum Lohne ließen sie stets einen wunderschönen kleinen Kuchen zurück (Zwerge liehen das Backhaus[167]). – Schambach und Müller haben eine ähnliche Sage mit Bezug auf eine Ortschaft aufgezeichnet, die 80 Kilometer südlich von Wolfenbüttel liegt, jenseits des Harzes, und heute ein Ortsteil der Gemeinde Gleichen im Landkreis Göttingen ist: Von dem Westerberge bei Kleinen-Lengden kamen die Zwerge, durch ihre Nebelkappen unsichtbar gemacht, oft in ein am äußersten Rande des Dorfers gelegenes Haus und buken daselbst Brot, ohne dass die

---

[163]   Die Zwerge im Siebengebirge. In: O. RUNKEL: Aus dem Sagenschatz der Heimat. Westerwaldsagen. I. Teil, S. 13-15, hier S. 14.
[164]   Die Erdmännlein auf der Ramsfluh. In: EDMUND MUDRAK (Hg.): Das große Buch der Volkssagen. S. 245-247.
[165]   Heinzelmännchen am Berge. In: GÜNTER PETSCHEL (Hg.): Volkssagen aus Niedersachsen. S. 14.
[166]   Die Heinzelmännchen vom Serriger „Wichtershäuschen". In: KARL LOHMEYER: Die Sagen der Saar. S. 420-421.
[167]   Zwerge liehen das Backhaus. In: WILL-ERICH PEUCKERT (Hg.): Niedersächsische Sagen. Bd. 4, S. 421.

Bewohner sie jemals sahen. Aber jedes Mal legten sie ein Brot „als Zins" für die Benutzung des Backofens hin (Zwerge backen[168]).

Es wird also vorausgesetzt, dass die Helfer über Mehlvorräte verfügten – eine Information, die aus dem Rahmen fällt. Eine Überlieferung aus dem Westerwald scheint das Backen auf eigene Rechnung zu bestätigen. Im Ehlscheider Wald unweit der Wied, an der Hardtsmauer, hausten Wichtelmännchen, die auf dem Hof des adeligen Herrn von Cöllen in Ehlscheid nachts schwere Arbeiten verrichteten. Dafür erhielten sie den Sauerteig, wenn sie für ihren eigenen Bedarf Brot backen wollten (Die Welleweechterscher und der Sauerteig[169]).

Auch der Unterschlupf der Saligen befand sich in der Nähe eines Dorfes. Sie wohnten ... bei den abgekommenen [abgelegenen] Höfen auf der Schattenseite zwischen den Felsen im tiefen Wald (Von den seligen Leuten bei Brixen[170]) – in den Höhlen und Schluchten des Zonusberges und in den Köfeln ober St. Magdalena (Die Seligen in Villnös[171]) – in einem Loch der Felswand von Oberplatten auf dem Ritten gegen Signat hin (Die seligen Leute[172]) – in Höhlen beim Locherer in der Lecklahn (Die Leckfräulein in Nobels[173]) – in der Platzerwand im Laaser Tal (Die

---

[168]   Zwerge backen. In: GEORG SCHAMBACH und WILHELM MÜLLER: Niedersächsische Märchen und Sagen. S. 119-120, hier S. 120.

[169]   Die Welleweechterscher und der Sauerteig. In: HELMUT FISCHER: Sagen des Westerwaldes. S. 129-130.

[170]   Von den seligen Leuten bei Brixen. In: JOHANN ADOLF HEYL: Volkssagen, Bräuche und Meinungen aus Tirol. S. 166-168.

[171]   Die Seligen in Villnös. In: JOHANN ADOLF HEYL: Volkssagen, Bräuche und Meinungen aus Tirol. S. 169-170. Kofel (eigentlich *Kogel*) – „Bergkuppe", dagegen Guf(e)l – „Höhle".

[172]   Die seligen Leute. In: JOHANN ADOLF HEYL: Volkssagen, Bräuche und Meinungen aus Tirol. S. 273.

[173]   Die Leckfräulein in Nobels. In: JOHANN ADOLF HEYL: Volkssagen, Bräuche und Meinungen aus Tirol. S. 276.

wilden Fräuelen in der Platzerwand[174]) – westwärts von Mals in den Schluchten gegen die Schweizergrenze hin (Die Selige in Mals[175]) – in einer Gufl des Schermkofels unweit des Bärenbachs (Der Bär schreit[176]) – im Tschetterloch, das ist eine Höhle im Tierser Tal, über die ein Wasserfall niedersprüht (Das Tschetterloch[177]).

All diese Mitteilungen stammen aus Tirol, aber in Kärnten war es nicht anders: ... in Höhlen des Möll- und Drautals (Die saligen Frauen des Möll- und Drauthales[178]) – in einer Höhle am Weißensee hinter Neusach (Salige Frauen in Neusach[179]) – in Waldhöhlen ober Döllach im Mölltal (Die guten Leutlan[180]) – in einem ausgehöhlten Kofel im Radegundgraben beim Lesachtal (Die guaten Leutlan ziehen fort[181]).

Zwei Erdweible wohnten im Großen Loch, das bei Loffenau in der Mitte zwischen dem Bockstein und der Teufelsmühle lag. Es befanden sich drei Säulen darin, die zwei Kammern bildeten (Die Erdweible im „großen Loch"[182], aus Schwaben). – Die Waldweibchen oder Wilden

---

[174] Die wilden Fräuelen in der Platzerwand. In: ROBERT WINKLER (Hg.): Sagen aus dem Vinschgau. S. 222-223.

[175] Die Selige in Mals. In: JOHANN ADOLF HEYL: Volkssagen, Bräuche und Meinungen aus Tirol. S. 520-521.

[176] Der Bär schreit. In: HANS FINK: Salige und Unholde. S. 46-47.

[177] Das Tschetterloch. In: HANS FINK: Salige und Unholde. S. 47.

[178] Die saligen Frauen des Möll- und Drauthales. In: J. RAPPOLD (Hg.): Sagen aus Kärnten. S. 155-157.

[179] Salige Frauen in Neusach. In: GEORG GRABER (Hg.): Sagen und Märchen aus Kärnten. S. 237. – Auch enthalten in: KARL HAIDING (Hg.): Alpenländischer Sagenschatz. S. 46-47.

[180] Die guten Leutlan. In: GEORG GRABER (Hg.): Sagen und Märchen aus Kärnten. S. 239. – Auch enthalten in: KARL HAIDING (Hg.): Alpenländischer Sagenschatz. S. 279.

[181] Die guaten Leutlan ziehen fort. In: KARL HAIDING (Hg.): Alpenländischer Sagenschatz. S. 57.

[182] Die Erdweible im „großen Loch". In: ERNST MEIER: Deutsche Sagen, Sitten und Gebräuche aus Schwaben. S. 45-46.

Weibchen wohnten im Burkhardtsloch nahe Pobershau (Von Waldweibchen bei Pobershau und Rabenstein[183], aus dem Erzgebirge).

In Frankreich tragen die Höhlen von einem Ende bis zum anderen Namen, die an die Feen erinnern.[184] – Eine halbe Stunde über dem Waadtländer Dorf Vallorbe liegt eine Tropfsteinhöhle, die laut einer Sage einst von Feen bewohnt wurde, sie heißt *Feenhöhle*. Ein Schmiedegeselle, der sich nachts in die Höhle schlich, entdeckte, dass die Feen Gänsefüße haben (Die Feengrotte[185]).

Man weiß auch von einer Höhle bei der Roten Wand hoch über Verona (Die sealigen Leute[186], deutsch aus einer zimbrischen Sprachinsel, Oberitalien).

Seltener ist von einem Bauwerk als Unterschlupf die Rede: von einem *Stadel* (Die Salige auf Hohenried[187], aus Tirol) – von einem *Heustadel* oberhalb von Serfaus im Oberinntal (Der Gürtel des Wilden Fräuleins[188], aus Tirol) – von einer *Schupfe* unweit des kleinen Sees im Latzfonser Almland von Giß (Gold für Milch[189], aus Tirol) – von nicht näher definierten Behausungen, die auf der Schalderer Schattenseite stehen (Im Spätherbst[190], aus Tirol).

---

[183]   Von Waldweibchen bei Pobershau und Rabenstein. In: WERNER LAUTERBACH (Hg.): Sagenbuch des Erzgebirges. S. 148-149.

[184]   PAUL SÉBILLOT: Le Folk-Lore de France. Bd. 1, S. 436.

[185]   Die Feengrotte. In: ARNOLD BÜCHLI (Hg.): Schweizer Sagen. Bd. 1, S. 181-182. – Unter demselben Titel „Die Feengrotte" in: MEINRAD LIENERT (Hg.): Schweizer Sagen und Heldengeschichten. S. 211-215. Hier ist die Sage um ein Motiv der Saligen-Ehe erweitert. Eine von den Feen will den Schmiedegesellen zum Gemahl nehmen, wenn er verspricht, ihr nicht nachzuspionieren, sooft sie sich zurückzieht.

[186]   Die sealigen Leute. In: HANS FINK: Salige und Unholde. S. 42.

[187]   Die Salige auf Hohenried. In: ADOLF FERDINAND DÖRLER: Sagen aus Innsbruck's Umgebung. S. 2-3.

[188]   Der Gürtel des Wilden Fräuleins. In: KARL HAIDING (Hg.): Alpenländischer Sagenschatz. S. 260-261.

[189]   Gold für Milch. In: HANS FINK: Salige und Unholde. S. 44.

[190]   Im Spätherbst. In: HANS FINK: Salige und Unholde. S. 60-61.

Bedeutsam sind folgende Aussagen: Die Saligen hausten im Wald, wobei sie auf einem Lager aus Moos und Laub schliefen; sie nährten sich von Wurzeln und gedörrten Beeren; sie machten Feuer, indem sie Funken aus Steinen schlugen (Von den Saligen[191], aus Tirol). Aus der Sicht des Erzählers lebten sie unter primitiven Bedingungen, was durch den Umstand zum Ausdruck kommt, dass der Bauer und sein Knecht, die mit ihnen zusammentreffen, Streichhölzer verwenden.

Bei der angeblichen Wohnstätte in einem Gewässer handelt es sich um Quellen, Teiche, Seen oder einen Wasserlauf. Ein Männlein hielt sich im Seebenweiher auf (Seemännlein[192]), ein anderes im Hutzenbacher See (Sagen vom Hutzenbacher See[193]). Im Falle der weiblichen Protagonisten hören wir vom Kleinen Mummelsee im Schwarzwald, von einer Quelle bei Schwäbisch Hall, von einem See bei Wildbad in Schwaben, von zwei Quellen im Spessart, von der Elz im Odenwald, von einer Quelle bei Haag in der Pfalz, von einem See bei Kirchhain in Hessen, von einem Teich zwischen Elgersburg und Ilmenau in Thüringen (siehe den Abschnitt über die fremden Mädchen, die zur Spinnstube und zum Tanz kommen).

Der Aufenthaltsort im Winter

In den Überlieferungen zeichnen sich zwei Verhaltensweisen ab: (A) Die Initianden ziehen nach Einbruch des Winters in ein Bauernhaus. (B) Sie hausen weiter in ihrem primitiven Unterschlupf, nur bei starker Kälte suchen sie ein Bauernhaus auf, um dort zu übernachten.

---

[191]   Von den Saligen. In: LEANDER PETZOLDT (Hg.): Sagen, Märchen und Schwänke aus Südtirol. Bd. 1, S. 218-219.

[192]   Seemännlein. In: BERNHARD BAADER: Volkssagen aus dem Lande Baden und den angrenzenden Gegenden. S. 87-88. – Auch enthalten in: GUNDULA HUBRICH-MESSOW (Hg.): Sagen und Märchen aus dem Schwarzwald. S. 48.

[193]   Sagen vom Hutzenbacher See. In: ERNST MEIER: Deutsche Sagen, Sitten und Gebräuche aus Schwaben. S. 67-71, hier S. 69-70.

(A) Die Neunhollen aus dem Hochpochtener Wald in der Eifel blieben das Frühjahr und den Sommer über in ihrem Wald, ging es aber gegen den Winter, begaben sie sich zu einem alten Bauernhaus in Georgweiler. Dort blieben sie bis Ostern. Bei Tage schliefen sie in der dunklen warmen Ecke über dem Backofen, gegen Abend kamen sie hervor und machten sich nützlich. Um Ostern herum machten sie sich wieder auf die Reise.[194] – Im Sommer halfen die Wichtelmännchen den Bewohnern von Kuborn bei den Feldarbeiten, im Winter nähten und strickten sie für dieselben (Die Wichtelmännchen im Kalvergrond[195], aus Luxemburg). – Zur Winterzeit suchten die Heinzelmännchen ihr Obdach in den Häusern der Bauern und lebten dort unsichtbar als Glieder der Familie; nur an ihren Dienstleistungen und am Verschwinden der für sie hingesetzten Speisen konnte man ihre Anwesenheit erkennen (Die Zwerge im Bielstein[196], aus dem Bergischen Land).

Das Männlein aus dem Hutzenbacher See, das häufig im Haus des „Frieders-Bauer" aushalf und *im Winter auch gewoben hat* (Sagen vom Hutzenbacher See[197], aus Schwaben), ist vermutlich bei Anbruch der kalten Jahreszeit dorthin übersiedelt. – Im Sinne von Winterquartier ist wohl auch die folgende lückenhafte und deshalb etwas mystifizierte Mitteilung aus der Eifel zu verstehen: Abends stellten die Frauen dicke Rocken an die Spinnräder und legten Käs-schmieren auf den Tisch; am Morgen fanden sie alles gesponnen (Wallendorf[198]).

(B) Als einmal alles zu Stein und Bein gefroren war, kamen die Erdmännlein ins oberste Haus von Ärlisbach. Dort lagen sie die Nacht

---

[194]   Wilde Leute und Wichtel. In: PAUL ZAUNERT (Hg.): Rheinland-Sagen. Bd. 1, S. 241-251, hier S. 245.

[195]   Die Wichtelmännchen im Kalvergrond. In: N. GREDT (Hg.): Sagenschatz des Luxemburger Landes. Bd. 1, S. 20.

[196]   Die Zwerge im Bielstein. In: OTTO SCHELL: Bergische Sagen. S. 294-295.

[197]   Sagen vom Hutzenbacher See. In: ERNST MEIER: Deutsche Sagen, Sitten und Gebräuche aus Schwaben. S. 67-71, hier S. 69-70.

[198]   Wallendorf. In: MATTHIAS ZENDER: Volkssagen der Westeifel. S. 301.

über auf dem Ofen und zogen sich vor Tagesanbruch zurück (Die Erdmännlein auf der Ramsfluh[199], aus dem Aargau). – Die Orgen erschienen immer zur Nachtzeit auf den äußersten Bauernhöfen, die nicht weit vom Wald liegen; am häufigsten kamen sie im Winter, um sich zu wärmen (Die Orgen[200], aus Tirol). – Im Winter kamen die Nörggelen öfter nach Rona und hockten sich hinter den Ofen, um sich zu wärmen. Besonders lustig gebärdeten sie sich, wenn sich der Ronervater zu ihnen hineinhockte und ihnen allerlei erzählte. Reden konnten sie nicht, sie brachten nur ein „husch, husch!" zuwege (Die Marteller Nörggelen[201], aus Tirol).[202] – Die Gnomen und Gnominnen aus der Erdmanshöhle bei Hasel im Breisgau erhielten in strengen Wintern die Erlaubnis, die Nacht beim warmen Ofen zuzubringen, und zwar auf mitgebrachtem Bergflachse (Asbest) oder auf einem Bündelchen Stroh (Die Erdmannshöhle bei Hasel[203], aus Baden).

Derselbe Unterschied lässt sich auch im Falle der Mädchen erkennen.

(A) An einem kalten Winterabend bat beim Oberhamm in Ratschings eine fremdartige junge Frauensperson die Bäuerin um Nachtquartier. Die Bäuerin gab ihr trockene Wäsche, Kleider und Warmes zum Essen (Die Todesbotschaft[204], aus Tirol). – Während der Wintermonate

---

[199]   Die Erdmännlein auf der Ramsfluh. In: EDMUND MUDRAK (Hg.): Das große Buch der Volkssagen. S. 245-247.

[200]   Die Orgen. In: IGNAZ VINZENZ ZINGERLE: Sagen aus Tirol. S. 124-126.

[201]   Die Marteller Nörggelen. In: ROBERT WINKLER: Sagen aus dem Vinschgau. S. 261-262.

[202]   Es kann sein, dass der Initiationsleiter die Knaben an der Zunge verletzt und damit zeitweilig zum Schweigen gezwungen hat, um ihren Mund rituell für das Leben als Erwachsener „zu öffnen". Dieser Eingriff wird in Märchen geschildert.

[203]   Die Erdmannshöhle bei Hasel in: AUGUST SCHNEZLER (Hg.): Badisches Sagenbuch. Bd. 1, S. 221-224.

[204]   Die Todesbotschaft. In: LEANDER PETZOLDT (Hg.): Sagen, Märchen und Schwänke aus Südtirol. Bd. 1, S. 145-146. – Unter dem

hielten sich die Mädchen auf dem Pirklahner Hof auf, dem höchsten Stammhof des Wipptals und von ganz Tirol (1650 m), halfen den Leuten bei der Arbeit oder beim Spinnen und erfreuten sie mit ihrem wundervollen Gesang (Von Elfen und wilden Fräulein[205]). – Die Holzweibchen verbrachten den Winter bei den Menschen (Das Holzweibchen zu Thiemendorf[206], aus Sachsen; Die Holzweiblein von Königshain[207]; aus Sachsen). Es könnte sich um die zwei benachbarten Ortschaften westlich von Görlitz handeln. – Die Wassernixen oder Spinnweibchen aus dem hinteren Bielatal in Sachsen fanden im Winter Zuflucht in verschiedenen Häusern des Dorfes Bärenstein und blieben dort, bis der Frühling ins Land zog, dann kehrten sie ins eisfrei gewordene Wasser zurück (Spinnweibel und Wassernixen[208], aus Sachsen).

In all diesen Fällen begaben sich die Mädchen nach Einbruch des Winters nicht in ihr Elternhaus, sondern suchten Zuflucht in einem anderen Anwesen.

(B) Falls es sehr kalt war, heißt es in einer Schweizer Sage mit Bezug auf das Waadtländer Dorf Vallorbe, kamen die Feen aus der Tropfsteinhöhle des Nachts, wenn die Schmiede schon lange schliefen, zu den Eisenwerken herab und wärmten sich dort am helllodernden

---

Titel „Die Salige zu Oberhamm" in: HANS FINK: Eisacktaler Sagen, Bräuche und Ausdrücke. S. 51-52. – Unter dem Titel „Oberländer Selige" enthalten in: HANS FINK: Salige und Unholde. S. 64-65.

[205] Von Elfen und wilden Fräulein. In: HERMANN HOLZMANN: Wipptaler Heimatsagen. S. 89.

[206] Das Holzweibchen zu Thiemendorf. In: JOHANN GEORG THEODOR GRÄSSE (Hg.): Der Sagenschatz des Königreichs Sachsen. Bd. 2, S. 297.

[207] Die Holzweiblein von Königshain. In: JOHANN GEORG THEODOR GRÄSSE (Hg.): Sagenbuch des Preußischen Staats. Bd. 2, S. 401.

[208] Spinnweibel und Wassernixen. In: Schulförderverein Grundschule Mühlbach (Hg.): Sagenhaftes Müglitztal. S. 14.

Feuer, bis ein Hahn krähte (Die Feengrotte[209]). – Zwei Sagen mit Bezug auf den Urschelberg bei Pfullingen berichten über Spinnstubenbesuche von fremden Mädchen im Winter (Die Nachtfräulein des Urschelbergs[210]; Die Nachtfräulein vom Urschelberg[211]); sie lassen vermuten, dass die Gruppe der Zöglinge sich im Winter *nicht* auflöste.

Rätselhaft bleibt eine Sage aus Niederbayern mit Bezug auf Grünbach in der Pfarrei Kirchdorf: Die Erdweibl kamen im Frühling mit den Zugvögeln und zogen sich im Herbst wieder zurück in die Felsen- und Baumhöhlen vom nahen Grünberg (Die Erdweibl beim Binzinger[212]). Hier haben die späteren Erzähler rechts und links vertauscht.

Die Verpflegung durch die Bevölkerung

Bei den Kpelle im Hinterland von Liberia (und bei anderen Völkern der Region) ruhte die Verköstigung der Zöglinge auf vier Säulen[213]:

(A) Die Mütter bzw. die Verlobten brachten regelmäßig Essen zum Sitz der Schule und legten es an einer bestimmten Stelle nieder.

(B) Die Zöglinge bebauten ein eigenes Feld.

(C) Der Schulleiter unternahm mit den männlichen Zöglingen Heischegänge.

(D) Der Schulleiter unternahm mit den männlichen Zöglingen nächtliche Streifzüge in die Ortschaften, wobei alles geraubt wurde, was ihnen in die Hände fiel. – Analog dazu streiften in Namibia beim größten Stamm der Ovambo, Ukuanyama, die an den Reifefeiern teilnehmenden

---

[209]   Die Feengrotte. In: ARNOLD BÜCHLI (Hg.): Schweizer Sagen. Bd. 1, S. 181-182.

[210]   Die Nachtfräulein des Urschelbergs. In: ERNST MEIER: Deutsche Sagen, Sitten und Gebräuche aus Schwaben. S. 11-13.

[211]   Die Nachfräulein vom Urschelberg. In: MARTIN FINK (Hg.): Pfullinger Sagen. S. 31.

[212]   Die Erdweibl beim Binzinger. In: EMMI BÖCK (Hg.): Sagen aus Niederbayern. S. 241-242.

[213]   DIEDRICH WESTERMANN: Die Kpelle. S. 246, 249 (Knaben) und S. 259 (Mädchen).

Mädchen mit Knüppeln bewaffnet durchs Land, wobei sie nach Belieben in Gärten, Felder und Vorratshäuser einbrachen, um zu nehmen, was ihr Herz begehrte.[214]

Wir finden diese Säulen auch in der europäischen Überlieferung, und zwar sowohl in den Märchen als auch den Sagen. Anschließend Belege aus Märchen:

(A) Für die zwölf verzauberten Schwestern im gläsernen Berg schicken die Dörfler allmonatlich eine Kiste Lebensmittel (Die Geschichte von den 12 goldenen Gänsen[215], AT 400, deutsch aus Mähren).

(B) Um das Märchenschloss, ein Abbild des Großen Gebäudes, breiten sich Gärten aus, und es liegt nahe, dass ihre Erträge für die Schulleiter, ihre Gehilfen und die Zöglinge bestimmt waren: In einem dänischen Märchen muss der Prinz den Wassermann täglich begleiten, um ihm beim Säen und Pflanzen zu helfen, so dass er bald sehr geübt in der Gärtnerkunst ist (Der Prinz und der Wassermann[216], AT 314). – In einem tschechischen Märchen lehrt der wilde Mann den Königssohn, wie man den Boden bebaut und Bäume pflegt (Der wilde Mann[217], AT 502). – In einem friesischen Märchen wollen die Gefährten ein Stück Gartenland umgraben (Von Anske, vom Müllerknecht und vom Bäckerknecht[218], AT 301 A).

(D) Vom Motiv der Räuber war schon die Rede. In einem Märchen aus Niederösterreich wird mitgeteilt, dass Pfefferkern, Mühlstein-Ferdl und Holzhacker-Friedl, weil sie nichts mehr zu essen haben, sich

---

[214] A. E. JOHANN: Afrika gestern und heute. S. 110-115.

[215] Die Geschichte von den 12 goldenen Gänsen (AT 400). In: MARIE KOSCH: Deutsche Volksmärchen aus Mähren. S. 20-24, hier S. 23.

[216] Der Prinz und der Wassermann (AT 314). In: HEINZ BARÜSKE (Hg.): Dänische Märchen. S. 187-190.

[217] Der wilde Mann (AT 502). In: ALFRED VON WALDAU (Hg.): Tschechische Märchen. S. 197-223.

[218] Von Anske, vom Müllerknecht und vom Bäckerknecht (AT 301 A). In: JURJEN VAN DER KOOI und BABS A. GEZELLE MEERBURG (Hg.): Friesische Märchen. S. 23-31, hier S. 24.

aus den umliegenden Ortschaften Schweine, Schafe und Rinder holen (Pfefferkern[219], AT 301 B).

Betrachten wir nun die Informationen aus den Sagen.

Aus zahlreichen Texten geht hervor, dass die Initianden von der Dorfgemeinschaft (bzw. von den Bergarbeitern oder von den Matrosen) laufend mit Nahrung versorgt worden sind.

In Rosport bedankten sich die Landleute für die Bearbeitung der Felder mit Speisen, die sie vor den Grotten der Wichtelchen niederlegten (Die Wichtelcher bei Rosport[220], aus Luxemburg). Genauso in einer von den Brüdern Grimm mitgeteilten Sage mit Bezug auf Naila in Oberfranken: Im Wald zwischen Selbitz und Marlsreuth wohnten Zwerge, „die von gewissen Einwohnern in Naila die notdürftige Nahrung zugetragen erhalten haben" (Zwerge leihen Brot[221]).

Im Dorf Röthenberg, das im Schwarzwald nicht weit von Alpirsbach liegt, hielten sich früher viele Erdmännle auf, die bei Nacht das Vieh fütterten, Stroh herabwarfen und die Brotlaibe kneteten und backten. „Dafür aber musste man den Erdmännlein täglich ihr Essen auf den Herd hinstellen, was sie dann heimlich verzehrten" (Die Erdmännle in Röthenberg[222], aus Schwaben). – Das Gesinde vom Geysen'schen Schloss zu Rossdorf überließ den fleißigen Wichteln gern den Rest seines Abendbrots und stellte noch einen Napf Milch hinzu (Die Wichtel in Rossdorf[223], aus Thüringen). – Den Zwergen auf Amrum, die die Kinder

---

[219] Pfefferkern (AT 312 D + 301 B). In: KARL HAIDING (Hg.): Österreichs Märchenschatz. S. 50-57, hier S. 52. – Ein fast identischer Text mit demselben Titel aus Salzburg in: MAX MELL (Hg.): Alpenländisches Märchenbuch. S. 20-28.

[220] Die Wichtelcher bei Rosport. In: N. GREDT (Hg.): Der Sagenschatz des Luxemburger Landes. Bd. 1, S. 5.

[221] Zwerge leihen Brot. In: GRIMM, BRÜDER GRIMM (Hg.): Deutsche Sagen. Erster Teil, Nr. 34.

[222] Die Erdmännle in Röthenberg. In: ERNST MEIER: Deutsche Sagen, Sitten und Gebräuche aus Schwaben. S. 61.

[223] Die Wichtel in Rossdorf. In: GISELA GRIEPENTROG (Hg.): Die goldenen Flachsknoten. S. 45-46.

wiegten, musste man ein Stücklein Butter in den Brei legen, das durfte man bei keiner Mahlzeit vergessen (Die Unterirdischen[224], aus Friesland). – Eine niederländische Sage hält fest, wie man sich zu den Kabautermännern verhielt, die ehemals sämtliche Arbeiten verrichteten: In jedem Haus, ob groß, ob klein, musste abends ein Hafen Milch für sie zurechtgestellt werden. Ihr Abzug wird mit dem Geiz eines Bauern in Zusammenhang gebracht, der eines Tages Lauch in die Milch streute (Warum die Kabauter nicht mehr zu den Menschen kommen[225]).

Einem Wirt in Rötz im Oberpfälzer Wald buken die Schrazeln nachts das Brot, er stellte Speisen für sie bereit. Für einen Bäckermeister in Neunburg vorm Wald machten sie über Nacht das Brot zurecht, sodass er es morgens nur in den Backofen zu schieben brauchte; als Lohn erhielten sie drei Bröckchen Brot und drei Pfennige (Bayerische Brotsagen[226]).

Im Falle der Hirten wurde das Essen auf einem Stein oder auf einem Pfosten deponiert; es war eine Art Lunchpaket (Die Schanhollen[227], aus dem Bergischen Land; Die Heinzelmännchen von Meisenbach[228], aus dem Bergischen Land; Wilde Männle verrichten

---

[224] Die Unterirdischen. In: JOHANN GEORG THEODOR GRÄSSE (Hg.): Sagenbuch des Preußischen Staats. Bd. 2, S. 1091-1092.

[225] Warum die Kabauter nicht mehr zu den Menschen kommen. In: KARL RAUCH (Hg.): Märchen aus Frankreich, den Niederlanden und der Schweiz. S. 250.

[226] AUGUST SIEGHARDT: Bayerische Brotsagen. In: HEIDI CAROLINE EBERTSHÄUSER (Hg.): Das bairische Leben. S. 232-237, hier S. 235-236.

[227] Die Schanhollen. In: ADALBERT KUHN: Sagen, Gebräuche und Märchen aus Westfalen [...]. Bd. 1, S. 156-161, hier S. 159 (Nr. 164). – Auch enthalten in: OTTO SCHELL: Bergische Sagen. S. 106-107. – Desgleichen in: EDMUND MUDRAK (Hg.): Das große Buch der Volkssagen. S. 39. – Enthalten ferner in: HEINZ RÖLLEKE (Hg.): Sagen aus Westfalen. S. 332-333.

[228] Die Heinzelmännchen von Meisenbach. In: OTTO SCHELL (Hg.): Bergische Sagen. S. 367.

Hirtendienste[229], aus dem Allgäu mit Bezug auf Oberstdorf; Das wild Männle[230], aus Vorarlberg). – In zwei Südtiroler Sagen binden die Bauersleute das fürs Nörglein bestimmte Brot an die Hörner des Ziegenbocks (Das ausgelohnte Nörglein[231]; Das letzte Nörggele[232]). Genauso in einer Sage mit Bezug auf das Dorf See im Nordtiroler Paznauntal (Die Zwerge ziehen aus Paznaun fort[233]).

Zu einem Bauern am Ende der Langen Gasse (in Bergreichenstein) kamen alleweil des Abends Karlsburg-Zwerge und baten ihn um Brot und Milch. Zum Dank dafür behüteten sie ihm sein Vieh (Die faule Magd[234], aus dem Böhmerwald).

Die Bergleute von Bad Ems im Westerwald pflegten den *Hanselmännern* täglich einen kleinen Topf mit Speise hinzustellen und alljährlich zu gewisser Zeit ein rotes Röcklein wie für einen Knaben zu kaufen und ihnen als ein Geschenk zu opfern (Die Hanselmänner von Bad Ems[235]).

---

[229] Wilde Männle verrichten Hirtendienste. In: HERMANN ENDRÖS und ALFRED WEITNAUER (Hg.): Allgäuer Sagen. S. 162.

[230] Das wild Männle. In: FRANZ JOSEF VONBUN und RICHARD BEITL: Die Sagen Vorarlbergs mit Beiträgen aus Liechtenstein. S. 128-129.

[231] Das ausgelohnte Nörglein. In: IGNAZ VINZENZ ZINGERLE: Sagen aus Tirol. S. 130.

[232] Das letzte Nörggele. In: ROBERT WINKLER (Hg.): Sagen aus dem Vinschgau. S. 351-352.

[233] Die Zwerge ziehen aus Paznaun fort. In: JOHANN NEPOMUK RITTER VON ALPENBURG: Deutsche Alpensagen. S. 198.

[234] Die faule Magd. In: HANS KOLLIBABE: Sagen aus dem Böhmerwald. S. 259.

[235] Die Hanselmänner von Bad Ems. In: HELMUT BODE (Hg.): Die Schätze im Altkönig. S. 254-256.

Die Matrosen setzten dem Klabautermann nachts einen Teil ihres Lieblingsessens hin (Der Klabautermann in Pommern[236]).

Laut einer Tiroler Überlieferung erhielten die Seligen Fräulein von den Bauern Salz, Mehl, Brot und Butter (Die Seligen auf dem Kegelberge[237]), laut einer anderen kamen sie abends ins Dorf zu den Bauern, um Milch zu holen (Das Tschetterloch[238]).

Aufschlussreich für das Verhältnis der Dorfgemeinschaft zur Buschschule ist das Motiv der geliehenen oder geschenkten Milchkühe, wobei die Mitteilungen, dass a) die Bauern eine Kuh zur Verfügung stellten, und b) die Kuh der Zwerge sich der Herde des Dorfes anschloss, einander bestätigen. Im Quertal der Mürz im steirischen Hochland duldeten es die Bauern, dass die Wilden Frauen die Kühe melken, die sich auf der Weide befanden (Die wilden Frauen von der Hohlwand[239]). – Die Elfen im bayerischen Hochland nährten sich von der Milch der Herden, sie molken die Kühe, die braven Leuten gehörten (Die Elfen im Hochland[240]). – Im Allgäu erzählte man von zwei miteinander befreundeten Gruppen von Wilden Fräulein im Hintersteiner Tal, die eine hauste in der Grotte „Fräuleinstein", die andere siedelte dort, wo einst das Haus des Zimmermeisters Wex stand; beide zogen der Milch wegen je ein Kalb auf, das sie von den Menschen eingehandelt hatten (Wilde Fräulein als Dorfgenossen[241]). – Im Winter, vermelden zwei Sagen aus Südtirol,

---

[236]   Der Klabautermann in Pommern. In: JODOCUS D. H. TEMME: Volkssagen aus Pommern und Rügen. S. 300-302. – Auch enthalten in: SIEGFRIED HARMEL (Hg.): Sagen vom Klabautermann. S. 51-54.

[237]   Die Seligen auf dem Kegelberge. In: JOHANN ADOLF HEYL: Volkssagen, Bräuche und Meinungen aus Tirol. S. 409.

[238]   Das Tschetterloch. In: HANS FINK: Salige und Unholde. S. 47.

[239]   Die wilden Frauen von der Hohlwand. In: JOHANN KRAINZ (Hg.): Mythen und Sagen aus dem steirischen Hochlande. S. 390.

[240]   Die Elfen im Hochland. In: ALEXANDER SCHÖPPNER (Hg.): Bayrische Sagen. Bd. 2, S. 30-33.

[241]   Wilde Fräulein als Dorfgenossen. In: HERMANN ENDRÖS und ALFRED WEITNAUER (Hg.): Allgäuer Sagen. S. 194. Die Aufzucht

haben die Saligen ihre Kuh bei den Bauern eingestallt (Das Zwirn-knäuel[242]; Die Kuh der Saligen[243]). – Die Zwerginnen aus der Gegend von Herrenstrunden trieben *ihre kleinen Kühe* (sic!) zusammen mit denen der Menschen auf die Weide (Der Strunderbach[244], aus dem Bergischen Land). – In der Nähe des Dorfes Goldbeck, dort wo sich die Höhlen der Zwerge befanden, mischte sich täglich deren Kuh in die Herde eines Bauern (Zwergsagen[245], aus dem Wesertal).

Aus der Schweiz stammt eine Sage, welche die beschriebene Hilfeleistung auf eigentümliche Weise bestätigt. Hier wird ein Bauer gebrandmarkt, der dem „wilden Mandli" die schlechteste Kuh zur Verfügung stellt (Das wilde Mandli und die geliehene Kuh[246]). – Es wurde auch von einem Bauern erzählt, der vermeiden möchte, dass *ein Kasmandl* sein Vieh bei ihm einstallt. Am Vorabend des Martini-Tages (der 11. November), als das Kasmandl von der Alm fährt, stiftet der Bauer seinen Knecht an, das Kasmandl „vorbeizugeigen" (Das Kasmandl und der Gei-ger[247]). – Karl Haiding erwähnt einen damit zusammenhängenden Aberglauben: Wer am Vorabend des Martini-Tages nicht rechtzeitig den Stall gesäubert und verschlossen hat, muss befürchten, dass *der Alperer* (lies:

eines Kalbs belegt, dass es sich um eine Gruppe handelt, die mehrere Jahre lang Bestand hat.

[242]   Das Zwirnknäuel. In: LEANDER PETZOLDT (Hg.): Sagen, Märchen und Schwänke aus Südtirol. Bd. 1, S. 131.

[243]   Die Kuh der Saligen. In: LEANDER PETZOLDT (Hg.): Sagen, Märchen und Schwänke aus Südtirol. Bd. 1, S. 198.

[244]   Der Strunderbach. In: OTTO SCHELL: Bergische Sagen. S. 239.

[245]   Zwergsagen. In: ADALBERT KUHN: Sagen, Gebräuche und Märchen aus Westfalen […]. Bd. 1, S. 232-236, hier S. 232-233.

[246]   Das wilde Mandli und die geliehene Kuh. In: JOSEF MÜLLER: Sagen aus Uri. Bd. III, S. 198-199.

[247]   Das Kasmandl und der Geiger. In: KARL HAIDING (Hg.): Alpenländischer Sagenschatz. S. 96-97.

das Kasmandl) dort die unsichtbaren Kühe einstellt, sodass sie das kostbare Futter mitverzehren.[248]

Sehr oft wird berichtet, wie die Bauern Hilfeleistungen in Haus, Hof und Stall wie auch bei den Feldarbeiten mit Essen honorierten, eine Form der Verpflegung. Diese Praktik wird sowohl von der europäischen als auch von der afrikanischen Tradition der Nachbarschaftshilfe mit anschließender Bewirtung und Unterhaltung bestätigt.

Aus einer Luxemburger Sage erfahren wir, dass die Leute, denen die Wichtelchen beim Schleißen der Hecken halfen, das Essen mit ihnen teilten (Die Freimeieschlesser zu Feulen[249]).

Wenn die Saligen gruppenweise beim Heuen oder beim Schnitt mithalfen, erhielten sie einen Imbiss, so war es in Tirol (Die wilden Bergfräulein in Martell[250]; Die seligen Weiber in Spiluck[251]) und in Kärnten (Salige Frauen in Neusach[252]). – Sooft die Guten Leutlein dem Mitterbauern vom Radegundgraben im kärntischen Lesachtal bei der Heuernte geholfen hatten, lud er sie zum Essen ein (Die guaten Leutlan ziehen fort[253]). – Unterhalb Költschach im kärntischen Gailtal halfen die Guten

---

[248]   KARL HAIDING: Anmerkungen (zu „Das Kasmandl und der Geiger"). In: Ders. (Hg.): Alpenländischer Sagenschatz. S. 379-415, hier S. 392-393.

[249]   Die Freimeieschlesser zu Feulen. In: N. GREDT (Hg.): Sagenschatz des Luxemburger Landes. Bd. 1, S. 5.

[250]   Die wilden Bergfräulein in Martell. In: JOHANN ADOLF HEYL: Volkssagen, Bräuche und Meinungen aus Tirol. S. 518-520, hier S. 519-520, Zitat S. 520.

[251]   Die seligen Weiber in Spiluck. In: HANS FINK: Eisacktaler Sagen, Bräuche und Ausdrücke. S. 166.

[252]   Salige Frauen in Neusach. In: GEORG GRABER (Hg.): Sagen und Märchen aus Kärnten. S. 237. – Auch enthalten in: KARL HAIDING (Hg.): Alpenländischer Sagenschatz. S. 46-47.

[253]   Die guaten Leutlan ziehen fort. In: KARL HAIDING: Alpenländischer Sagenschatz. S. 57. Das Geschlecht der Helfer wird nicht vermerkt, aber in einer von Graber mitgeteilten Sage handelt es sich bei den Leutlan um Mädchen.

Leutlein einem Bauern beim Roggenschnitt, und um sich ihrer weiteren Hilfe zu versichern, stellte die Bäuerin allabendlich einen Laib Brot und einen mit Käse und Fleisch gefüllten Stotzen vors Fenster (Von den „guten Leutlein"[254]). – In der Steiermark stellten die Sennerinnen den Wildfrauen zum Dank für ihre Hilfe jeden Abend einen Krug Milch aufs Fensterbrett, und wenn sie Käse machten, erhielten die Wildfrauen ihren Teil (Von den Wildfrauen[255]). – Im Vogtlande wurde erzählt, dass sich bei der Holzmühle im Wald unfern Dörtendorf Holzweiblein aufhielten, die den Leuten bei der Heuernte halfen und dann mit ihnen aßen (Holzweibel[256]).

In der Bretagne und im Gebiet Hainaut legte man den Feen zugleich mit den Tüchern, die gebleicht werden sollten, Speisen vor den Eingang der Höhle.[257]

Offenbar gehörten **Heischegänge** der Zöglinge als Komponente zum System der Verpflegung.

In Barbian im Oberinntal sind beim Krapfenschmalzen allemal ein oder zwei Nörgelen gekommen und haben um Krapfen gebettelt (Nörgelen bringen Glück[258]). – Aus dem Tessin wird berichtet, dass die Zwerge, die heimlich in der Hauswirtschaft halfen, sich jedes Mal einstellten, sobald eine Familie Brot buk, und um einen Laib baten (Die Zwerge von Catto[259]).

Beim ältesten Hof in Schrambach im Eisacktal, dem Schrott, sind jeden Samstag beim Krapfenbacken zwei schwebende Hände am Herd erschienen, und eine hohle Stimme bat um die übliche Krapfenspende

---

[254]   Von den „guten Leutlein". In: GEORG GRABER (Hg.): Sagen aus Kärnten. S. 56-59. Stotzen – Holzkübel.

[255]   Von den Wildfrauen. In: KURT BENESCH: Sagen aus Österreich. S. 82-86.

[256]   Holzweibel. In: ROBERT EISEL: Sagenbuch des Voigtlandes. S. 24-31, hier S. 24.

[257]   PAUL SÉBILLOT: Le Folk-Lore de France. Bd. 1, S. 449-450.

[258]   Nörgelen bringen Glück. In: LEANDER PETZOLDT (Hg.): Sagen, Märchen und Schwänke aus Südtirol. Bd. 2, S. 93-94.

[259]   Die Zwerge von Catto. In: WALTER KELLER: Tessiner Sagen und Volksmärchen. S. 96-97.

(Die schwebenden Hände[260]). Diese auf den ersten Blick unverschämte Forderung wird durch den Umstand gerechtfertigt, dass den Hofleuten jedes Mal, wenn es recht eilig war, unaufgefordert eine Menge Selige zu Hilfe eilten, wobei man aber nur die Hände sehen konnte; überall, wo Not am Mann war, ganz einerlei ob im Haus oder auf dem Feld, griffen sie zu (Die Seligen in Schrambach[261]). – Beim Bauernhof Velton in Afers bettelte ein Weibele um Krapfen, aber die geizige Bäuerin hat eine Kelle voll heißes Schmalz hinausgeschüttet (Die seligen Weibelein in Afers[262], aus Tirol). – Beim Verlotter verbrannte die Bäuerin die Selige mit dem heißen Küchenspieß (Die Seligen in Villnös[263], aus Tirol).

Interessant ist die Mitteilung, dass man in Villnös zu Weihnachten, Neujahr und Dreikönig für die Seligen Kücheln auf das Hausdach legte, wie anderweitig für die Bercht und ihr Gefolge.

Schließlich ist **der Mundraub** ein Motiv der Sagen. Die Zwerge nehmen die Erbsen von den Feldern, Getreide, Brot und andere Nahrungsmittel aus den Häusern. In einer niederländischen Sage wird dieser Zug sehr vergröbert wiedergegeben, hier nehmen sie nicht bloß Hühner, Enten und Gänse mit, sondern auch Ochsen und Kühe und Hausgerät (Der Kaboutermannekensberg[264]). – In Oberems stahlen sie zu Fastnacht

---

[260] Die schwebenden Hände. In: HANS FINK: Eisacktaler Sagen, Bräuche und Ausdrücke. S. 213. – Unter dem Titel „Die schwarzen Hände" in: HANS FINK: Salige und Unholde. S. 70.

[261] Die Seligen in Schrambach. In: HANS FINK: Eisacktaler Sagen, Bräuche und Ausdrücke. S. 212-213.

[262] Die seligen Weibelein in Afers. In: JOHANN ADOLF HEYL: Volkssagen, Bräuche und Meinungen aus Tirol. S. 168-169.

[263] Die Seligen in Villnös. In: JOHANN ADOLF HEYL: Volkssagen, Bräuche und Meinungen aus Tirol. S. 169-170.

[264] Der Kaboutermannekensberg. In: J. W. WOLF: Niederländische Sagen. Zweites Buch, S. 574. – Unter dem Titel „Der Kaboutermännchenberg" enthalten in: PAUL ZAUNERT (Hg.): Vlämische Sagen, Legenden und Volksmärchen. S. 167.

das zum Schlachten bestimmte Schwein (Das gestohlene Schwein[265], aus dem Kanton Wallis). – Im Harz wurde erzählt, dass kein Erbsenfeld vor ihnen sicher war, sie hatten ihre *Hehlkappen* oder *Verhältniskappen* auf (Die Zwerge vom Sachsenstein[266]). Allerdings berichtet eine andere Sage aus dem Harz über eine Vereinbarung: Die Bauern erlaubten den Kleinen, sich dann und wann eine Mahlzeit Erbsen vom Felde zu holen, dafür liehen die Zwerge bei Festlichkeiten ihre goldenen Teller und Schüsseln her (Der Zwergkönig im Liethberge[267]).

Für die späteren Erzähler war dieser Widerspruch unverständlich: wieso die Zwerge einerseits den Menschen bei der Arbeit helfen und sie andererseits bestehlen. Manche lösten den Widerspruch durch den Vermerk, dass die Zwerge *die schlechten Menschen bestehlen.* Im oberpfälzischen Neukirchen stahlen die Erdleute einem Bauern das Brot, arbeiteten aber für ihn auf dem Feld und auf der Tenne, wenn er beim Essen war (Razen[268]). – Die Wilden Weibchen vom Westerwald halfen den Menschen, besonders den Witwen in Leuterod, am Morgen war alle Arbeit getan. In Moschheim dagegen stahlen sie Eier, Fleisch, Butter, Käse – alles, was sie fanden (Das Wildweiberhäuschen[269]).

Angeblich nahmen die Zwerge im Schutz ihrer Hüte oder Zipfelmützen heimlich an Hochzeiten teil, zur Verwunderung der geladenen Gäste verschwinden die aufgetragenen Speisen unfassbar schnell von den Tischen. Wir haben solche Sagen mit Bezug auf Pinneberg bei Hamburg, Kuhstorf und Rügen in Mecklenburg, Bräunröde im Harz. Etwas ganz anderes wurde im Elsass erzählt: Den Zwergen von der Wolfshöhle

---

[265] Das gestohlene Schwein. In: ENGLERT-FAYE, C. (Hg.): Vo chlyne Lüte. S. 92.

[266] Die Zwerge vom Sachsenstein. In: HEINRICH PRÖHLE: Harzsagen. S. 190-192, hier S. 190.

[267] Der Zwergkönig im Liethberge. In: WALTER CRAMM (Hg.): Sagenwelt des Harzes. S. 27-28.

[268] Razen. In: FRANZ XAVER VON SCHÖNWERTH: Aus der Oberpfalz. Bd. 2, S. 291-303, hier S. 303.

[269] Das Wildweiberhäuschen. In: LEANDER PETZOLDT (Hg.): Deutsche Volkssagen. S. 189.

südlich von Pfirt, die den Schnittern bei der Heu- und Getreideernte halfen, wies man bei Kilben und Hochzeitsschmäusen die ersten Plätze zu und stellte ihnen die besten Bissen auf (Die Zwerge in der Wolfshöhle[270]). – Eine norddeutsche Sage mit Bezug auf Rinteln an der Weser hebt die Hilfe für das Brautpaar hervor: Während der Hochzeitsfeier nahmen die Zwerge ihre Hüte ab und beteiligten sich am *Giften* (oder Gaben), indem jeder ein Goldstück in den Korb legte (Zwergsagen[271]). Vielleicht haben die Zwerge tatsächlich im Namen der Dorfgemeinschaft Geschenke überreicht, das Beschenken des Brautpaars mit Geld im Kontext einer Zwergsage aber gehört zu den Anachronismen.

Die Teilnahme am Hochzeitsmahl im Schutz der unsichtbar machenden Zipfelmütze ist auf dem Mist der späteren Erzähler gewachsen. Die Erzähler haben den Faden noch weitergesponnen, bis aus der Überlieferung ein Schwank entstanden ist: Die Zwerge nehmen zu ihrem heimlichen Besuch einen Schäfer mit, der sich zuletzt vor den Hochzeitsgästen bloßstellt oder von den Zwergen bloßgestellt wird. In einer Sage aus dem Harz mit Bezug auf Lerbach handelt es sich um einen Bergmann. Hier besitzen alle Zwerge zusammen nur eine Nebelkappe. Beim Hochzeitshaus in Osterode angelangt, setzt einer nach dem anderen die Kappe auf, geht in das Haus und isst sich satt. Anschließend nehmen Bergleute den Zwergen die Kappe weg und gehen ebenfalls nacheinander in das Haus, um sich dort zu bedienen. Wie bei den anderen Sagen merken die Gäste mit Erstaunen, wie schnell die Speisen verschwinden. Als ein Bergmann sich aus Übermut danebenbenimmt, stürmen die Zwerge herein, reißen ihm die Kappe vom Kopf und eilen hinweg (Die Lerbacher Zwerge[272]).

---

[270] Die Zwerge in der Wolfshöhle. In: PAUL STINTZI (Hg.): Die Sagen des Elsasses. Bd. 1, S. 11-13. – Auch enthalten in: HEINZ BISCHOF (Hg.): Im Schnookeloch. S. 376-377. Kilbe – Kirchweihfest.

[271] Zwergsagen. In: ADALBERT KUHN und WILHELM SCHWARTZ: Norddeutsche Sagen, Märchen und Gebräuche. S. 242-244, hier S. 243.

[272] Die Lerbacher Zwerge. In: HEINRICH PRÖHLE: Harzsagen. S. 142-143.

Einsätze nach Bedarf

Aufschlussreich sind Mitteilungen, dass man die Zöglinge der Buschschule herbeirufen konnte:

In der Wildnis bei Sundwig nahe Iserlohn hielt sich ein Männchen auf, das mit dem Ruf „Heit, heit!“ zu Hilfe gerufen wurde, wenn etwa das Korn geschnitten werden musste. Sobald ihm jemand ein Butterbrot an eine bestimmte Stelle legte, bedankte es sich mit einer Tracht Holz (Das Heitmännchen[273], aus dem Sauerland). – Wenn man die Strazeln zum Helfen brauchte, ging man zum Strazelloch und rief hinein: „Manna, kumts heind, kraygts wos z'essn, odar arbedn möyts!“ [Sinngemäß: „Kommt heute, ihr kriegt was zu essen, wenn ihr arbeitet!“] (Razen[274], aus der Oberpfalz.)

Was machten die Bauern in der Eifel, wenn ihre Pflugschar stumpf geworden war? Sie trugen am Abend die Pflugschar nebst ein paar gebackenen Birnen zur Behausung der Wichtel, dann war sie am Morgen scharf gemacht (Wiersdorf[275]).

Um die Seligen Dirnen aus dem Schermkofel zu verständigen, wenn die Heuarbeit in den Gostnerwiesen drängte, genügte es, *dem Bären zu geigen,* d.h. mit dem genetzten Wetzstein dreimal über den Sensenrücken zu streichen, was einen schrillen Ton ergab. Dann traten sie

---

[273]   Das Heitmännchen. In: HEINRICH KLEIBAUER (Hg.): Sagen aus der Stadt und aus dem Landkreis Iserlohn. S. 95-96. In einer Sage, die ADALBERT KUHN aufgezeichnet hat, ist Sundwig der Sitz eines kunstfertigen und weisen Zwergs. Siehe: Schmiedender Zwerg. In: Sagen, Gebräuche und Märchen aus Westfalen [...]. Bd. 1, S. 148.

[274]   Razen. In: FRANZ XAVER VON SCHÖNWERTH: Aus der Oberpfalz. Bd. 2, S. 291-303, hier S. 298. – Siehe auch „Die Unterirdischen“ in: PAUL ZAUNERT (Hg.): Deutsche Natursagen. 1. Reihe, S. 24-54, hier S. 44.

[275]   Wiersdorf. In: MATTHIAS ZENDER: Volkssagen der Westeifel. S. 301.

alsbald aus dem Gostnerwald und zerstreuten flink die Grasschwaden (Die seligen Frauen beim Rittner[276], aus Tirol).

Die folgende Mitteilung über die Erdmännlein von der Ramsfluh ist also nicht vollständig: „Manchmal, wenn rechtschaffene Leute den ganzen Tag geheuet oder gebunden hatten und bis zum Abend nicht fertig werden konnten, während der Regen drohte, kamen die Erdmännlein und schafften und werkten, bis alles unter Dach war." (Die Erdmännlein auf der Ramsfluh[277], aus dem Aargau) Ebenso wenig der Bericht, dass die Wilden Fräulein sich beim Platzhof einstellten und eifrig mithalfen, als einmal das Korn infolge der Dürre plötzlich herangereift war und der Schnitt drängte (Die wilden Fräuelen in der Platzerwand[278], aus Tirol).

In Spiluck stellte man den Seligen Weibern Milch und „gegromm'lte Bröcke" aufs Feld oder wo gerade die Arbeit drängte, und am Morgen war die ganze Arbeit verrichtet (Die seligen Weiber in Spiluck[279], aus Tirol). – Beim Nitzen, einem Berghof in Afers im Eisacktal, vergaßen die Hofleute einmal nach dem Roggenschneiden die Sicheln auf dem Acker. Am folgenden Morgen fand sich der übrige Teil des Feldes niedergeschnitten, und die Schober waren schön am Ackerrand aufgestellt. Zum Dank stellte man den Seligen einen großen Teller voll Teigtaschen hin (Die Kornmutter[280], aus Tirol). Mit großer Wahrscheinlichkeit haben die Hofleute die Sicheln nicht „vergessen", sondern absichtlich dort liegen lassen, wo die Saligen die begonnene Arbeit fortsetzen sollten. Denn genauso wurde es in einer Sage aus dem slowenischen Teil Kärntens festgehalten: Wenn die Šnider-Leute die Sicheln auf dem Felde liegen gelassen hatten (damals wurde noch mit Sicheln und erst später

---

[276] Die seligen Frauen beim Rittner. In: HANS FINK: Eisacktaler Sagen, Bräuche und Ausdrücke. S. 153.
[277] Die Erdmännlein auf der Ramsfluh. In: EDMUND MUDRAK (Hg.): Das große Buch der Volkssagen. S. 245-247.
[278] Die wilden Fräuelen in der Platzerwand. In: ROBERT WINKLER: Sagen aus dem Vinschgau. S. 222-223.
[279] Die seligen Weiber in Spiluck. In: HANS FINK: Eisacktaler Sagen, Bräuche und Ausdrücke. S. 166.
[280] Die Kornmutter. In: HANS FINK: Salige und Unholde. S. 71-72.

mit Sensen gearbeitet), nahmen die *žarke žene* die Sicheln in der Nacht und arbeiteten für die Šnider'schen (Die Saligen helfen bei der Ernte[281]). – Wenn der Stempferbauer ein Stötzl Milch in die Furchen stellen ließ, schnitten die Saligen Frauen mit Sicheln das Weizenfeld (Salige Frauen in Neusach[282], aus Kärnten). – In Pisweg stellte man am Abend dorthin, wo eine Arbeit zu verrichten war, eine Schüssel mit saurer Milch und legte auch einige Löffelchen dazu; am Morgen war die Schüssel sauber geleert, aber ebenso gründlich auch der Kornacker geschnitten (Die kamoten Leutlan[283], aus Kärnten). – Eine Döllacher Bäuerin kam einst abends vom Heuen heim und sollte noch Brot backen. Zwar richtete sie das Mehl her, aber dann wurde sie von der Müdigkeit überwältigt. Mit den Worten „Wenn nur jemand anderer für mich backen wollte!" legte sie sich schlafen. Doch als sie morgens in die Laube trat, stand das Brot schon fertig da. So ging das zwei Jahre lang. Ihre Helferin war eine Jungfrau (Die guten Leutlan[284], aus Kärnten). – Wenn man das Mehl dazu

---

[281]   Die Saligen helfen bei der Ernte. In: LEANDER PETZOLDT (Hg.): Sagen aus Kärnten. S. 83-84. Žarke žene – weise Frauen. Die Erzähler haben die Novizinnen des ehemaligen Frauenbundes mit den weisen Frauen verwechselt, die den höchsten Rang einnahmen. Bemerkenswert ist ferner, dass Petzoldt dieser Überlieferung Geschichtlichkeit beimisst, indem er die Erläuterung zum Gebrauch der Sicheln einfügt, denn in anderen Schriften definiert er die Saligen als niedere Dämonen des Volksglaubens, mit anderen Worten als Erfindungen. Auf jeden Fall ist die Erläuterung ein Hinweis auf das Alter der Sage. WERNER RÖSENER zählt die Grasmähsense zu den Verbesserungen, die sich im Hochmittelalter durchsetzten. In: Bauern im Mittelalter. S. 128-129.

[282]   Salige Frauen in Neusach. In: GEORG GRABER (Hg.): Sagen und Märchen aus Kärnten. S. 237. – Auch enthalten in: KARL HAIDING (Hg.): Alpenländischer Sagenschatz. S. 46-47. Stötzl – kleiner Bottich, hölzernes Gefäß zum Aufrahmen der Milch.

[283]   Die kamoten Leutlan. In: GEORG GRABER (Hg.): Sagen und Märchen aus Kärnten. S. 215-216. Kamot – fein.

[284]   Die guten Leutlan. In: GEORG GRABER (Hg.): Sagen und Märchen aus Kärnten. S. 239. – Auch enthalten in: KARL HAIDING (Hg.):

hingestellt oder den Teig angerührt hatte, kneteten die Meerfräulein nachts die Brotlaibe zurecht, so war es u.a. in Mittelstadt (Die Meerfräulein auf dem Hammetweiler Hof[285], aus Schwaben). In einer anderen Sage mit Bezug auf Mittelstadt tritt ein Erdmännlein auf, welches den Teig knetet und das Brot bäckt (Das Erdmännle in Mittelstadt[286]).

Hatte jemand in Meura viel Flachs, den er nicht selbst ausspinnen konnte, so legte er ihn abends auf eine der Feuerleitern unter der alten Linde, und am Morgen fand er ihn fertig gesponnen wieder. Zum Lohn für diese Mühe legte man ein Geldstück hin (aus Thüringen).[287]

Das Spektrum der Hilfsleistungen umfasst alle Arbeiten, die von Halbstarken verrichtet werden konnten. Im Folgenden ordne ich die überlieferten Mitteilungen nach Schwerpunkten (wobei zu vermerken ist, dass die Mitteilungen sich thematisch überlappen).

Betreuung der kleinen Kinder. Das Seemännlein vom Glaswaldsee arbeitete den ganzen Tag auf dem Seebenhof im Wolftal. Es pflegte mit großer Sorgfalt das Vieh, auch gab es auf die Kinder acht, wenn keine erwachsene Person im Hause war (Das Seemännlein[288], aus

---

Alpenländischer Sagenschatz. S. 279. – Unter dem Titel „Die Salige am Backtrog" mit Bezug auf Mörtschach enthalten in: MATTHIAS MAIERBRUGGER (Hg.): Kärntner Sagenbuch. S. 39-40.

[285]   Die Meerfräulein auf dem Hammetweiler Hof. In: ERNST MEIER: Deutsche Sagen, Sitten und Gebräuche aus Schwaben. S. 18-19.

[286]   Das Erdmännle in Mittelstadt. In: ERNST MEIER: Deutsche Sagen, Sitten und Gebräuche aus Schwaben. S. 59. – Auch enthalten in: HANS BRÜSTLE (Hg.): Wiedergänger und Weiße Frauen. S. 108.

[287]   PAUL QUENSEL: Sagen aus Thüringen. S. 266.

[288]   Das Seemännlein. In: HEINZ BISCHOF (Hg.): Im Schnookeloch. S. 126. Die von Bischof mitgeteilte Fassung der Sage stimmt nicht völlig mit der von BERNHARD BAADER aufgezeichneten überein. Die Betreuung der Kinder kommt dort nicht vor. Ebenso wenig in der von HANS BRÜSTLE veröffentlichten Fassung „Das Seemännlein von Hutzenbach". Erstaunlicherweise gibt es auch eine Fassung, die von einer Nixe aus dem Glaswaldsee bei Rippoldsau handelt; sie macht sich auf dem Seebenhof in derselben Weise nützlich wie man es vom

dem Schwarzwald). – In Abwesenheit der Mütter wiegten die Erdweiblein die kleinen Kinder (Erdleute[289], aus Baden). – Aus dem Mummelsee in der Nähe von Seebach im Schwarzwald kamen die Seeweiblein vor Zeiten oft hinunter zu den Bauern; sie halfen ihnen auf dem Felde oder hüteten die Kinder im Hause (Mummelsee[290]). – Wenn die Buschweibel in die Dörfer kamen, behüteten sie die kleinen Kinder (Die Busch- oder Holzweibel im Erzgebirge[291]). – Die *Heigidle* (Heugütel) spielten mit den Kindern und wiegten sie ein (Das Jüdel im Erzgebirge[292]; Breitenbrunn:

Seemännlein erzählte. Siehe „Die Nixe vom Glaswaldsee" in: WILHELM STRAUB (Hg.): Sagen des Schwarzwaldes. S. 98-99. Diese Fassung enthält das Motiv „Ausgelohnt". Sie endet mit einem erfundenen Racheakt: Die Nixe tötet die Magd, die ihr kein Nachtessen brachte, weil sie über ihren Abgang erzürnt war.

Für dasselbe Phänomen – ein und dieselbe Überlieferung dort mit einem männlichen, hier mit einem weiblichen Protagonisten – finden sich Entsprechungen im Falle der Märchen, siehe die Ausführungen im Anhang zu den Märchentypen. Wahrscheinlich wurde ursprünglich von einer gemischten Gruppe von Initianden erzählt. Bestanden die Erzählgemeinschaften aus Männern, haben sie die weiblichen Protagonisten ausgebootet, bestanden sie aus Frauen, haben sie die männlichen verdrängt.

[289] Erdleute. In: BERNHARD BAADER: Neugesammelte Volkssagen aus dem Lande Baden und den angrenzenden Gegenden. S. 10-11.

[290] Mummelsee. In: GRIMM, BRÜDER GRIMM (Hg.): Deutsche Sagen. Erster Teil, Nr. 59. Siehe den Text im Anhang. – Unter dem Titel „Die Nixen vom Mummelsee" ist dieser Text enthalten in: HELMUT BERNDT (Hg.): Die schönsten deutschen Volkssagen. S. 327-328.

[291] Die Busch- oder Holzweibel im Erzgebirge. In: WERNER LAUTERBACH (Hg.): Sagenbuch des Erzgebirges. S. 146-147.

[292] Das Jüdel im Erzgebirge. In: WERNER LAUTERBACH (Hg.): Sagenbuch des Erzgebirges. S. 18-21. Die Bezeichnung *Heigidle* wird damit erklärt, dass die heimlichen Helfer ihren Aufenthalt meist auf dem Dachboden nahmen.

Das Heugütel[293], aus dem Erzgebirge; Globenstein: Das Heugütel[294], aus dem Erzgebirge). – Auf Amrum in Nordfriesland hielten sich die Zwerge häufig in Häusern auf, aber unsichtbar, und wiegten die Kinder (Die Unterirdischen[295]).

Beistand für Witwer. Wir hören von einem alten, alleinstehenden Mann, der auf Eggel in der Hochfluh ein kleines, abseits gelegenes Gut besaß, worauf ein Stall und ein Häuschen standen. Sobald es einwinterte, brachte er sein Vieh dorthin. Jeden Abend musste er den weiten Weg von Ernen in das kleine Gütchen hinaus machen, und wenn er matt und müde oben eintraf, hatte er vollauf Arbeit mit seinem Vieh, denn weit und breit war kein Mensch, der ihm beigestanden hätte. Da kam ihm ein Bergmännlein zu Hilfe. Es machte Feuer im Herd, kehrte die Stube, fütterte, molk und striegelte die Kühe, schlug Butter und presste Käse. Das Männlein verschwand erst im Frühjahr, nachdem der alte Mann ihm aus Dankbarkeit ein neues Röcklein geschenkt hatte (Das Bergmännlein[296], aus dem Kanton Wallis). Angeblich hatte das Männlein Gänsefüße. – Die Wilden Weiber vom Malberg in Montabaur haben den Menschen oft geholfen, besonders den Witwern. Denen haben sie nachts alle Arbeit getan, die sonst tagsüber die Hausfrau verrichtete. Wenn der Mann morgens aufstand, so fand er den Herd gescheuert, die Butter geschlagen, den Käse gepresst, die Kleider geflickt und die Strümpfe gestopft (Das Wildweiberhäuschen[297], aus dem Westerwald).

---

[293]　Breitenbrunn: Das Heugütel. In: HERMANN HALLBAUER und HORST HENSCHEL (Hg.): Der Sagenschatz des Erzgebirges. 1. Teil, S. 56

[294]　Globenstein: Das Heugütel. In: HERMANN HALLBAUER und HORST HENSCHEL (Hg.): Der Sagenschatz des Erzgebirges. 1. Teil, S. 67.

[295]　Die Unterirdischen. In: JOHANN GEORG THEODOR GRÄSSE (Hg.): Sagenbuch des Preußischen Staats. Bd. 2, S. 1091-1092.

[296]　Das Bergmännlein. In: MEINRAD LIENERT (Hg.): Schweizer Sagen und Heldengeschichten. S. 254-257.

[297]　Das Wildweiberhäuschen. In: LEANDER PETZOLDT (Hg.): Deutsche Volkssagen. S. 189.

Kochen, Versorgung mit Essen. Auf dem Buschhof bei Menth kochten zwei Zwerge das Essen für die Bauersleute und ihre Knechte und Mägde (Die Zwerge auf dem Buschhofe[298], aus dem Bergischen Land). – In einem Hause am Menzenberg bei Rheinbreitbach pflegten die Zwerge frühmorgens Mehlsuppe für die Knechte und Mägde zu kochen (Zwergenrache[299], aus dem Bergischen Land). – Wenn die Hausfrauen am Morgen erwachten, war die Mehlsuppe fertig, heißt es in einer Überlieferung aus dem Siebengebirge, die sich auf Rhöndorf und auf Selhof in der Honnefer Gemarkung bezieht (Die Zwerge im Siebengebirge[300]). – In Reinsberge bei Scheuen brachten die Zwerge den pflügenden Bauern das Morgenbrot, nämlich einen Topf mit Grütze, und setzten ihn am Rande des Landes nieder (Die Zwerge bei Scheuen[301], aus Niedersachsen). – Die Erdweiblein brachten den Leuten auf dem Acker das Essen (Erdweiblein[302], aus Baden). – Im Altmühltal fanden die Landleute, wenn sie mit Feldarbeiten beschäftigt waren, oft einen gedeckten Tisch (Zwerge oder Wichtlein in der Umgebung von Kelheim[303], aus Bayern).

Etliche Sagen schildern die Speisung der Pflüger als etwas Einmaliges und Wunderbares: (A) Der Pflüger bemerkt einen gedeckten Tisch. (B) Der Pflüger kommt zufällig vorbei, als die Zwerge backen. (C) Das von den Zwergen geschenkte Brot nimmt nicht ab, bis der

---

[298]   Die Zwerge auf dem Buschhofe. In: OTTO SCHELL (Hg.): Bergische Sagen. S. 369-370.

[299]   Zwergenrache. In: OTTO SCHELL: Bergische Sagen. S. 441.

[300]   Die Zwerge im Siebengebirge. In: O. RUNKEL: Aus dem Sagenschatz der Heimat. Westerwaldsagen. I. Teil, S. 13-15, hier S. 14.

[301]   Die Zwerge bei Scheuen. In: WILL-ERICH PEUCKERT (Hg.): Niedersächsische Sagen. Bd. 4, S. 421.

[302]   Erdweiblein. In: BERNHARD BAADER: Neugesammelte Volkssagen aus dem Lande Baden. S. 66.

[303]   Zwerge oder Wichtlein in der Umgebung von Kelheim. In: ALEXANDER SCHÖPPNER: Sagenbuch der Bayerischen Lande. Bd. 2, S. 113-114.

Empfänger dessen Herkunft ausplaudert. In der Sammlung „Sagenschatz des Luxemburger Landes" finden wir ein Dutzend solcher Aussagen.[304]

A) Ein Bauer, der auf einem Berg in der Nähe von Kiel pflügte, musste zu Mittag nicht nach Hause gehen, denn um diese Stunde stand ein mit Speisen beladener Tisch vor ihm (Der Tisch der Unterirdischen[305]). – Bei Teschow setzten die Unterirdischen den Pflügern Teller mit Pfannkuchen hin (Unterirdische bei Teschow[306], aus Mecklenburg).

B) Ein Mann aus Weingarten hörte beim Pflügen, wie die Erdmännlein im Boden eine Backmulde ausscharrten, da rief er: „Ich will auch einen Kuchen!" Er ackerte fort, und beim Umkehren fand er einen halben Kuchen nebst einem Messer (Erdmannskuchen[307], aus Baden). – „Links an der Straße von Holzhausen bei Homberg nach Welferode liegt ein kahler Berg, der *Steier*. An ihm erhob sich eine spitze Basaltsäule, *die Wichtelkirche;* auch ein Stein lag daneben, der Altarstein genannt. Bei Anlegung der Straße ist beides zerstört worden. Die Leute sagen, hier hätten die Wichtelmännchen ihre Kirche gehabt. Oft zeigten sich die kleinen Geister daselbst; sie brachten Pflügern und Schnittern manchmal zu essen, etwa Hirsebrei und andere Leckerbissen. Als einst ein Knecht in der Nähe ackerte, verspürte er auf einmal den Duft von frischem Gebäck, der war so lieblich, dass er aufatmete und sich laut etwas wünschen musste. Sogleich kam ein Wichtelmännchen und brachte ihm drei schöne Kreppeln." (Die Wichteln am Steier und zu Remsfeld[308]; aus Hessen.) Sagen gleichen Inhalts waren weit verbreitet – vom westlichen

---

[304]   N. GREDT (Hg.): Sagenschatz des Luxemburger Landes. Bd. 1, Nr. 23-30, 32, 36-39, 43.

[305]   Der Tisch der Unterirdischen. In: KARL MÜLLENHOFF (Hg.): Sagen, Märchen und Lieder der Herzogtümer Schleswig, Holstein und Lauenburg. Drittes Buch, S. 305.

[306]   Unterirdische bei Teschow. In: KARL BARTSCH: Sagen, Märchen und Gebräuche aus Mecklenburg. Bd. 1, S. 51-52.

[307]   Erdmannskuchen. In: AUGUST SCHNEZLER (Hg.): Badisches Sagenbuch. Bd. 2, S. 378.

[308]   Die Wichteln am Steier und zu Remsfeld. In: EMIL SCHNEIDER (Hg.): Hessisches Sagenbuch für Schule und Haus. S. 44-45.

Niedersachsen bis Rügen (Aulke, to Bräi![309]; Die Zwerge im Dubberwort[310]). Auch in der Lausitz hat man welche erzählt (Die Ludki wollen helfen[311]). Im Spreewald wurde ein pflügender Bauer von den Lutchen angeblich mit Buttermilch und Kuchen bewirtet (Der Bauer und die Lutchen[312]).

C) In einer oberösterreichischen Sage mit Bezug auf Reichraming im Ennstal schenken Bergmännchen einem Holzknecht ein Brot, das immer frisch und knusprig bleibt, bis er eines Tages den Laib mit seinen Kameraden im Holzschlag teilt, Stück für Stück herunterschneidet und vergisst, das letzte Stückchen aufzuheben (Das Brot der Bergmännchen von Reichraming[313]).

In der Sulzbacher Gegend arbeiteten die Holzweiblein nachts für die Holzhauer; angeblich gaben sie ihnen Brot, in das Goldklumpen eingebacken waren (Bayerische Brotsagen[314]).

Arbeiten in Haus und Hof. Die Zwerge, erzählte man mit Bezug auf Rhöndorf und Selhof, kochten die Mehlsuppe für das Frühmahl, misteten die Ställe und schlugen die Butter (Die Zwerge im Siebengebirge[315]). – In Bennau half ein Heinzelmännchen einer alten Frau beim

---

[309]   Aulke, to Bräi! [Aulken, zum Brei!] In: GOTTFRIED HENSSEN: Volkserzählungen aus dem westlichen Niedersachsen. S. 16-17.

[310]   Die Zwerge im Dubberwort. In: U. HAAS: Rügensche Sagen und Märchen. S. 61-62.

[311]   Die Ludki wollen helfen. In: INGEBORG DREWITZ (Hg.): Märkische Sagen. S. 284.

[312]   Der Bauer und die Lutchen. In: WILIBALD VON SCHULENBURG: Wendische Volkssagen und Gebräuche aus dem Spreewald. S. 285.

[313]   Das Brot der Bergmännchen von Reichraming.   In: KÄTHE RECHEIS (Hg.): Sagen aus Österreich. S. 157-158.

[314]   AUGUST SIEGHARDT: Bayerische Brotsagen. In: HEIDI CAROLINE EBERTSHÄUSER (Hg.): Das bairische Leben. S. 232-237, hier S. 236.

[315]   Die Zwerge im Siebengebirge. In: O. RUNKEL: Aus dem Sagenschatz der Heimat. Westerwaldsagen. I. Teil, S. 13-15, hier S. 14.

Reisigsammeln, trug ihr die Last heim und zerkleinerte das Holz (Die Heinzelmännchen im Asbacher Land[316], aus dem Westerwald). – Im Winter legten die Rengsdorfer Männer die Scheiter neben den Sägebock, dann sägten und spalteten die Wichtel alles kurz und klein (Die „Wellewechter" im Völkerwiesenbachtal[317], aus dem Westerwald). – Wenn eine Bäuerin mit ihrer Arbeit allein nicht fertig wurde, molk das Heugütel die Kühe (Breitenbrunn: Das Heugütel[318], aus dem Erzgebirge).

In Ebersdorf nahe Iglau (tschechisch *Jihlava*) halfen die Zwerge in Scheuer und Schuppen, auf der Wiese und im Walde, auf Feld und Flur. Sie schleppten dem guten Bauern die Garben zu Mandeln zusammen, sammelten dem armen Weiblein Beeren in sein Krüglein, dem buckligen Alten Schwämme in sein Bünklein, hobelten und feilten in den Werkstätten biederer Handwerksleute (Das Zwergliloch[319], deutsch aus der ehemaligen Iglauer Sprachinsel in Südmähren).

In die Hirschenmühle von Oberachern im Schwarzwald kamen Nacht für Nacht zehn Seeweiblein aus dem Mummelsee, die spannen Garn, buken Brot, fütterten das Vieh, butterten Rahm und kehrten die Stube.[320] – Wenn der Bauer und sein Weib an Samstagen vom Feld

---

[316]   Die Heinzelmännchen im Asbacher Land. In: O. RUNKEL: Aus dem Sagenschatz der Heimat. Westerwaldsagen. I. Teil, S. 226-227.

[317]   Die „Wellewechter" im Wiesenbachtal. In: O. RUNKEL: Aus dem Sagenschatz der Heimat. Westerwaldsagen. I. Teil, S. 157-158. Wellewechter – wilde Wichtel.

[318]   Breitenbrunn: Das Heugütel. In: HERMANN HALLBAUER und HORST HENSCHEL (Hg.): Der Sagenschatz des Erzgebirges. 1. Teil, S. 56.

[319]   Das Zwergliloch. In: ANTON ALTRICHTER: Sagen aus der Iglauer Sprachinsel. S. 78.

[320]   Wassergeister. In: JOHANNES KÜNZIG (Hg.): Schwarzwald-Sagen. S. 165-171, hier S. 168. – Unter dem Titel „Das Seeweible vom Mummelsee" (sic!) auch enthalten in: WILHELM STRAUB (Hg.): Sagen des Schwarzwaldes. S. 72. Die Mitteilung schließt mit dem Motiv „Ausgelohnt". Darauf folgt eine im Kern identische Mitteilung, bezogen auf die Seebacher Höfe.

heimkamen, war alle Hausarbeit schon getan. Die Erdweiblein hatten gewaschen und geputzt, Tische und Bänke gescheuert, die Stube aufgeräumt … (Das Kreuz am Kranewittbeerl[321], aus Niederbayern). – Wenn die Bauern auf Wiese und Feld schafften, erledigten die Erdweiblein heimlich ihre Arbeit in Haus und Hof (Die Erdweibl beim Binzinger[322], aus Niederbayern). – Beim Schuhmacher in Windischeschenbach hielt sich lange Zeit ein Holzfräulein auf. Es fütterte das Vieh, trug Wasser herbei und verrichtete allerhand Hausarbeiten (Das Holzfräulein[323], aus der Oberpfalz).

Die Urschel vom Urschelberg, vermutlich die Leiterin einer Buschschule, schickte ihre Zöglinge, die Nachtfräulein, Abend für Abend nach Pfullingen, damit sie mit dem Spinnrad einem armen Weber in die Hände arbeiten (Der hinterlistige Wielweber[324], aus Schwaben). – Zum Vulperahof unweit Tarasp im Unterengadin kamen an den Winterabenden aus dem Tälchen unterm hohen Piz Pisoc zwei Jungfrauen mit ihren Spinnrädern und blieben bis Schlag elf; den aufgespulten Flachs ließen sie der Bäuerin (Die Spinnerinnen[325], aus der Schweiz). Als die Spinnzeit vorbei war, wollte die Bäuerin sich dankbar erzeigen und rüstete eines Abends ein großes Essen zu, und zwar sollte der ganze Vulperahof nebst den fremden Jungfrauen am Mahle teilnehmen. Diese Mitteilung erinnert an einen Brauch der Motzen in den Westkarpaten Rumäniens *(Munţii Apuseni):* Sobald der gesamte Hanf versponnen war, wurde gelegentlich des abschließenden Festmahls das von jedem Mädchen

---

[321] Das Kreuz am Kranewittbeerl. In: EMMI BÖCK (Hg.): Sagen aus Niederbayern. S. 236.

[322] Die Erdweibl beim Binzinger. In: EMMI BÖCK (Hg.): Sagen aus Niederbayern. S. 241-242.

[323] Das Holzfräulein. In: FRANZ GEORG BRUSTGI (Hg.): Aus der weißblauen Sagentruhe. S. 35.

[324] Der hinterlistige Wielweber. In: MARTIN FINK (Hg.): Pfullinger Sagen. S. 41.

[325] Die Spinnerinnen. In: ARNOLD BÜCHLI (Hg.): Schweizer Sagen. Bd. 1, S. 170-172.

gesponnene Garn mit seinem Namen in einer Ecke ausgestellt, und die bei der Unterhaltung anwesenden Frauen besichtigten es der Reihe nach.[326]

Analog zu den guten Seejungfrauen in Deutschland halfen in Griechenland heimlich *Nereiden* im Haushalt: Sie verrichteten alle Arbeit, so auch Spinnen und Weben; am Morgen fand die Hausfrau alles sauber gekehrt und geputzt.[327]

Arbeiten auf dem Feld und im Weinberg. In der Berner Gegend schnitten die Zwerge nachts das Getreide und pflückten die Kirschen (Die Füße der Zwerge[328], aus der Schweiz). – In der Umgebung von Lustnau bei Tübingen halfen Erdwichtel den Frauen, das Unkraut aus dem Korn zu jäten (Erdwichtele[329]). – Für die Ohlenberger Bauern schleppten die Zwerge den Mist in die Weinberge und trugen ihnen die Trauben heim (Die Zwerge zu Ohlenberg[330], aus dem Westerwald). – Die Zwerge vom Nackenberg, einer kleinen Erhebung unweit der Landwehrschenke bei Ricklingen, halfen den Bauern beim Säen, Mähen und Dreschen. Ihre liebste Beschäftigung fanden sie zur Zeit der Heuernte. Früh nach Tag und Tau warfen sie die Heuhaufen auseinander, noch ehe die Bauern sich einstellten. Auch das Wenden des Heues am Tage und das Zusammenharken am Abend besorgten sie oft. Ebenso leisteten sie den Holzfahrern

---

[326] TEOFIL FRÂNCU und GEORGE CANDREA: Romănii din Munţii Apuseni (Moţii). S. 139. Die Westkarpaten sind ein Gebirgsstock im Westen Rumäniens.

[327] WILHELM MANNHARDT: Wald- und Feldkulte. Bd. 2, S. 38.

[328] Die Füße der Zwerge. In: GRIMM, BRÜDER GRIMM (Hg.): Deutsche Sagen. Erster Teil, Nr. 150.

[329] Erdwichtele. In: ERNST MEIER: Deutsche Sagen, Sitten und Gebräuche aus Schwaben. S. 55-58, hier S. 55. – Auch enthalten in: HANS BRÜSTLE (Hg.): Wiedergänger und Weiße Frauen. S. 108-109.

[330] Die Zwerge zu Ohlenberg. In: O. RUNKEL: Aus dem Sagenschatz der Heimat. Westerwaldsagen. I. Teil, S. 198-199.

in den nahen Wäldern Hilfe. Darum hatte sie jedermann gern (Die Zwerge am Nackenberge[331], aus Niedersachsen).

Im nordböhmischen Markersdorf brachten die Zwerge über Nacht den Mist aufs Feld – als die Mägde am Morgen antraten, war der Mist schon weg. (Der Vorgang wir als einmalige Begebenheit geschildert.) Will-Erich Peuckert zitiert eine Redensart, die angeblich an die Zwerge erinnert. Wenn es recht wiebelte und kriebelte, sagten die Leute: „Da geht es zu wie in Bittnerbauers Miststatt."[332]

Eine halbe Stunde südlich von Hessenthal (bei Schwäbisch-Hall) befand sich ein Brunnen, der einst von Wasserfrauen bewohnt war. Die machten sich mit den Mädchen von Hessenthal vertraut. Wenn die Mädchen zum Mähen antraten, fanden sie das Gras schon geschnitten; im Winter kamen die Wasserfrauen in die Spinnstuben und halfen den Mädchen beim Geschäft (Der ungeheure Brunnen[333]). – Die Seejungfrauen schnitten im Herbst die Trauben (Die guten Seejungfrauen[334], aus dem Schwarzwald).

Hirtendienste, Arbeiten auf der Alm. Die Bergmännchen vom steirischen Pleschberg nordwestlich von Admont gingen den Schwaigerinnen zur Hand, wenn diese Butter, Käse und Schmalz bereiteten, außerdem halfen sie den Haltern das Vieh zusammenzutreiben und suchten nach den verlorenen Stücken; für diese Dienste erhalten sie etwas Milch, Butter und Käse (Die verwunschene Alm[335]).

In Frankreich führten die Feen die Schafe zur Weide, hüteten das Vieh ihrer Nachbarn und brachten verlaufene Tiere zurück. Sie

---

[331]   Die Zwerge am Nackenberge. In: WILL-ERICH PEUCKERT: Niedersächsische Sagen. Bd. 4, S. 441.

[332]   WILL-ERICH PEUCKERT (Hg.): Schlesische Sagen. S. 226. *Markersdorf* ist ein historischer Name.

[333]   Der ungeheure Brunnen. In: ERNST MEIER: Deutsche Sagen, Sitten und Gebräuche aus Schwaben. S. 75-76.

[334]   Die guten Seejungfrauen. In: AUGUST SCHNEZLER: Badisches Sagenbuch. Bd. 2, S. 119.

[335]   Die verwunschene Alm. In: JOHANN KRAINZ (Hg.): Mythen und Sagen aus dem steirischen Hochlande. S. 237.

verspannen den Hanf, den man vor den Höhleneingang legte, und bleichten das Tuch, das man vor den Höhleneingang legte; dafür erhielten sie Speisen.[336]

Mit dieser Aufzählung ist die Vielfalt der Einsätze nicht erschöpft.

Im nordböhmischen Langenbrück war einst ein Dorfweg sumpfig und musste deshalb überbrückt werden. Die Leute ließen jedoch aus Mangel an Geld die angefangene Arbeit liegen. Da haben die Zwerge in einer Nacht fertig gebaut.[337]

Die *Klabatersmänneken* oder *Pukse* hielten sich in Häusern, in Mühlen und auf Schiffen auf, wo sie von der ihnen hingesetzter Milch lebten und dafür allerhand Dienste verrichteten: sie molken die Kühe, striegelten die Pferde, arbeiteten in der Küche, wuschen das Schiff und halfen die Anker aufziehen (Klabatersmänneken oder Pukse[338], aus Pommern). Freilich dürfte die Milch nur ein Teil ihrer Verpflegung gewesen sein. Die Bezeichnung *Klabautermann* hängt mit dem Verb *kalfatern* („die Schiffswände mit Werg und Teer dichten") zusammen. Der Klabautermann, heißt es in einem Text, vermag an Stellen zu kalfatern, wo kein Mensch (lies: kein Erwachsener) hingelangt (Der Kalfater oder Klabatermann[339], aus Pommern). Diese Aussagen widerlegen die Vorstellung, dass die Klabautermänner den Matrosen *manche schwere Arbeit* abnahmen: an der Ankerwinde, an den Pumpen, beim Befestigen der Taue und beim Einholen der Segel (Vom Klabautermann[340], Ostsee).

---

[336] PAUL SÉBILLOT: Le Folk-Lore de France. Bd. 1, S. 449-450.

[337] WILL-ERICH PEUCKERT (Hg.): Schlesische Sagen. S. 226. *Langenbrück* ist ein historischer Name.

[338] Klabatersmänneken oder Pukse. In: JOHANN GEORG THEODOR GRÄSSE (Hg): Sagenbuch des Preußischen Staats. Bd. 2, S. 456-457.

[339] Der Kalfater oder Klabatermann. In: JODOCUS D. H. TEMME: Volkssagen aus Pommern und Rügen. S. 300-302.

[340] Vom Klabautermann. In: ALBERT BURKHARDT (Hg.): Vineta. S. 358-360, hier S. 358.

Der Sage vom Zwerg Fickfack, der in einer Felsspalte des Kewelohberges zu Überruhr wohnte, entnehmen wir, dass die hilfreichen Zwerge auch als Botengänger der Dorfgemeinschaft agierten. „War jemand in eine Notlage geraten, aus der er sich nicht mehr selbst befreien konnte, dann brauchte er nur zu der Felsspalte zu gehen und seinen Wunsch vorzutragen; meist dauerte es nur eine Nacht, und ihm war geholfen." Angeblich reparierte Fickfack zerbrochene Pflüge, stellte Spielzeug für Kinder her, schenkte armen Brautpaaren selbstverfertigte Hochzeitskleider, und wenn es an Geld für ein angemessenes Begräbnis fehlte, dann stiftete er das Totenkleid (Der Zwerg von Überruhr[341]). Hier handelt es sich um Übertreibungen. Die Reparatur eines Pfluges durch Zwerge ist eine Entstellung; die Erzähler haben die Dienstleistung vom Lehrer der Buschschule auf den Zögling übertragen. In historischer Zeit gehörte die Unterstützung der Brautpaare und der Beistand für Familien, die einen Toten zu beklagen hatten, zu den Pflichten der Nachbarschaft. Der Aufwand an Geld für ein Begräbnis ist anachronistisch.

Hilfe nach Anleitung

Ein längst nicht immer genanntes, aber typisches Merkmal der von den Heinzelmännchen und Saligen Fräulein geleisteten Hilfe ist die Anleitung durch den Menschen. Mit anderen Worten: Die Zöglinge der Buschschule erledigten Arbeiten, die die Erwachsenen ihnen zugewiesen hatten, bzw. Arbeiten, für die alles zurechtgelegt worden war – das Material und das Handwerkszeug. Offenbar handelt es sich um Tätigkeiten, die keinen besonderen Kraftaufwand und kein besonderes handwerkliches Geschick erforderten.

Im schwäbischen Dornhan kamen die Erdmännlein regelmäßig in das Haus des Breitebauern und schafften bei Nacht alles fertig, was zu tun war (Die Erdmännle bei Dornhan[342]). – Im niederbayerischen

---

[341] Der Zwerg von Überruhr. In: WOLFGANG SCHULZE: Das große Essener Sagenbuch. S. 127-128.

[342] Die Erdmännle bei Dornhan. In: ERNST MEIER: Deutsche Sagen, Sitten und Gebräuche aus Schwaben. S. 61-62. – Unter dem Titel

Pettenau erledigten zwei Bergwichtlein nachts in Haus und Hof alle Arbeit, die noch nicht getan war oder am Morgen verrichtet werden sollte (Die Bergwichtlein[343]). – Im Wiedtal verteilten sich die Heinzelmännchen nachts auf die Häuser und auf die Felder des Dorfes Roßbach und der anderen Dörfer und sahen sich nach der Arbeit um, die die Menschen für sie hatten liegen lassen (Die Roßbacher Heinzelmännchen[344], aus dem Westerwald). – Über Nacht kamen die Zwerge aus ihren Brunnen in die Häuser und machten jedes angefangene Werk fertig; so war es in Rhöndorf und in Selhof in der Honnefer Gemarkung (Die Zwerge im Siebengebirge[345]). – Auf der Feste Löwenburg im Siebengebirge verrichteten die Heinzelmännchen während der Nacht alle Hausarbeiten. Alles Gerät, was man am Tage gebraucht, brachten sie an Ort und Stelle (Die Heinzelmännchen auf der Löwenburg[346]). – Auf Ifkers Erbe in der Bauernschaft Havixbeck haben sich die Erdmännchen in alter Zeit abends an den Herd gesetzt und gewärmt, in der Nacht aber haben sie alle Arbeit, die zum folgenden Tag vorbereitet war, fertig gemacht (Erdmänkes ziehen ab[347], aus dem Münsterland).

Aus Falize neben Malmedy in den Ostardennen verlautet, dass die Zwerge nachts die Arbeit verrichteten, die man tagsüber nicht hatte zu

---

„Ausgelohnte Zwerge" enthalten in: HANS BRÜSTLE (Hg.): Wiedergänger und Weiße Frauen. S. 102.

[343]   Die Bergwichtlein. In: EMMI BÖCK (Hg.): Sagen aus Niederbayern. S. 293-294.

[344]   Die Roßbacher Heinzelmännchen. In: HELMUT FISCHER: Sagen des Westerwaldes. S. 102.

[345]   Die Zwerge im Siebengebirge. In: O. RUNKEL: Aus dem Sagenschatz der Heimat. Westerwaldsagen. I. Teil; S. 13-15, hier S. 14.

[346]   Die Heinzelmännchen auf der Löwenburg. In: OTTO SCHELL: Bergische Sagen. S. 425-426. – Siehe auch: HELMUT FISCHER: Sagen des Westerwaldes. S. 262.

[347]   Erdmänkes ziehen ab. In: ADALBERT KUHN: Sagen, Gebräuche und Märchen aus Westfalen […]. Bd.1, S. 95.

Ende führen können, man brauchte sie nur auf den Tisch zu legen (Zwergsagen[348], wallonisch).

Zu dieser Art Hilfe gibt es auch eine Reihe von konkreten Aussagen:

Die Leinstengel, die die Hausfrau zum Wässern in den Brunnentrog gelegt hatte, lagen am Morgen auf der Wiese zum Trocknen ausgebreitet; das auf einer Wiese zwischengelagerte Brennholz wurde zum Haus geschafft und aufgeschichtet (Die Zwerge von Catto[349], italienisch aus dem Tessin). – Ein Bauer aus Lustnau mähte mit zwei Gehilfen seine Wiese im Neckartal gegen Kusterdingen und war kaum zur Hälfte fertig, als es schon Abend wurde. Da sprach er: „Wir sollten nur unsere Sensen heut Nacht hier lassen, vielleicht helfen uns die Erdwichtele." Damit hängte er die Sensen an einen Baum. Am nächsten Morgen trafen sie drei Männlein beim Mähen an, die liefen in den Wald, es war aber schon fast alles gemäht (Erdwichtele[350]). – Im bayerischen Schwaben wurde erzählt, dass die Wichtel vom Wichtelesberg nachts oft auf den Urfahrhof kamen. War die Wäsche für den nächsten Morgen zum Waschen zurechtgelegt, so haben sie dieses Geschäft verrichtet; sollte Brot gebacken werden, so fand die Urfahrbäuerin morgens die Laibe fertig und musste sie nur in den Ofen einschießen (Der Wichtelesberg bei Zürgesheim[351]). – In der Eifel spannen die Wichtelchen die an die Spinnräder gestellten Rocken ab (Wallendorf[352]). – In Harzheim fragten die Heinzelmännchen morgens im Bergwerk, wo sie am besten aushauen könnten, dann sagten

---

[348] Zwergsagen. In: WILHELM MARICHAL: Volkserzählgut und Volksglaube in der Gegend von Malmedy und Altsalm. S. 76-81, hier S. 78.

[349] Die Zwerge von Catto. In: WALTER KELLER: Tessiner Sagen und Volksmärchen. S. 96-97.

[350] Erdwichtele. In: ERNST MEIER: Deutsche Sagen, Sitten und Gebräuche aus Schwaben. S. 55-58, hier S. 55.

[351] Der Wichtelesberg bei Zürgesheim. In: FRIEDRICH PANZER: Bayerische Sagen und Bräuche. Bd. (Teil) 2, S. 104.

[352] Wallendorf. In: MATTHIAS ZENDER: Volkssagen der Westeifel. S. 301.

sie: „Geht nur ruhig nach Hause, alles andere besorgen wir." (Heinzelmännchen als Bergleute[353], aus der Eifel.) – Im Wiedtal mussten die Bauern die Wiese nur anmähen, am Morgen lag sie dann blank da, und das
Heu oder das Grummet war hübsch auseinander getan (Die „Hehlemänncher" im Wiedtal[354], aus dem Westerwald). – Im Jülicher Land wuschen
die Heinzelmännchen die Wäsche, die am Abend in die Bütte gefüllt worden war, am Morgen lag sie schon auf der Bleiche. War sonst eine Arbeit
liegen geblieben, war sie am Morgen getan (Das alte Haus zu Merzenich[355]). – Als einmal Maurer beim Sachsenstein im Harz Steine brachen,
boten sich Zwerge an, die Arbeit über Nacht zu erledigen, wenn sie dafür
Brot bekommen (Die Zwerge vom Sachsenstein[356]). – Zu Ilsenburg im
Harz sagten die Schmiede den Zwergen am Abend, was sie fertig machen
sollten (Die Nahrungsgeister von Alten-Brak[357]). – In der Gegend von
Osnabrück kneteten die Sgönaunken den am Abend eingesäuerten Teig
(Die Sgönaunken[358]). – Ein friesischer Bauer aus Misselwarden im Lande

---

[353]   Heinzelmännchen als Bergleute. In: HANS-JÖRG UTHER (Hg.):
Deutscher Sagenschatz. S. 62-64, hier S. 63.

[354]   Die „Hehlemänncher" im Wiedtal. In: O. RUNKEL: Aus dem Sagenschatz der Heimat. Westerwaldsagen. I. Teil, S. 122-123.

[355]   Das alte Haus zu Merzenich. In: GOTTFRIED HENSSEN (Hg.):
Sagen, Märchen und Schwänke des Jülicher Landes. S. 38.

[356]   Die Zwerge vom Sachsenstein. In: HEINRICH PRÖHLE: Harz-
sagen. S. 190-192, hier S. 191. – Auch enthalten in: JOHANN GEORG
THEODOR GRÄSSE (Hg.): Sagenbuch des Preußischen Staats. Bd. 1,
S. 589-590.

[357]   Die Nahrungsgeister von Alten-Brak. In: HEINRICH PRÖHLE:
Unterharzische Sagen. S. 9-10, hier S. 10 (Nr. 30).

[358]   Die Sgönaunken. In: ADALBERT KUHN: Sagen, Gebräuche
und Märchen aus Westfalen [...]. Bd.1, S. 63-75, hier S. 73. *Eingesäuert*
bedeutet, dass die Hausfrau den Teig rechtzeitig mit einem Brocken Sauerteig vermengt hat, damit er [durch Kohlendioxid] aufgelockert wird.
Den Sauerteig hat man in der Vergangenheit aus Weizen- oder Roggen-
mehl hergestellt, das man mit Wasser verrührte und zugedeckt etwa zwei
Tage stehen ließ.

Wursten wollte mit seinem Knecht einen Graben auswerfen, sie hatten schon alles abgemessen, da kamen in der Dämmerung kleine Männchen, alle mit einem roten Rock bekleidet, und warfen in der Nacht den Graben aus (Helfer bei der Feldarbeit[359]).

Dieselbe Botmäßigkeit kommt in der schwäbischen Sage vom Poppele zum Ausdruck, der den Leuten auf dem Bruderhof nahe Hohentwiel nützlich war und alles tat, was sie ihm auftrugen: er holte Wasser und Holz in die Küche, fütterte das Vieh, putzte die Pferde, wendete den Dreschern die Garben. Allerdings musste man bei jedem Auftrag bemerken: „Nicht zu wenig und nicht zu viel", sonst verübte Poppele Eulenspiegelstreiche (Der Poppele auf Hohenkrähen[360]).

Im Kontext ist eine Mitteilung über die koboldartigen *Laumes* der litauischen Folklore interessant, die Merkmale der Saligen Fräulein aufweisen: sie waren tüchtig beim Spinnen, Weben und auf dem Felde, „nur konnten sie niemals eine Arbeit anfangen oder vollenden" (Von den Laumes[361]).

Der Tenor der oben zitierten Mitteilungen macht entgegengesetzte Aussagen (an denen es nicht mangelt) unglaubwürdig: dass die Helfer selbst entschieden haben, dass sie Qualitätsarbeit leisteten. Wenn es heißt, dass die Zwerge kunstvoll Schuhe nähten oder geschickt schmiedeten oder aber beim Pflügen aushalfen, liegt eine Entstellung zugrunde.

---

[359] Helfer bei der Feldarbeit. In: HEINZ RÖLLEKE (Hg.): Das große deutsche Sagenbuch. S. 64.

[360] Der Poppele auf Hohenkrähen. In: ERNST MEIER: Deutsche Sagen, Sitten und Gebräuche aus Schwaben. S. 76-77. Aus der Umgebung von Tuttlingen stammen mehrere Sagen über Poppele, die einander im Grunde widersprechen. Sie stellen ihn als den Geist eines verfluchten Schirmvogts vor, der in Gestalt eines Knaben einerseits Hilfsarbeiten leistet, andererseits Streiche verübt wie ein Kobold. Siehe: AUGUST SCHNEZLER (Hg.): Badisches Sagenbuch. Bd. 1, S. 95-96. – Siehe auch: JOSEF ZEPF (Hg.): Sagenbuch. S. 44-52.

[361] Von den Laumes. In: AUGUST SCHLEICHER: Litauische Märchen, Sprichworte, Rätsel und Lieder. S. 91-97, Zitat S. 91.

Ein Beispiel wäre die Sage von dem ohne Schuld verarmtem Schuster, für den zwei Männlein nachts aus dem zugeschnittenen Leder Schuhe anfertigen, die als Meisterstücke gelten dürfen, man bezahlt für sie mehr als gewöhnlich (Die Wichtelmänner[362], aus Hessen).

Ein anderes Beispiel wäre die Sage vom Hammerschmied, der die Zipfelmütze eines Zwergs aus der Wupper holt. Aus Dankbarkeit schmiedet der Zwerg Nacht für Nacht die aus dem Ofen geholten Blöcke zu Stangen von feinstem Stahl, die sich in Solingen gut verkaufen lassen, sodass der Mann zu Wohlstand gelangt (Die Zwerge zu Müngsten[363], aus dem Bergischen Land).

Pflügen war Männerarbeit, auch als man noch den leichten Hakenpflug verwendete (nicht den schweren Räderpflug, der die Zugkraft von vier bis acht Ochsen erforderte). Erst nach dem Pflügen konnten die Zwerge sich nützlich machen. Als ein Bauer aus Ober-Lengenhardt in der Nähe von Liebenzell, so wurde in Schwaben erzählt, mit dem Pflügen

---

[362]   Die Wichtelmänner (erstes Märchen). In: GRIMM, BRÜDER GRIMM: Kinder- und Hausmärchen. KHM 39. Bd. 1, S. 215-217. Unter dem Titel „Die Wichtelmännchen und Schuster Jobst in Eschwege" in: EMIL SCHNEIDER (Hg.): Hessisches Sagenbuch für Schule und Haus. S. 107-109, hier S. 107. – Unter dem Titel „Die Wichtel als Schuhmacher" in: GERD BAUER: Das unsichtbare Land. S. 189-190. – Unter dem Titel „Die Wichtel als Schuhmacher in Eschwege" enthalten in: ULF DIEDERICHS und CHRISTA HINZE (Hg.): Hessische Sagen. S. 92-93. Eine ähnliche Sage wurde in Mecklenburg mit Bezug auf Plau erzählte. Man findet sie unter dem Titel „Der Schuster und die kleinen Helfer" in der Sammlung „Deutscher Sagenschatz" von HANS-JÖRG UTHER. S. 153-154.

[363]   Die Zwerge zu Müngsten. In: OTTO SCHELL (Hg.): Bergische Sagen. S. 178-179. – Unter dem Titel „Das Zwergjunkerlein an der Kohlfurt" in: JOHANN GEORG THEODOR GRÄSSE (Hg.): Sagenbuch des Preußischen Staats. Bd. 2, S. 20-22. – Unter dem Titel „Die Zwergenmütze" in: EDMUND MUDRAK (Hg.): Das große Buch der Volkssagen. S. 15-16.

fertig war, sagte er: „Wenn nur der Acker auch nur erst gehackt wäre!" Am andern Morgen, als er sich mit der Hacke aufs Feld begab, um die Erdscholle klein zu schlagen, war alles schon getan. Er legte zum Dank zwei Stück Kuchen auf den Acker (Die Erdleute bei Ober-Lengenhardt[364]). Im Widerspruch damit behauptet eine Überlieferung aus dem Westerwald, dass die Höhlenmännchen nicht nur den Mist übers Feld gespreitet, sondern, wenn man ihnen den Pflug auf den Acker fuhr, den Dünger über Nacht auch unterackert haben (Die „Hehlemänncher" im Wiedtal[365]). – Laut einer Sage aus Luxemburg soll ein Zwerg nach und nach alle Äcker einer Witwe gepflügt haben (Das Wichtelchen zu Reckingen[366]).

Wenn wir hören, dass die Zwerge beim Dreschen halfen (Die Zwerge am Nackenberge[367], aus Niedersachsen) oder gar selbstständig das Getreide droschen (Die Wichtlein bei Trintingen[368], aus Luxemburg; Die Wichtelcher in der Goldkaul[369]; aus Luxemburg), ist an den *Dreschstock* zu denken, nicht an den im 9. Jahrhundert eingeführten *Dreschflegel*. Wer den Dreschflegel handhabte, leistete Präzisions- und Schwerstarbeit zugleich. Dazu waren Halbstarke nicht imstande.

---

[364]   Die Erdleute aus Ober-Lengenhardt. In: ERNST MEIER: Deutsche Sagen, Sitten und Gebräuche aus Schwaben. S. 64.

[365]   Die „Hehlemänncher" im Wiedtal. In: O. RUNKEL: Aus dem Sagenschatz der Heimat. Westerwaldsagen. I. Teil, S. 122-123.

[366]   Das Wichtelchen zu Reckingen. In: N. GREDT (Hg.): Sagenschatz des Luxemburger Landes. Bd. 1, S. 5-6.

[367]   Die Zwerge am Nackenberge. In: WILL-ERICH PEUCKERT (Hg.): Niedersächsische Sagen. Bd. 4, S. 441.

[368]   Die Wichtlein bei Trintingen. In: N. GREDT (Hg.): Sagenschatz des Luxemburger Landes. Bd. 1, S. 10.

[369]   Die Wichtelcher in der Goldkaul. In: N. GREDT (Hg.): Sagenschatz des Luxemburger Landes. Bd. 1, S. 11-12.

Handlangerdienste auf der Baustelle sind eins, und über Nacht ein Haus aufbauen, wie angeblich bei Rinchnach im Bayerischen Wald geschehen (Erdmandl helfen[370]) ist etwas anderes.

Ob der Initiand selbstständig eine Mühle in Gang setzen durfte, kommt auf die Beschaffenheit der Mühle an, hier darf man nicht verallgemeinern. Sagen über Zwerge in der Mühle sind verbreitet, aber glaubwürdig ist nur, dass der Initiand den Mühlstein schärfte. Eine Überlieferung aus dem Westerwald kommt der Wahrheit näher: Hier wird berichtet, dass der Müller und sein Mahlbursche in der Rengsdorfer Mühle am Abend die Säcke zurechtstellten und der Mühle ihren Gang ließen, indessen sie selbst sich aufs Ohr legten. Folglich mussten die Wichtel nur regelmäßig den Mahlkasten nachfüllen (Die „Wellewechter" im Völkerwiesenbachtal[371]). – Genauso dürfte die Sache in der Mühle bei Murrhardt abgelaufen sein, wo heimlich eine Schar Erdleute am Werk war, nur haben die späteren Erzähler zu erwähnen vergessen, dass der Müller die Mühle in Gang setzte, es wird bloß mitgeteilt, dass er abends die gefüllten Fruchtsäcke in die Mühle stellte (Die guten Erdleute in der Mühle[372], aus Schwaben). – Auch in einer Überlieferung aus dem Schwarzwald wird bloß mitgeteilt, dass ein Erdmännlein bei Nacht in der Wehrer Mühle für den Müller mahlte, während jener schlief, ohne weitere Einzelheiten (Die Erdmännlein in der Haseler Höhle[373]).

Doch ich will's nicht verschweigen – in einer Sage aus der Fränkischen Schweiz ist ausdrücklich eben davon die Rede: Wenn der

---

[370]   Erdmandl helfen. In: JOSEF DENGLER: s'Klousterer Nachtg'loit. S. 124-125.

[371]   Die „Wellewechter" im Völkerwiesenbachtal. In: O. RUNKEL: Aus dem Sagenschatz der Heimat. Westerwaldsagen. I. Teil, S. 157-158, hier S. 157.

[372]   Die guten Erdleute in der Mühle. In: ANTON BIRLINGER und MICHAEL RICHARD BUCK: Sagen, Märchen, Volksaberglauben. S. 39-40. – Auch enthalten in: HANS BRÜSTLE (Hg.): Wiedergänger und Weiße Frauen. S. 102.

[373]   Die Erdmännlein in der Haseler Höhle. In: WILHELM STRAUB (Hg.): Sagen des Schwarzwaldes. S. 172-173.

Schöchtleinsmüller mit den Seinen schlief, reinigten und netzten die Zwerge das Mahlgut, *zogen die Schützen am Wasserwerke hoch, setzten die Mühle in Gang,* mahlten das Getreide und füllten die Mehlsäcke (Die Zwerge im Wohnsgehaiger Hügel[374]). In diesem Fall haben spätere Erzähler die Befugnisse der Helfer erweitert.

Mit dem Schärfen des Mühlsteins ist folgende Verrichtung gemeint: Die Mahlfläche des Bodensteins war in Abschnitte mit Haupt- und Nebenfurchen aufgeteilt, diese Furchen mussten von Zeit zu Zeit nachgezogen, d.h. vertieft werden, eine langweilige Arbeit, die der Müller gern einem Gehilfen überließ. (In der Neuzeit verwendete man dazu spezielle Werkzeuge.) Aus einer niederländischen Sage mit Bezug auf das Dorf Gelrode erfahren wir, wie der Müller verfuhr, wenn sein Mühlstein abgenutzt war: Er legte ihn vor die Mühle, und zwar zusammen mit einem Butterbrötchen nebst einem Glas Bier, und am anderen Morgen fand er ihn aufs schönste geschärft wieder (Müller und Zwerg[375]).

Das Kalfatern, von dem schon die Rede war („die Schiffswände mit Werg und Teer dichten"), ist dem Schärfen des Mühlsteins vergleichbar – eintönig, aber nicht so schwierig, dass ein Halbstarker diese Arbeit nicht hätte verrichten können.

Es kann nicht stimmen, was man im Vogtland erzählte: dass die Hüttenmännchen im Eisenhammer nachts die tagsüber gefertigten Stücke nachbesserten (Die Hüttenmännchen[376]). Schließlich stellt sich die Frage, ob man den Initianden das Brotbacken – im bäuerlichen Milieu vormals ein ritueller Akt – ohne Aufsicht überlassen hat.

Somit ist die berühmte Ballade über die Heinzelmännchen zu Köln von August Kopisch irreführend, weil aus ihr hervorgeht, dass die kleinen Helfer alles, was in Haus und Hof zu tun war, übernommen haben

---

[374] Die Zwerge im Wohnsgehaiger Hügel. In: KARL BRÜCKNER (Hg.): Am Sagenborn der Fränkischen Schweiz. Bd. 1, S. 78-82, hier S. 81.

[375] Müller und Zwerg. In: JOHANN WILHELM WOLF: Niederländische Sagen. Zweites Buch, S. 310.

[376] Die Hüttenmännchen. In: FRANZ WEIDMANN: Sagen des Greizer Reußenlandes. S. 151-155, hier S. 151.

(Die Heinzelmännchen[377]). Die Ballade beruht auf einer Kölner Sage (Die Heinzelmännchen[378]).

Angesichts der einleuchtenden Mitteilungen über Hilfe nach Anleitung sind die Äußerungen über Qualitätsleistungen der Zwerge ein Ausdruck der Mystifizierung.

Werfen wir einen Blick auf die Mädchen.

Die Jungfrauen aus dem Kleinen Mummelsee kamen nachts ins Tal herab und wuschen frommen und redlichen Leuten die Wäsche aus, die sie dort in den Zubern stehen hatten. Wo sie den Teig in der Mulde fanden, da buken sie das Brot, ehe die Leute wach wurden (Die guten Seejungfrauen[379], aus Baden). – Die Meerfräulein gingen nachts in die

---

[377]   Die Heinzelmännchen. In: KARL HEINZ BERGER und WALTER PÜSCHEL (Hg.): Deutsche Balladen von Bürger bis Brecht. S. 59-62.

[378]   Die Heinzelmännchen. In: KARL HESSEL (Hg.): Sagen und Geschichten des Rheintals. S. 292-293. – Die Heinzelmännchen. In: GOSWIN PETER GATH: Kölner Sagen, Legenden und Geschichten. S. 194-196.

In gedruckter Form, nämlich als kurze Erzählung, erschien die Sage erstmals in einem Werk des Kölner Schriftstellers ERNST WEYDEN: Cöln's Vorzeit. Geschichten, Legenden und Sagen Cöln's, nebst einer Auswahl cölnischer Volkslieder. Schmitz: Köln, 1826. S. 200. Dem Erzähler zufolge war es noch nicht mehr als fünfzig Jahre her (!), dass die sogenannten Heinzelmännchen in Köln ihr abenteuerliches Wesen trieben.

Dass Köln der Schauplatz der Handlung war, von dem die Sage berichtet, ist wenig wahrscheinlich. Die Ausübung eines komplexen Ritus setzt eine homogene Bevölkerung gleicher Herkunft voraus, was in Städten nicht der Fall. Bei Köln kommt hinzu, dass die Stadtgründung bereits zur Zeit der Römer stattgefunden hat. Wahrscheinlich wurde die Sage von Zugewanderten nach Köln verpflanzt.

[379]   Die guten Seejungfrauen. In: AUGUST SCHNEZLER (Hg.): Badisches Sagenbuch. Bd. 2, S. 119. – Auch enthalten in: GUNDULA

Wohnungen der Menschen, z.B. in Mittelstadt, und kneteten hier die Brotlaibe zurecht, wenn man ihnen abends nur das Mehl dazu hingestellt oder den Teig angerührt hatte (Die Meerfräulein auf dem Hammetweiler Hof[380], aus Schwaben).

Ein soziales Praktikum

Wir hören von *einzelnen* Helfern, die sich auf dem Bauernhof, als Dorfhirt, in der Sennhütte oder in der Mühle nützlich machen, und gehen kaum fehl, wenn wir sie als ältere Zöglinge der Buschschule auffassen, Knaben wie Mädchen, die ein Praktikum absolvieren. Dazu passt die Mitteilung, die Helferin habe eines Tages erklärt, ihre Zeit sei um und sie müsse gehen. Der Senner des Groß-Pluner von Lüsen hat viel Arbeit, und es ist allen im Dorf ein Rätsel, wie er damit fertig wird, zumal er auch mit Butter und Käse ins Dorf hinabsteigen muss, was ihm viel Zeit raubt. Da stellt sich eine Salige ein, die sämtliche Hausarbeiten verrichtet, und gerade dann recht fleißig ist, wenn der Senner im Tal zu tun hat – bis sie sich unvermittelt verabschiedet (Die Salige auf Heròl[381], aus Tirol). In der Dokumentation von Will-Erich Peuckert zum Motiv „Ausgelohnt" findet sich ein Gegenstück mit einem Zwerg, hier *Puck* genannt, der im Schwerin'schen Franziskanerkloster aufgetreten ist. Er forderte als Lohn einen Schellenrock und dass man denselben bis zu gelegener Zeit verwahren soll; als die Zeit um war, verlangte er den Rock und verschwand.[382]

Ein Argument für das soziale Praktikum ist die unentgeltliche Arbeit, denn die Helfer bekommen weder bei kollektiven Einsätzen noch in

---

HUBRICH-MESSOW (Hg.): Sagen und Märchen aus dem Schwarzwald. S. 47.

[380] Die Meerfräulein auf dem Hammetweiler Hof. In: ERNST MEIER: Deutsche Sagen, Sitten und Gebräuche aus Schwaben. S. 18-19.

[381] Die Salige auf Heròl. In: HANS FINK: Eisacktaler Sagen, Bräuche und Ausdrücke. S. 182-183.

[382] WILL-ERICH PEUCKERT: Ausgelohnt. In: Ders.: Sagen. S. 139-155, hier S. 154-155.

der Probezeit irgendwelchen Lohn – sie bekommen nur die Verpflegung. Immer wieder vermerken die Erzähler diese Besonderheit.

Auf der Seite der hilfreichen Zwerge sind es die als Hirten dienenden Männlein, die keinen Lohn beanspruchen. In Conters in Graubünden hütete ein Fänggenmannli viele Sommer hintereinander die Heimkühe, ohne je irgendeine Belohnung anzunehmen (Der wilde Küher[383]). – Ein Fänggenmäntschi hat sich im Sommer angetragen, die Kühe zu hüten, und zwar ohne Kost und Lohn (Das rote Schlüttli[384], aus Vorarlberg). – Das Knechtlein, das sich auf der Bärenweid im Walsertal als Hirt zum Viehhüten anbot, brauchte keinen Lohn (Das Knechtlein auf der Bärenweid[385], aus Vorarlberg). – Für die Bauern von Oberstdorf im Allgäu hütete ein Wildes Männlein das Vieh ohne Lohn (Wilde Männle verrichten Hirtendienste[386]).

In einer Sage aus dem Oberwallis leistet ein Zwerg in einer Mühle ein Jahr lang die besten Dienste, außer der Kost hat er sich keinen Lohn ausbedungen (Der undankbare Zwerg[387]).

Die Helferinnen verhalten sich genauso.

Beginnen wir mit Tirol. Im Rittnerhof legten die Seligen Frauen immer unaufgefordert Hand an jedwelche Arbeit, heischten aber niemals Dank oder Lohn (Die seligen Frauen beim Rittner[388]). – Die Seligen durften für die geleistete Arbeit weder Dank noch Geschenk annehmen (Die

---

[383] Der wilde Küher. In: DIETRICH JECKLIN und C. DECURTINS: Volksthümliches aus Graubünden. Erster Teil, S. 24.

[384] Das rote Schlüttli. In: FRANZ JOSEF VONBUN und RICHARD BEITL: Die Sagen Vorarlbergs mit Beiträgen aus Liechtenstein. S. 133.

[385] Das Knechtlein auf der Bärenweid: In: FRANZ JOSEF VONBUN und RICHARD BEITL: Die Sagen Vorarlbergs mit Beiträgen aus Liechtenstein. S. 124.

[386] Wilde Männle verrichten Hirtendienste. In: HERMANN ENDRÖS und ALFRED WEITNAUER: Allgäuer Sagen. S. 162.

[387] Der undankbare Zwerg. In: JOHANN JEGERLEHNER: Sagen und Märchen aus dem Oberwallis. S. 3-4.

[388] Die seligen Frauen beim Rittner. In: HANS FINK: Eisacktaler Sagen, Bräuche und Ausdrücke. S. 153.

Seligen in Schrambach[389]). – Die Salige schaffte unentgeltlich vom frühen Morgen bis in die späte Nacht in Haus und Stall (Die Salige zu Oberhamm[390]). – Bei einem Bauern blieb ein solches Fräulein zwei Jahre lang unentgeltlich im Dienst und verrichtete getreu und fleißig, was man ihm befahl (Die Saligen und der wilde Mann[391]). – Auf der Gemeinschaftsalm Sojat in Prägraten arbeiteten zwei Salige Mädchen den ganzen Tag über fleißig und unentgeltlich (Die blonden Zöpfe[392]). – Beim Lahner im Schalderer Viertel Kaserbach kam zum Brotbacken jedes Mal uneingeladen eine Selige aus Spiluck und begann schon am frühen Morgen mit den Vorbereitungen für die aufwändige Arbeit (Beim Brotbacken[393]). – Zum Garn-Hof in Schnauders kamen zwei Selige Weiblein uneingeladen zum Schwarzplentenschneiden (Beim Plentenschneiden[394]). – Das Selige Weiblein beim Hofer in Ridnaun erledigte alle Heuarbeit und kümmerte sich um das Haus und die Kinder, nahm aber weder Lohn noch Vergütung für die viele Arbeit (In Ridnaun[395]). – Die Saligen Fräulein aus dem Vintschgau halfen oft beim Flachs- und Getreideschnitt, durften aber keine Belohnung akzeptieren (Die verbannte Salige auf dem Piz Lat[396]).

Damit stimmen die Mitteilungen aus Kärnten überein: Die Saligen Frauen des Möll- und Drautals verkehrten gern mit den Menschen und kamen aus ihren Höhlen herunter, um bei häuslichen und

---

[389]   Die Seligen in Schrambach. In: HANS FINK: Eisacktaler Sagen, Bräuche und Ausdrücke. S. 212-213.

[390]   Die Salige zu Oberhamm. In: HANS FINK: Eisacktaler Sagen, Bräuche und Ausdrücke. S. 51-52.

[391]   Die Saligen und der wilde Mann. In: ROBERT WINKLER: Sagen aus dem Vinschgau. S. 37-38.

[392]   Die blonden Zöpfe. In: HANS FINK: Salige und Unholde. S. 34.

[393]   Beim Brotbacken. In: HANS FINK: Salige und Unholde. S. 54.

[394]   Beim Plentenschneiden. In: HANS FINK: Salige und Unholde. S. 60. Schwarzplenten – Heidekorn, Buchweizen.

[395]   In Ridnaun. In: HANS FINK: Salige und Unholde. S. 67.

[396]   Die verbannte Salige auf dem Piz Lat. In: ROBERT WINKLER: Sagen aus dem Vinschgau. S. 23-24.

Feldarbeiten zu helfen, nur durfte man ihnen dafür keinen Lohn geben (Die saligen Frauen des Möll- und Drauthales[397]). – Die Hadachfrauen von St. Martin im Granitztal arbeiteten gern bei den Bauern, und zwar ohne Entgelt; jene von Granitztal-Weißenegg halfen den Weizen jäten und verlangten dafür nur Milch (Die Hadachweiber[398]).

Bei dem Motiv „Ausgelohnt", dem ein Geschenk am Ende der Probezeit zugrunde liegt, und zwar in Form von Kleidung, ist in der Regel von nur einem Helfer die Rede.

Will-Erich Peuckert hat das Motiv „Ausgelohnt" umfassend untersucht, doch konnte er es nicht erklären, so wenig wie Wilhelm Mannhardt und Lutz Mackensen vor ihm, weil er den wahren Hintergrund nicht erkannte und keine Verbindung zu anderen Sagen über hilfreiche Zwerge herstellte. In der Regel schenken die Hausleute dem Helfer ein neues Gewand, da seines abgenützt ist, worauf der Helfer sich zurückzieht, weil er das Geschenk als Abfindung versteht oder sogar als Aufforderung zum Gehen auslegt. Der Forscher äußerte die Vermutung, es müsse in Gegenden, wo eine solche Sage entstanden ist, Sitte gewesen sein, dass ein Geschenk von einem Paar Schuhe oder einer Kleidung ein Aufkünden bedeutete.[399] Damit trat er in Widerspruch zur übrigen Erzählforschung, die Sagen von hilfreichen Zwergen als Erfindungen abtut.

Eine Mitteilung mit Bezug auf Bad Ems an der Lahn fällt aus dem Rahmen, wahrscheinlich weil sie, wie viele Überlieferungen, unvollständig ist: In den Bergwerken längs der Lahn stellten die Bergleute den *Hanselmännern* täglich einen kleinen mit Speise gefüllten Topf hin und schenkten ihnen alljährlich ein rotes Röcklein, so der Länge nach einem Knaben gerecht (Die Hanselmänner von Bad Ems[400]). Vermutlich

---

[397] Die saligen Frauen des Möll- und Drauthales. In: J. RAPPOLD (Hg.): Sagen aus Kärnten. S. 155-157.

[398] Die Hadachweiber. In: GEORG GRABER (Hg.): Sagen und Märchen aus Kärnten. S. 244-246. Had – Heide.

[399] WILL-ERICH PEUCKERT: Ausgelohnt. In: Ders.: Sagen. S. 139-155, hier S. 154.

[400] Die Hanselmänner von Bad Ems. In: HELMUT BODE (Hg.): Die Schätze im Altkönig. S. 254-256.

absolvierten in den Bergwerken immer wieder mehrere Jugendliche ihre Probezeit. Der Vermerk, dass die Länge der Röcklein einem Knaben angemessen war, hat Seltenheitswert und ist sensationell.

Aufgrund der bisher zitierten Überlieferungen lässt sich sagen, dass die Bezeichnung *ausgelohnt* irreführend und der Gedanke an ein Aufkünden abwegig ist, weil kein Dienstverhältnis bestanden hat. Ich fühle mich auch berechtigt, das Ausspähen des Helfers durch die Hausleute als Erfindung oder als Missverständnis der späteren Erzähler zu verwerfen, denn die mannigfaltigen Hilfeleistungen setzen den häufigen Umgang wie auch ein vertrauliches Verhältnis voraus; es war nicht nötig, dass jemand heimlich den Helfer beobachtet, um festzustellen, in welch prekärem Zustand sich dessen Kleidung befindet. Die Heimlichkeit hängt mit dem Gebot der Meidung zusammen, siehe weiter unten.

Im Übrigen veranschaulicht Peuckerts Dokumentation die Mannigfaltigkeit des Praktikums: im Bauernhof, als Hirte, in der Sennhütte, in der Mühle, in der Schmiede und im Hüttenwerk. Sie belegt die Verbreitung des Motivs in zahlreichen Ländern: Deutschland, Österreich, Schweiz, Luxemburg, Niederlande, Belgien, Dänemark, Schweden, Norwegen, Frankreich, England, Schottland, Irland.[401]

In dieser Bestandsaufnahme sind die Belege für weibliche Helfer nicht nur viel spärlicher als die für männliche Helfer (im Verhältnis 1:10), sondern auch geografisch beschränkt, und zwar auf Mitteleuropa, mit einem Schwerpunkt im Alpengebiet. Der Befund ist rätselhaft. Die einfachste Erklärung wäre, dass ein soziales Praktikum für Mädchen in der Alpenregion viel länger bestanden hat als anderswo. Wie das Motiv nach Skandinavien, England, Schottland und Irland gelangte, wird von Peuckert nicht untersucht.

Die konventionelle Unsichtbarkeit

Angeblich konnten sich sowohl die Zwerge als auch die Saligen Fräulein unsichtbar machen. Die Kasertörggelen, glaubte man in Tirol, wohnen

---

[401] WILL-ERICH PEUCKERT: Ausgelohnt. In: Ders.: Sagen. S. 139-142.

den ganzen Sommer über unsichtbar auf den Stubaier Almen (Die Kasertörggelen[402]). – Die Seligen, hieß es in Osttirol, sind für gewöhnliche Leute unsichtbar (Geheimnisvolle Marten-Ehen[403]). – Die Holzweibel, erzählte man im Erzgebirge, können sich unsichtbar machen (Die Holzweibel ziehen fort[404]).

Es liegt auf der Hand, dass die Urbilder der Protagonisten sich geschwärzt haben. Vielleicht beziehen sich die Namen *Pechmandl* (Die Zwerge ziehen aus Paznaun fort[405], aus Tirol) und *Kohlfräulein* (Die Kohlfräulein[406], aus Tirol) auf den Ritus des Schwärzens.

Die Gewährsleute von Johann Adolf Heyl hielten die Kasertörggelen für die Seelen von Kindern. Dasselbe – die Seelen ungetauft verstorbener Kinder – glaubte man im Erzgebirge von den Heugüteln (Das Jüdel im Erzgebirge[407]; Breitenbrunn: Das Heugütel[408];

---

[402] Die Kasertörggelen. In: JOHANN ADOLF HEYL: Volkssagen, Bräuche und Meinungen aus Tirol. S. 73. Kaser – der Senne oder seine Almhütte.

[403] Geheimnisvolle Marten-Ehen. In: HANS FINK: Salige und Unholde. S. 77-78, hier S. 78.

[404] Die Holzweibel ziehen fort. In: WERNER LAUTERBACH (Hg.): Sagenbuch des Erzgebirges. S. 147-148.

[405] Die Zwerge ziehen aus Paznaun fort. In: JOHANN NEPOMUK RITTER VON ALPENBURG: Deutsche Alpensagen. S. 198.

[406] Die Kohlfräulein. In: IGNAZ VINZENZ ZINGERLE: Sagen aus Tirol. S. 101-102.

[407] Das Jüdel im Erzgebirge. In: WERNER LAUTERBACH (Hg.): Sagenbuch des Erzgebirges. S. 18-20. – Siehe auch: DIETRICH KÜHN: Anhang. In: Ders. (Hg.): Sagen und Legenden aus Thüringen. S. 261-359, hier S. 308.

[408] Breitenbrunn: Das Heugütel. In: HERMANN HALLBAUER und HORST HENSCHEL (Hg.): Der Sagenschatz des Erzgebirges. 1. Teil, S. 56.

Globenstein: Das Heugütel[409]). Das glaubte man ferner in Thüringen von den Heimchen (Frau Holle in Greuda[410]) und in Pommern vom Klabautermann (Pucks Mariechen und der Klabautermann[411]).

In manchen Fällen hängt die Unsichtbarkeit ausdrücklich mit der Kopfbedeckung zusammen, die als *Hut, Zipfelmütze* oder *Verheltniskappe* bezeichnet wird. In anderen Fällen sieht man nur die Hände bzw. die Arme des Protagonisten, und das ist ein Zustand, der sich durch die besondere Kopfbedeckung nicht erklären lässt.

Das Motiv der völligen oder teilweisen Unsichtbarkeit findet sich auch in den Märchen von der Buschschule. Es hängt mit der Vorstellung vom zeitweiligen Tod des Initianden zusammen, der seinen Zustand durch die Schwärzung des Körpers veranschaulichte. Weil die Toten als unsichtbar galten, war der konventionell tote Initiand gleichzeitig konventionell unsichtbar.

Nach einiger Zeit kehrte der Initiand ins Leben zurück, und zwar schrittweise, was er durch allmählichen Verzicht auf die Schwärzung verdeutlichte. Dadurch wurden sein Kopf, die Hände, die Arme, die Beine wieder „sichtbar". Wir können uns dessen sicher sein, weil Günter Tessmann den rituellen Vorgang in Kamerun beobachtet hat. Allerdings beschmierte sich der [dunkelhäutige] Initiand in Kamerun nicht mit Ruß, sondern mit Lehm.

Die Zöglinge des Sso-Kultes der Yaunde galten während ihres Aufenthalts in der Seklusion als tot. Dort gingen sie völlig nackt, und ihr ganzer Leib wurde mit weißer Tonerde bestrichen. Nach drei Monaten Aufenthalt in der Buschhütte zählten die Neulinge nur noch halb zu den Toten, was dadurch zum Ausdruck gebracht wurde, dass man nur Hände und Füße weiß tünchte und ein Stück Rindenzeug um die Hüften legte.

---

[409] Globenstein: Das Heugütel. In: HERMANN HALLBAUER und HORST HENSCHEL (Hg.): Der Sagenschatz des Erzgebirges. 1. Teil, S. 67.

[410] Frau Holle in Greuda. In: LUDWIG EHRHARDT und GERTRUD FISCHER: Das Ledermännchen. S. 90-93, hier S. 92.

[411] Pucks Mariechen und der Klabautermann. In: SIEGFRIED HARMEL (Hg.): Sagen vom Klabautermann. S. 35-44, hier S. 41.

In diesem Aufzug begaben sich die Neulinge schließlich aus dem Busch ins Dorf.[412]

Nun galten die Initianden in Schwarzafrika nicht bloß als tot, sondern auch als unsichtbar. Leo Maria Giani gibt diesen (meines Wissens einzigartigen) Hinweis: dass die Initianden, nachdem man sie von der Gemeinschaft des Dorfes getrennt und in die Wildnis geführt hatte, für ihre ganze bisherige Umgebung unsichtbar wurden („ja mehr noch, sie gelten für diese sogar als gestorben").[413]

Auf die Parallele zwischen dem Märchenmotiv und dem Verfahren der Pangwe hat Josef Hanika schon vor mehr als fünfzig Jahren aufmerksam gemacht.[414]

Den progressiven Verzicht auf die Schwärzung belegt das Motiv der Entzauberung beim Märchentypus AT 400 „Der Mann auf der Suche nach seiner verschwundenen Gattin". Hier wird die Standhaftigkeit der Knaben bei diversen Proben als Bedingung für die Erlösung der verzauberten Mädchen präsentiert: Nach der ersten Qualnacht ist die Jungfrau zu einem kleinen Teil weiß, nach der zweiten zur Hälfte, nach der dritten ganz. Den Beweis für den Zusammenhang von Schwärzung und Unsichtbarkeit liefert eine slowakische Variante von AT 400. Während die verwunschene Jungfrau sonst schrittweise ihre weiße Farbe zurückgewinnt, erlöst der Held hier drei zunächst unsichtbare Prinzessinnen. Er kann sie erst sehen, nachdem das Erlösungswerk begonnen hat: Nach der ersten Qualnacht sieht er die älteste bis zu den Knien, nach der zweiten die mittlere bis zum Gürtel, nach der dritten alle drei ganz (Vom tapferen Husaren[415], AT 400).

---

[412] GÜNTER TESSMANN: Die Pangwe. Bd. 2, S. 49-51.

[413] LEO MARIA GIANI: In heiliger Leidenschaft. S. 133-134.

[414] JOSEF HANIKA: Die schwarzen Prinzessinnen. S. 45. Die Yaunde (eigentlich *Ewondo*) bilden einen Stamm der Pangwe (die korrekt *Fang* heißen).

[415] Vom tapferen Husaren (AT 400 + 590 A). In: SAMO CZAMBEL: Die goldene Frau. S. 23-34, hier S. 25-28.

Mit der konventionellen Unsichtbarkeit der Zöglinge, die beim Sitz der Buschschule erwachsene Gäste bedienten, hängt das verbreitete Motiv des Tischleins zusammen, das sich von selbst deckt.

AT 301 A „Die Suche nach den verschwundenen Prinzessinnen": Im menschenleeren Schloss stehen Speisen auf dem Tisch, die bleiben immer warm (Dat Erdmänneken[416], deutsch aus Westfalen). Im Palast des Wirbelsturms deckt sich der Tisch von allein, und während des Mahls lassen unsichtbare Musikanten Weisen erklingen (Die drei Reiche – das Kupferne, das Silberne und das Goldene[417], russisch).

AT 325 „Der Zauberer und sein Schüler": Im Schloss des Zauberers deckt jemand viermal täglich den Tisch, obwohl kein Mensch zu sehen ist (Ewenn Congar[418], französisch).

AT 400 „Der Mann auf der Suche nach seiner verschwundenen Gattin": Im Waldschloss tragen unsichtbare Hände den Kaffee, das Mittagessen und das Abendessen auf (Die Ziege[419], deutsch aus Niedersachsen). So ist es auch in dem verwunschenen Schloss, in dem der tapfere Husar die drei Prinzessinnen erlöst: Am Abend entzündet sich die Kerze wie von selbst, und auch ein Nachtmahl wird ihm vorgesetzt.

AT 425 A „Amor und Psyche": In Amors Schloss wird Psyche von unsichtbaren Dienerinnen umsorgt, man sieht nicht, wer den Tisch deckt, ein unsichtbarer Sänger und ein unsichtbarer Zitherspieler geben ein Konzert (Amor und Psyche[420], römisch).

---

[416] Dat Erdmänneken (AT 301 A). In: GRIMM, BRÜDER GRIMM: Kinder- und Hausmärchen. KHM 91. Bd. 2, S. 39-44, hier S. 40.

[417] Die drei Reiche – das Kupferne, das Silberne und das Goldene (AT 301 A). In: ALEXANDER N. AFANASJEW: Märchen aus dem alten Russland. S. 106-118, hier S. 112-113.

[418] Ewenn Congar (AT 325). In: KARL RAUCH (Hg.): Märchen aus Frankreich, den Niederlanden und der Schweiz. S. 48-56, hier S. 49.

[419] Die Ziege (AT 400). In: GEORG SCHAMBACH und WILHELM MÜLLER: Niedersächsische Sagen und Märchen. S. 271-272.

[420] Amor und Psyche (AT 425 A). In: ERICH ACKERMANN (Hg.): Märchen der Antike. S. 115-136, hier S. 122, 124.

AT 425 C „Die Schöne und das Tier": Der Kaufmann wird von einem Unsichtbaren bedient; dieser hat ihm das Frühstück gerichtet, frische Kleider bereitgelegt und Wasser in einem Waschzuber hingestellt (Von einem Fräulein, das sich in ein Ungeheuer verliebte[421], polnisch).

AT 516 „Der getreue Johannes": Im Geisterhaus werden der Prinz und sein Begleiter von Händen ohne Körper bedient (in einer türkischen Variante).[422]

AT 710 „Marienkind": Im Schloss der alten Frau tragen unsichtbare Hände Speisen auf und helfen beim Ankleiden (Marischka[423], tschechisch).

AT 894 „Der Kummerstein": Im Schloss, in dem die Heldin jahrelang am Lager des scheintoten Prinzen wacht, deckt sich der Tisch von selbst (Der böse Schulmeister und die wandernde Königstochter[424], sizilianisch; Das Mönchlein[425], rumänisch).

Der progressive Verzicht auf die Schwärzung hat sich u.a. im Motiv der dienenden Hände niedergeschlagen.

AT 301 A „Die Suche nach den verschwundenen Prinzessinnen": Zwerg Ellenbart führt den Helden zu einem Schloss, in dem vom

---

[421] Von einem Fräulein, das sich in ein Ungeheuer verliebte (AT 425 C). In: HELENA KAPEŁUŚ und JULIAN KRZYŻANOWSKI (Hg.): Die Kuhhaut. S. 127-138, hier S. 129.

[422] WOLFRAM EBERHARD und PERTEV NAILI BORATAV: Typen türkischer Volksmärchen. S. 254-258.

[423] Marischka (AT 710). In: BOŽENA NĚMCOVÁ: Das goldene Spinnrad. S. 187-217, hier S. 198-199.

[424] Der böse Schulmeister und die wandernde Königstochter (AT 894). In: LAURA GONZENBACH: Sicilianische Märchen. Erster Teil, S. 59-64, hier S. 61.

[425] Călugăraş (AT 894). In: D. STĂNCESCU: Sur-Vultur. S. 67-73, hier S. 69.

Speicher bis zum Keller Hände tätig sind (Der Mann in allen Farben[426], französisch). Man vergleiche mit dem Haushalt der Baba Jaga im russischen Märchen „Die wunderschöne Wassilissa"[427] (AT ---).

AT 400 „Der Mann auf der Suche nach seiner verschwundenen Gattin": Zwei Hände stellen für Fanchik Schüsseln auf den Tisch und tragen den Leuchter vor ihm her (Prinzessin Tro-Heol[428], bretonisch).

AT 402 „Die Katze als Braut": Die Fackeln vor dem Schloss werden von Händen gehalten, welche in der Luft schweben (Das weiße Kätzchen[429], ungarisch). – Der Königssohn wird von vier Händen durchs Katzenschloss geführt und umgekleidet. „Nur diese Hände waren zu sehen, nichts sonst, nur diese vier Hände." Am nächsten Tag folgt ihm bei der Jagd eine ganze Schar von Händen nach; eine trägt seine Flinte, die andere seinen Rucksack und wieder eine andere seine Verpflegung (Die weiße Katze[430], rätoromanisch).

AT 425 G „Am Lager des schlafenden Prinzen": Im Schloss des „schlafenden Prinzen" erledigen die geheimnisvollen Hände sämtliche Arbeit, deshalb weiß die Königstochter nicht, was sie mit der gekauften Sklavin anfangen soll (Der schlafende König"[431], spanisch).

---

[426]   Der Mann in allen Farben (AT 301 A). In: KARL RAUCH (Hg.): Märchen aus Frankreich, den Niederlanden und der Schweiz. S. 201-209, hier S. 205.

[427]   Die wunderschöne Wassilissa (AT ---). In: ALEXANDER N. AFANASJEW (Hg.): Russische Volksmärchen. Bd. 1, S. 118-127, hier S. 123, 124. – Unter dem Titel „Die schöne Wassilissa" in: ERNA POMERANZEWA (Hg.): Russische Volksmärchen. S. 126-134, hier S. 131.

[428]   Prinzessin Tro-Heol (AT 400). In: DAGMAR FINK (Hg.): Mabik und der Wolkenriese. S. 26-39, hier S. 27, 28.

[429]   Das weiße Kätzchen (AT 402). In: URSULA ENDERLE (Hg.): Märchen der Völker Jugoslawiens. S. 65-70, hier S. 66.

[430]   Die weiße Katze (AT 402). In: LEZA UFFER (Hg.): Rätoromanische Märchen. S. 63-69, hier S. 64-65.

[431]   Az alvó király (AT 425 G). In: LAJOS BOGLÁR (Hg.): A három narancs palotája. S. 23-32, hier S. 28.

Zu eben diesem rituellen Vorgang des schrittweisen Verzichts auf die Schwärzung finden sich Parallelen in den Sagen.

In zwei Tiroler Überlieferungen sind nur die Hände der Saligen zu sehen. Die eine berichtet, dass den Leuten vom Schrott-Hof in Schrambach unaufgefordert Salige zu Hilfe kamen, wenn es recht eilig war, doch waren von ihnen nur die Hände sichtbar. Überall, wo Not am Mann war, ob im Haus oder auf dem Feld, griffen sie zu (Die Seligen in Schrambach[432]). Die andere berichtet, dass beim Schrott jeden Samstag beim Krapfenbacken zwei schwebende Hände am Herd erschienen und eine hohle Stimme um die übliche Krapfenspende bat (Die schwebenden Hände[433]).

In einer dritten Überlieferung wurde die Helferin von den späteren Erzählern dämonisiert und zu den Winterbrentlern gestellt: Wer nach dem Abtreiben der Kühe auf die Matscher-Alm kommt und die verlassene Hütte betritt, kann dort Seltsames erleben: Wenn er ruft: „Sudl, bring mir Nudl!", so erscheint alsbald eine Hand und stellt eine Pfanne voll bester Nudeln auf den Tisch. Dem, der alles aufzuessen vermag, geschieht nichts, dagegen wird einer, der etwas übriglässt, grausam bestraft (Sudl, bring mir Nudl![434], aus Tirol).

Doch in Tirol war die Sitte der Schwärzung, wie schon die Sage mit den Kasertörggelen zeigt, nicht auf weibliche Initianden beschränkt. Das geht auch aus einem Zusatz in der Überlieferung von den Seligen in Schrambach hervor: „Gab es einmal besonders schwere Arbeit zu verrichten, tauchten zusätzlich zwei kräftige, muskulöse Arme auf, die den zarten Fingern hilfreich zur Seite standen." Nebenbei belegt dieser Zusatz auf sensationelle Weise wenn nicht die gemeinsame, so doch die gleichzeitige Initiation der Knaben und der Mädchen.

---

[432]   Die Seligen in Schrambach. In: HANS FINK: Eisacktaler Sagen, Bräuche und Ausdrücke. S. 212-213.

[433]   Die schwebenden Hände. In: HANS FINK: Eisacktaler Sagen, Bräuche und Ausdrücke. S. 213.

[434]   Sudl, bring mir Nudl! In: JOHANN NEPOMUK RITTER VON ALPENBURG: Deusche Alpensagen. S. 235-236. – Auch enthalten in: KARL HAIDING (Hg.): Alpenländischer Sagenschatz. S. 217.

Merkwürdig ist eine Mitteilung über die Zwerge der Stublacher Höhle, die in Gera Brot, Semmeln und Fleisch stahlen. Einmal bemerkte ein Fleischer, wie eine Hand ein Stück Fleisch wegzerren wollte, da hackte er hin, und die Hand des unsichtbaren Zwergleins blieb liegen (Zwerge[435]).

Womit sich die angeblich unsichtbaren Kasertörggelen beschäftigten, wird an anderer Stelle mitgeteilt: Tagsüber versorgten sie das Vieh, nachts putzten sie, scheuerten, butterten und kästen (Die Kasermännlein in der Mastaunalm[436], aus Tirol). Analog zu den Kasertörggelen gingen die Bergmännchen vom steirischen Pleschberg den Schwaigerinnen zur Hand, wenn diese Butter, Käse und Schmalz bereiteten, außerdem halfen sie den Haltern, das Vieh zusammenzutreiben, und suchten nach den verlorenen Stücken. Für diese Dienste erhielten sie etwas Milch, Butter und Käse (Die verwunschene Alm[437]). Zur Unsichtbarkeit fällt in diesen zwei Texten kein Wort – also war sie konventionell.

Genauso dürfte es gewesen sein, wenn die Unsichtbarkeit an eine Kopfbedeckung geknüpft war. In der Folklore ist die Kopfbedeckung der Zwerge ein häufiges Motiv. Eine Erzählung mit Bezug auf das Dorf Weißig bei Eschdorf hebt als auffälliges Merkmal der Zwergentracht den runden Spitzhut hervor (Die Zwerge im Hutberge bei Weißig[438], aus

---

435   Zwerge. In: ROBERT EISEL: Sagenbuch des Voigtlandes. S. 17-23, hier S. 21.

In einer verwandten Sage aus dem Böhmerwald tritt ein Wassermännlein auf, das man sehen kann. Der übermütige Fleischhauer hackt ihm den Finger ab, mit dem es auf das gewünschte Stück Fleisch gezeigt hatte (Der beleidigte Wassermann). In: HANS KOLLIBABE: Sagen aus dem Böhmerwald. S. 114.

436   Die Kasermännlein in der Mastaunalm. In: ROBERT WINKLER (Hg.): Sagen aus dem Vinschgau. S. 316-317.

437   Die verwunschene Alm. In: JOHANN KRAINZ (Hg.): Mythen und Sagen aus dem steirischen Hochlande. S. 237.

438   Die Zwerge im Hutberge bei Weißig. In: JOHANN GEORG THEODOR GRÄSSE (Hg.): Der Sagenschatz des Königreichs Sachsen.

Sachsen). – Als Kopfbedeckung, heißt es in einer Sage aus Luxemburg, trugen die Wichtelchen jahraus jahrein einen großen Strohhut, sonst waren sie wie die Menschen gekleidet (Die Wichtelcher in der Gegend von Mersch[439]). – Laut einer Überlieferung mit Bezug auf Ricklingen in Niedersachsen nannte man die hilfreichen Zwerge nach ihrer Kopfbedeckung sogar *Hütchen* (Die Zwerge am Nackenberge[440]). – Ein Zwerg verhilft einem Hammerschmied aus Müngsten zu Wohlstand, nachdem dieser seine Mütze aus der Wupper gefischt hat (Die Zwerge zu Müngsten[441], aus dem Bergischen Land).

Die besondere Eigenschaft ihrer Kopfbedeckung wird wiederholt ausdrücklich vermerkt. Wenn ein Heinzelmännchen sein Hütlein aufgesetzt hatte, vermeldet die Kölner Sage, war es unsichtbar (Die Heinzelmännchen[442]). – Je nachdem sie ihre Hütlein drehten, womit sie immer bedeckt waren, konnten sie sich den Menschen unsichtbar machen, heißt es in einer Sage aus dem Bergischen Land (Die Zwerge im Bielstein[443]). – Auch in den Geschichten mit dem Bauern, der die Erbsendiebe fangen will, spielt die Kopfbedeckung eine Rolle: Er kann die diebischen Zwerge erst sehen, nachdem er ihnen mit einem Seil die Mützen von den Köpfen gerissen hat. – Ähnlich in den Überlieferungen, die vom Auszug der Zwerge handeln: Der Fährmann kann die Zwerge, die er übersetzt, erst sehen, nachdem sie ihre Hüte abgenommen haben. So war es in

---

Bd. 1, S. 148-149. – Auch enthalten in: EDMUND MUDRAK (Hg.): Das große Buch der Volkssagen. S. 152-153.

[439] Die Wichtelcher in der Gegend von Mersch. In: N. GREDT (Hg.): Sagenschatz des Luxemburger Landes. Bd. 1, S. 16-17.

[440] Die Zwerge am Nackenberge. In: WILL-ERICH PEUCKERT (Hg.): Niedersächsische Sagen. Bd. 4, S. 441.

[441] Die Zwerge zu Müngsten. In: OTTO SCHELL (Hg.): Bergische Sagen. S. 178-179.

[442] Die Heinzelmännchen. In: GOSWIN PETER GATH: Kölner Sagen, Legenden und Geschichten. S. 194-196.

[443] Die Zwerge im Bielstein. In: OTTO SCHELL: Bergische Sagen. S. 294-295.

Beulshausen bei Greene, wo die Leine fließt (Die Zwerge ziehen aus[444], Niedersachsen), und so war es beim Kaadner Burgberg an der Eger (Die Holzweibel ziehen fort[445], aus dem Erzgebirge).

Dass die Unsichtbarkeit konventionell war, ergibt sich aus der Gegenüberstellung von einander widersprechenden Mitteilungen.

Im Bergischen Land dienten die Zwerge wie auch anderswo als Hirten. Wenn die Schanhollen den Bauern von Börlingshausen das Vieh hüteten, heißt es in einer Sage, sah man nur, wie ein weißes Stöckchen rings um die Kühe ging und sie forttrieb (Die Schanhollen[446]). – Am Abend, erzählte man in Burscheid, wurde das Vieh von unsichtbarer Hand bis ans Hoftor getrieben, wo die Mägde es in Empfang nahmen (Der Zwerg von Dierrath[447]). – Die Bauern von Hardt bei Wildberg sahen die kleinen Wesen nicht, sondern nur einen weißen Stab zwischen dem Vieh hin- und herschweben (Hütende Zwerge[448]).

In anderen Sagen fehlt dieses Motiv, sei es, dass die Erzähler es ausgelassen haben, sei es, dass die Zwerge, die den Bauern als Hirten dienten, sichtbar gewesen sind. Wir haben solche Texte u.a. mit Bezug auf Conters in Graubünden (Der wilde Küher[449]) – Klosters in

---

[444] Die Zwerge ziehen aus. In: GEORG SCHAMBACH und WILHELM MÜLLER: Niedersächsische Sagen und Märchen. S. 117-118.

[445] Die Holzweibel ziehen fort. In: WERNER LAUTERBACH (Hg.): Sagenbuch des Erzgebirges. S. 147-148.

[446] Die Schanhollen. In: ADALBERT KUHN: Sagen, Gebräuche und Märchen aus Westfalen […]. Bd. 1, S. 156-161, hier S. 159 (Nr. 164). – Auch enthalten in: OTTO SCHELL: Bergische Sagen. S. 106-107. – Desgleichen in: EDMUND MUDRAK (Hg.): Das große Buch der Volkssagen. S. 39. – Enthalten ferner in: HEINZ RÖLLEKE (Hg.): Sagen aus Westfalen. S. 332-333.

[447] Der Zwerg von Dierrath. In: OTTO SCHELL: Bergische Sagen. S. 200-201.

[448] Hütende Zwerge. In: OTTO SCHELL: Bergische Sagen. S. 298.

[449] Der wilde Küher. In: DIETRICH JECKLIN und C. DECURTINS: Volksthümliches aus Graubünden. Erster Teil, S. 24.

Graubünden (Der Geißler von Klosters[450]) – Oberau in Tirol (Zwerge und Norggen in der Wildschönau[451]) – Trafoi in Tirol (Der Ziegenhirt[452]) – Laas in Tirol (Das Nörggele am Platzhof[453]) – Schnals in Tirol (Die Kasermännlein in der Mastaunalm[454]) – See im Paznauntal in Tirol (Die Zwerge ziehen aus Paznaun fort[455]) – das Kleine Walsertal in Vorarlberg (Das Knechtlein auf der Bärenweid[456]) – Heiligenblut in Kärnten (Die Zwerglein in Heiligenblut[457]) – Oberstdorf, Jungholz, Riezlern und Unterjoch im Allgäu (Wilde Männle verrichten Hirtendienste[458]; Hilfreiche Männle werden verscheucht[459]). Dazu sogar zwei Texte aus dem

---

[450] Der Geißler von Klosters. In: C. ENGLERT-FAYE (Hg.): Vo chlyne Lüte. S. 26-28.

[451] Zwerge und Norggen in der Wildschönau. In: JOHANN ADOLF HEYL: Volkssagen, Bräuche und Meinungen aus Tirol S. 81-83, hier S. 82. Unter dem Titel „Das Nörggelein als Ziegenhirt" in: KARL HAIDING (Hg.): Alpenländischer Sagenschatz. S. 282.

[452] Der Ziegenhirt. In: ROBERT WINKLER (Hg.): Sagen aus dem Vinschgau. S. 207.

[453] Das Nörggele am Platzhof. In: ROBERT WINKLER (Hg.): Sagen aus dem Vinschgau. S. 223.

[454] Die Kasermännlein in der Mastaunalm. In: ROBERT WINKLER (Hg.): Sagen aus dem Vinschgau. S. 316-317.

[455] Die Zwerge ziehen aus Paznaun fort. In: JOHANN NEPOMUK RITTER VON ALPENBURG: Deutsche Alpensagen. S. 198.

[456] Das Knechtlein auf der Bärenweid. In: FRANZ JOSEF VONBUN und RICHARD BEITL (Hg.): Die Sagen Vorarlbergs mit Beiträgen aus Liechtenstein. S. 124.

[457] Die Zwerglein in Heiligenblut. In: GEORG GRABER (Hg.): Sagen und Märchen aus Kärnten. S. 217.

[458] Wilde Männle verrichten Hirtendienste. In: HERMANN ENDRÖS und ALFRED WEITNAUER (Hg.): Allgäuer Sagen. S. 162.

[459] Hilfreiche Männle werden verscheucht. In: HERMANN ENDRÖS und ALFRED WEITNAUER (Hg.): Allgäuer Sagen. S. 169-170.

Bergischen Land (Die Heinzelmännchen von Meisenbach[460]; Die Zwerge von Kollenberg[461]).

Nun weisen Sagen aus der einen und Sagen aus der anderen Gruppe ein gemeinsames Motiv auf, wie immer die hilfreichen Zwerge in der lokalen Tradition heißen mögen *(Heinzelmännchen, Wildes Männlein, Nörgglein* oder *Fenggenmäntschi)*: Der Hirte geht nicht ins Dorf hinein, sondern übernimmt die Herde an einer bestimmten Stelle außerhalb des Dorfes, und dorthin bringt man ihm auch den Imbiss (falls dieser nicht, wie in Tirol, an die Hörner des Ziegenbocks gebunden wird). Offenbar war es im Bergischen Land genauso: Die Kühe von Börlingshausen wurden [morgens von den Bauern] „auf einem Feldstück zusammengetrieben"; in Meisenbach holten die Heinzelmännchen das Vieh am Morgen ab und brachten es am Abend zurück. In Börlingshausen legte man ein Butterbrot auf den Heckenpfosten; in Meisenbach legte man das Essen regelmäßig auf einen Pfosten des Tores, „welches zu dem Gehöft führte". – Der Bauer von Dierrath ließ für den kleinen Hüter allemal ein Töpfchen Milch auf den Torpfosten stellen, zu welchem man ein Butterbrot legte (Der Zwerg von Dierrath[462]). – Auf dem Kirchgut Kollenberg bei Radevormwald setzte man das Essen für die kleinen Leute in Näpfen auf einen bestimmten Zaunpfahl (Die Zwerge von Kollenberg[463]).

Aufgrund dieser Übereinstimmungen ist das Mirakel der wandernden Hirtenstöckchen von Börlingshausen und von Hardt nur mit der konventionellen Unsichtbarkeit zu erklären. Und tatsächlich wird in einer weiteren Sage mitgeteilt, dass ein Dorfjunge beim Steinewerfen den Hirtenzwerg am Kopf getroffen hat, sodass jenem sein Hütchen vom Kopf

---

[460] Die Heinzelmännchen von Meisenbach. In: OTTO SCHELL (Hg.): Bergische Sagen. S. 367.

[461] Die Zwerge von Kollenberg. In: OTTO SCHELL: Bergische Sagen. S. 124-125.

[462] Der Zwerg von Dierrath. In: OTTO SCHELL: Bergische Sagen. S. 200-201.

[463] Die Zwerge von Kollenberg. In: OTTO SCHELL: Bergische Sagen. S. 124-125.

fiel *und er sichtbar wurde* (Die Zwergenhöhle zu Gummersbach[464], aus dem Bergischen Land).

Noch mehr: Die Bauern von Börlingshausen schenkten dem Schanhölleken aus Dankbarkeit ein Kleid. In den Überlieferungen mit dem Motiv „Ausgelohnt" entschließt sich der Dienstherr zum Geschenk, nachdem er festgestellt hat, und das heißt: *gesehen hat,* in welch kläglichem Zustand sich die Bekleidung des Helfers befindet.[465] So wäre es auch in unserem Text logisch.

Schwer zu glauben, dass ein Heinzelmännchen in der Hütte einer alten Frau lebt, ihr zur Hand geht, z.B. beim Reisigsammeln hilft, aber für sie unsichtbar bleibt (Die Heinzelmännchen im Asbacher Land[466]). Zuletzt legt die alte Frau dem Zwerglein einen Knüppel in den Weg, weil sie es unbedingt sehen will, aber das ist ein Schluss, den die späteren Erzähler erfunden haben, um das Ende des Praktikums zu erklären.

Nun stellt sich die Frage, warum die konventionelle Unsichtbarkeit an die Kopfbedeckung gebunden war. Ich kann sie nicht beantworten. Vielleicht trugen die Knaben ursprünglich in der Zeit, als sie sich schwärzten, verpflichtend eine Art Hut oder Zipfelmütze, und im Laufe der Zeit ist das Merkmal der Unsichtbarkeit von der schwarzen Farbe auf den spezifischen Hut übergegangen. Eben diesen Hut hat der Dorfjunge beim Steinewerfen dem Hütezwerg vom Kopf gerissen.

Das Gebot der Meidung

Im Umgang der hilfreichen Zwerge und der Saligen Fräulein mit den Menschen, d.h. der Zöglinge mit den Erwachsenen, äußert sich ein

---

[464] Die Zwergenhöhle zu Gummersbach. In: OTTO SCHELL: Bergische Sagen. S. 309-310. – Siehe auch „Zwerge, Bauern und Schmiede" in: PAUL ZAUNERT (Hg.): Rheinland-Sagen. Bd. 1, S. 193-206, hier S. 199.

[465] WILL-ERICH PEUCKERT: Ausgelohnt. In: Ders.: Sagen. S. 139-155.

[466] Die Heinzelmännchen im Asbacher Land. In: O. RUNKEL: Aus dem Sagenschatz der Heimat. Westerwaldsagen. I. Teil, S. 226-227.

rätselhafter Widerspruch. Einerseits meiden sie Begegnungen und benehmen sich, wenn solche unumgänglich sind, sehr zurückhaltend. Andererseits arbeiten sie Seite an Seite mit den Erwachsenen, besuchen die Spinnstube, besuchen Hochzeitsfeste und nehmen am Umzug zu Neujahr teil. Offenbar hat ein Gebot der Meidung bestanden, doch wurde es unter gewissen Umständen außer Kraft gesetzt.

Das Gebot wird durch eine Reihe von Überlieferungen belegt.

Im Sommer badeten die Erdmännlein in einem Bächlein wie Tauben. Eines von ihnen hielt immer Wache für den Fall, dass jemand sich näherte, dann pfiff es, und alle liefen weg. (Die Erdmännlein auf der Ramsfluh[467], aus dem Aargau). – Bei Gutach im Schwarzwald begaben sich die Futtermännlein während der Essenszeit in die Ställe der umliegenden Höfe, d.h. dann, wenn die Bauersleute anderweitig beschäftigt waren (Die Erdmännle vom Bühlerstein[468]). – Die Schnitterinnen sahen *von fern,* wie das Kistenmännlein mit seinen Gehilfen einen Acker schneidet (Das Kistenmännlein[469], aus Württemberg). – Die Wichtelmännchen vom Staffelberg stiegen oft zu den Siedlungen der Menschen hinab, dort schafften sie im Hof, im Garten und auf dem Felde, aber immer zur Nachtzeit (Die Zwerge im Staffelberg[470], aus der Fränkischen Schweiz). Zur Nachtzeit bedeutet wohl: am frühen Morgen, denn bei völliger Dunkelheit ist keine Verrichtung denkbar. – Die Strazeln der Oberpfalz sprangen zur Mittagszeit beim Heumachen ein, wenn die Menschen ruhten; gingen diese wieder an die Arbeit, verzehrten sie die Überreste

---

[467] Die Erdmännlein auf der Ramsfluh. In: EDMUND MUDRAK (Hg.): Das große Buch der Volkssagen. S. 245-247.

[468] Die Erdmännle vom Bühlerstein. In: WILHELM STRAUB (Hg.): Sagen des Schwarzwaldes. S. 114. Die Mitteilung endet mit dem Motiv „Ausgelohnt".

[469] Das Kistenmännlein. In: HANS BRÜSTLE (Hg.): Wiedergänger und Weiße Frauen. S. 108.

[470] Die Zwerge im Staffelberg. In: KARL BRÜCKNER (Hg.): Am Sagenborn der Fränkischen Schweiz. Bd. 2, S. 175-178, hier S. 175-176.

des Mittagmahls.[471] – In Rübeland arbeiteten die Hüttenkobolde in den Freistunden der Hüttenleute (Hüttenkobolde[472]).

Jene Zwerge, die als Hirten dienten, kamen nicht ins Dorf, sondern holten die Herde an einer bestimmten Stelle vor dem Dorf ab und brachten sie dahin zurück (Der wilde Küher[473], aus Graubünden; Das wild Männle[474], aus Vorarlberg; Das letzte Nörglein[475], aus dem Vintschgau). – Das für den Hirten bestimmte Gewand, heißt es in einer anderen Sage aus dem Vintschgau, wird „bei der Luck" aufgehängt, wo das Männlein immer auf das Vieh wartet (Der ausgelohnte Hirte[476]).

Die Kohlfräulein kamen hin und wieder aus dem Oberwald bis auf die nahe gelegene Weide, um mit den das Vieh hütenden Kindern zu spielen, doch wenn sich erwachsene Leute näherten, zogen sie sich fluchtartig zurück (Die Kohlfräulein[477], aus Tirol). – Wenn der Bauer mit dem Saumross sich der Weiherwiese näherte, erblickte er von Weitem Jungfrauen, die sangen und tanzten, doch sobald diese den Hufschlag hörten, sprangen sie in den Teich und verschwanden (Die

---

[471]   Razen. In: FRANZ XAVER VON SCHÖNWERTH: Aus der Oberpfalz. Zweiter Teil, S. 296.
[472]   Hüttenkobolde. In: HEINRICH PRÖHLE: Unterharzische Sagen. S. 14. – Unter dem Titel „Hüttenkobolde in Rübeland" in: DIETMAR WERNER (Hg.): Bergmannssagen aus dem Harz. S. 100.
[473]   Der wilde Küher. In: DIETRICH JECKLIN und C. DECURTINS: Volksthümliches aus Graubünden. Erster Teil, S. 24.
[474]   Das wild Männle. In: FRANZ JOSEF VONBUN und RICHARD BEITL: Die Sagen Vorarlbergs mit Beiträgen aus Liechtenstein. S. 128-129.
[475]   Das letzte Nörggele. In: ROBERT WINKLER (Hg.): Sagen aus dem Vinschgau. S. 351-352.
[476]   Der ausgelohnte Hirte. In: LEANDER PETZOLDT (Hg.): Sagen, Märchen und Schwänke aus Südtirol. Bd. 2, S. 197.
[477]   Die Kohlfräulein. In: IGNAZ VINZENZ ZINGERLE: Sagen aus Tirol. S. 101-102.

Weiherjungfrau[478], aus Tirol). – Die langhaarigen Jungfrauen rechten nachts zusammen, was tagsüber auf dem Sojet unter den scharfen Sensen niederfiel (Die hollen Dirnen[479], aus Tirol). – Die Saligen halfen bei der Heuernte, sobald die Schnitter eine Pause machten oder abzogen (Von den Saligen[480], aus Tirol). Übereinstimmend damit glaubten die Slowenen, dass die Vilen mittags, wenn die Mäherinnen sich ausruhten, die Sensen ergreifen und die Arbeit fortsetzen.[481]

Diese Aussagen werden durch Mitteilungen aus anderen Regionen bestätigt: Die Feenfrauen bleichten Flachs und Hanf an einem Bach ungeachtet des Verkehrs auf der nahen Feldstraße, solange man sich nicht um sie kümmerte, doch sobald jemand sich ihnen näherte, zogen sie sich sofort zurück (Die Feenfrauen von Miris'cisfeld[482], italienisch aus Casarsa). – Die Saligen oder Wilden Frauen am Weißensee schnitten nachts, wenn sie von niemandem belauscht wurden, für ein Stötzl Milch das Weizenfeld (Salige Frauen in Neusach[483], aus Kärnten). – Die Seefräulein vom Wilden See, der etwa drei Stunden von Wildbad entfernt an der badischen Grenze liegt, waren sehr schüchtern; sobald sich jemand ihnen

---

[478]   Die Weiherjungfrau. In: IGNAZ VINZENZ ZINGERLE: Sagen aus Tirol. S. 113-116.

[479]   Die hollen Dirnen. In: JOHANN ADOLF HEYL: Volkssagen, Bräuche und Meinungen aus Tirol. S. 657-659. – Unter dem Titel „Die Hollendirnen" in: KARL HAIDING (Hg.): Alpenländischer Sagenschatz: S. 57-59. Sojet (Sojat, Sajat) – Alpe in der Rosengartengruppe in Südtirol.

[480]   Von den Saligen. In: LEANDER PETZOLDT (Hg.): Sagen, Märchen und Schwänke aus Südtirol. S. 218-219.

[481]   GH. F. CIAUȘANU: Superstițiile poporului român. S. 177. (Mit Berufung auf Friedrich S. Krauss.)

[482]   Die Feenfrauen von Miris'cisfeld. In: VON PRINZEN, TROLLEN UND HERRN FRO. Bd. 4 (1959), S. 199-203.

[483]   Salige Frauen in Neusach. In: GEORG GRABER (Hg.): Sagen und Märchen aus Kärnten. S. 237.

nahte, sprangen sie gleich ins Wasser (Sagen vom wilden See[484], aus Schwaben). – In der Fränkischen Schweiz halfen die Holzfräulein nachts dem schwer arbeitenden Landvolk, dann suchten sie Beschäftigung in diesem oder jenem Bauernhof, in der Mühle, im Garten, auf dem Felde, sogar an der Meilerstätte im Wald (Vom Holzfrala, He-Männle und Hankerle[485]). – Aus einiger Entfernung konnte man den Waschweibeln bzw. Wasserweibeln beim Baden zusehen, wollte aber jemand in die Nähe kommen, erhoben sie ein Geschrei und verschwanden im Wasser (Das Waschweibel[486], deutsch aus dem Böhmerwald; Das Wasserweibel[487], deutsch aus der ehemaligen Iglauer Sprachinsel in Südmähren).

Das Motiv der Jungfrauen, die in einem Born baden, sorglich darauf bedacht, dass kein Mensch sie erblicke, ist verbreitet. In Oberhessen wohnten solche Jungfrauen im Liebchesborn bei Kesselbach, im Hirtenhäuser Born bei Heimertshausen, im Hagsteich bei Meiches, im Teufelsgrund bei Leusel, im Klosterborn zu Wirberg, im Klingelborn bei Londorf, in der Frau Holle Loch bei Frischborn und im Wildfrauenborn bei Einartshausen, und zwar in jedem Born nur eine. Zu dreien versetzt sie die Volkssage in den Jungfernborn zu Hirzenhain, in den Scheidhagsborn

---

[484]   Sagen vom wilden See. In: ERNST MEIER: Deutsche Sagen, Sitten und Gebräuche aus Schwaben. S. 72-73.

[485]   Vom Holzfrala, He-Männle und Hankerle. In: KARL BRÜCKNER (Hg.): Am Sagenborn der Fränkischen Schweiz. Bd. 2, S. 83-85, hier S. 83.

[486]   Das Waschweibel. In: JOSEF BENDEL: Zur Volkskunde der Deutschen im Böhmerwald. S. 126-127. Die Sage war längs der bayerischen Grenze und im ganzen Angeltale bekannt. Siehe auch: Die Wasserfrauen im Kieslingbache. In: HANS KOLLIBABE: Sagen aus dem Böhmerwald. S. 115.

[487]   Das Wasserweibel. In: ANTON ALTRICHTER: Sagen aus der Iglauer Sprachinsel. S. 96-97.

bei Allmenrod, in das Malsbachsbörnchen bei Busenborn und in den Seileborn bei Maar.[488]

Auch das Verleihen von Geschirr anlässlich großer Feste geht so vor sich, dass Zwerge und Menschen einander nicht zu Gesicht bekommen.

Das Gebot der Meidung fand seine Ergänzung in der Schweigepflicht bei Begegnungen im Dorf.

Auf Tableten half ein Bergmännlein bei der Heuernte. Man lud es jedesmal zum Essen ein, und es hielt wacker mit, wollte aber nicht am Tisch sitzen, sondern saß für sich allein auf der Ofenbank (Der kleine Heuer[489], aus dem Kanton Nidwalden). – Das Fänggenmannli, das einer Gemeinde unweit Klosters die Geißen hütete, sprach niemals mit den Menschen (Der Geißler von Klosters[490], aus Graubünden). – Ähnlich in einer Sage aus dem Jülicher Land mit Bezug auf die Blenser Burg: Man durfte die drei Heinzelmännchen, die das Melken, Füttern, Erdäpfelschälen und Abwaschen besorgten, nicht ansprechen und nicht stören (Ausgelohnt[491]).

Die dienstbaren Geister ließen sich auch bei Tage sehen, nur wollten sie nicht, dass man sie anredet (Die seligen Weiber in Spiluck[492], aus Tirol). – Die Seligen mieden Geselligkeit oder Schabernack (Die seligen Frauen beim Rittner[493], aus Tirol). – Auf dem Bauernhof waren die

---

[488] H. WEBER: Brunnen und Wasserstellen in Oberhessen. In: HESSISCHE BLÄTTER FÜR VOLKSKUNDE. Bd. XVI (1917). S. 1-59, hier S. 11-12.

[489] Der kleine Heuer. In: C. ENGLERT-FAYE (Hg.): Vo chlyne Lüte. S. 32-33.

[490] Der Geißler von Klosters. In: C. ENGLERT-FAYE (Hg.): Vo chlyne Lüte. S. 26-28.

[491] Ausgelohnt. In: GOTTFRIED HENSSEN (Hg.): Sagen, Märchen und Schwänke des Jülicher Landes. S. 42.

[492] Die seligen Weiber in Spiluck. In: HANS FINK: Eisacktaler Sagen, Bräuche und Ausdrücke. S. 166.

[493] Die seligen Frauen beim Rittner. In: HANS FINK: Eisacktaler Sagen, Bräuche und Ausdrücke. S. 153.

Saligen fleißig, aber schweigsam (Die Selige auf Pfaffstall[494], aus Tirol; Die sealige Gitsch ban Oubarschlichtar[495], aus Tirol; Die Saligen und der wilde Mann[496], aus Tirol). – Oft halfen die Wilden Fräulein den Leuten vom Platzhof bei der Arbeit, nur durfte niemand mit ihnen reden (Die wilden Fräuelen in der Platzerwand[497], aus Tirol). – Die Selige beim Kafmann in Wälschnoven arbeitete fleißig, schaute sich nicht um und lachte niemals (Die Selige beim Kafmann[498], aus Tirol). – Die Salige beim Oberhamm in Ratschings blieb immer freundlich, jedoch sah man sie nie lachen (Die Todesbotschaft[499], aus Tirol). – Die Saligen Frauen, die den Menschen bei der Arbeit halfen, blieben im Umgang mit diesen ernst und schweigsam und redeten nur, wenn sie allein waren (Die saligen Frauen des Möll- und Drauthales[500], aus Kärnten).

Was könnte die Erklärung für die Zurückhaltung sein? Bei den Naturvölkern galten strenge Regeln: Das Areal rings um den Sitz der Buschschule war für Unbefugte tabu. Wenn die Initianden eine Wanderung unternahmen, mussten sie die Passanten warnen, was durch Schreie oder mit Hilfe eines Instruments (Rassel, Muschelhorn, Xylophon) geschah. Nach der Rückkehr ins Dorf musste der Absolvent, damit er kein Geheimnis ausplaudert, wochenlang schweigen oder auf alle Fragen

---

[494]   Die Selige auf Pfaffstall. In: JOHANN ADOLF HEYL: Volkssagen, Bräuche und Meinungen aus Tirol. S. 273-274.

[495]   Die sealige Gitsch ban Oubarschlichtar. In: JOHANN ADOLF HEYL: Volkssagen, Bräuche und Meinungen aus Tirol. S. 274-275. Gitsch – Mädchen. Oubarschlichtar – Oberrichter.

[496]   Die Saligen und der wilde Mann. In: ROBERT WINKLER: Sagen aus dem Vinschgau. S. 37-38.

[497]   Die wilden Fräuelen in der Platzerwand. In: ROBERT WINKLER: Sagen aus dem Vinschgau. S. 222-223.

[498]   Die Selige beim Kafmann. In: JOHANN ADOLF HEYL: Volkssagen, Bräuche und Meinungen aus Tirol. S. 406.

[499]   Die Todesbotschaft. In: LEANDER PETZOLDT (Hg.): Sagen, Märchen und Schwänke aus Südtirol. Bd. 1, S. 145-146.

[500]   Die saligen Frauen des Möll- und Drauthales. In: J. RAPPOLD (Hg.): Sagen aus Kärnten. S. 155-157.

abweisend antworten. Offenbar hat sich dasselbe Sprechverbot in einem Motiv unserer Märchen von der Buschschule niedergeschlagen: Der aus dem Wald zurückgekehrte Held antwortet auf die Fragen nach Namen, Herkunft und Verwandtschaft unbeirrt: „Ich weiß nicht." In einer Tiroler Variante des Märchens vom Bärenhäuter (AT 361) besteht eine Probe der Selbstbeherrschung darin, dass der Held „nix reden" soll, „nur zeigen" (Das Märchen vom Bärenhäuter[501]). Mit fast denselben Worten wird das Verhalten der Zwerge in einer Allgäuer Sage mit dem Motiv „Ausgelohnt" beschrieben, die vom sozialen Praktikum handelt: Erst beim Abschied (lies: am Ende des Praktikums) fingen die vorher stummen Männlein an zu reden, während sie bis dahin *immer nur gedeutet hatten,* wohin man ihnen das Essen legen soll – auf einen Steinblock oder auf einen Holzstock (Hilfreiche Männle werden verscheucht[502]). Allerdings kann ihr Schweigen auch mit der Verletzung der Zunge zusammenhängen.

Die Ausübung der Riten war durch Tabus geschützt, wer diese missachtete, riskierte vormals sein Leben. Die Hinweise darauf sind sehr deutlich. Ein gutes Beispiel sind die Varianten des Märchentypus AT 306 „Die zertanzten Schuhe". Sie berichten über eine Begegnung von Mädchen aus mehreren Ortschaften mit der Stammeshexe, von der sie Tänze mit magischer Kraft erlernen. Den Mädchen zu folgen war ein tollkühnes Wagnis. Im russischen Märchen „Jelena die Allweise"[503] begibt sich der Spion des Königs, der den Mädchen nachschleicht, um das Geheimnis der zertanzten Schuhe zu lüften, in die größte Gefahr – hätte Jelena den Soldaten entdeckt, wäre ihm ein arger Tod gewiss gewesen. Aber damit nicht genug, der Soldat verliebt sich in Jelena und folgt der Zauberin bis in ihr Schloss – als Jelena ihn ertappt, soll er geköpft werden. In einer rumänischen Variante aus Siebenbürgen bleiben nach und nach elf

---

[501]   Das Märchen vom Bärenhäuter (AT 361). In: LEANDER PETZOLDT (Hg.): Sagen, Märchen und Schwänke aus Südtirol. Bd. 2, S. 318-319.

[502]   Hilfreiche Männle werden verscheucht. In: HERMANN ENDRÖS und ALFRED WEITNAUER (Hg.): Allgäuer Sagen. S. 169-170.

[503]   Jelena die Allweise (AT 306 + 329). In: ALEXANDER N. AFANASJEW (Hg.): Russische Volksmärchen. Bd. 2, S. 555-561.

Burschen, die das Geheimnis zu lösen versuchten, für immer verschwunden, weil die Mädchen sie mit Gift umgebracht haben (Die zwölf Kaisertöchter und das verzauberte Schloss[504]).

Im gleichen Siebenbürgen wurde von einem Burschen erzählt, der sich verkleidet ins Feenland wagte, wobei er sein Leben aufs Spiel setzte (Die Feenkönigin[505], AT ---; Der Held des Wassers[506], AT ---). Unter dem Feenland oder Frauenland ist ein vom Frauenbund kontrolliertes Gebiet zu verstehen, auf dem u.a. Initiationsriten abgehalten wurden.

Auch in einer Sage aus der Massenei in Sachsen (die Gegend um Groß-Röhrsdorf zwischen Dresden und Bischofswerda) wird das Gebot der Meidung deutlich: Zwei Burschen wollen unbedingt die Nixen begleiten, die an der Tanzunterhaltung der Dorfjugend teilgenommen haben, obwohl diese sich sträuben. Jene Burschen kehren nicht mehr ins Dorf zurück – man findet ihre Leichen (Nixen beteiligen sich am Tanze im Arnsdorfer Erbgericht[507]).

Umgekehrt bleibt in einer Sage aus dem Sauerland ein Mädchen verschwunden, das sich zufällig dem Aufenthaltsort der Schanhollen genähert hatte (Die Schanhollen zu Albaum[508]).

Erst nachdem der Brauch, von dem der Märchentypus AT 306 „Die zertanzten Schuhe" handelt, aus der sozialen Wirklichkeit verschwunden war, erst nachdem die Umwertung des Ritus sich auf die

---

[504] Cele douăsprezece fete de împărat şi palatul cel fermecat (AT 306). In: PETRE ISPIRESCU: Legende sau basmele românilor. S. 214-226.

[505] Crăiasa zînelor (AT ---). In: ION POP RETEGANUL: Poveşti ardeleneşti. S. 50-60, hier S. 55. – Auch enthalten in: RUXANDRA NICULESCU (Hg.): Omul de piatră. S. 58-74.

[506] Der Held des Wassers (AT ---). In: FELIX KARLINGER und OVIDIU BÎRLEA (Hg.): Rumänische Volksmärchen. S. 147-167.

[507] Nixen beteiligen sich am Tanze im Arnsdorfer Erbgericht. In: GOTTFRIED NITZSCHE (Hg.): Sagen und Geschichten aus der Massenei. S. 51-52.

[508] Die Schanhollen zu Albaum. In: FRIEDRICH ALBERT GROETEKEN: Sagen des Sauerlandes. S. 68-69.

Überlieferungen auswirkte, konnte das Treffen der Mädchen als etwas Ausgefallenes, ja Verwerfliches dargestellt werden. Die späteren Erzähler haben die heimlichen Begegnungen der Mädchen in Tanzunterhaltungen mit verzauberten Jünglingen und unter dem Einfluss des Christentums in Tanzunterhaltungen mit Teufeln umgedeutet. Parallel dazu wurde die Zahl der Teilnehmerinnen verringert, bis an Stelle des kollektiven Helden – eine Schar von Mädchen – ein einzelnes Mädchen die Handlung trägt. Im Märchen wird das Tabu gebrochen, und der Held selbst ist derjenige, der es bricht.

Auch im Falle der Sagen über die tanzlustigen Nixen haben spätere Erzähler die Handlung ausgebaut, wobei das Tabu gebrochen wird: Die Burschen folgen ihren Tänzerinnen nicht bloß bis zum Nixensee, sondern bis in deren Behausung, wo sie eine Nacht zubringen; als der Nix heimkehrt, versteckt man sie, bis jener eingeschlafen (Der Nixenhügel bei Rossendorf[509], aus Sachsen; Süße Pfannkuchen[510], aus Sachsen).

Aus manchen Überlieferungen geht hervor, wie man die Erwachsenen strafte, die sich nicht ans Gebot der Meidung hielten, nämlich durch Blenden, aber hier haben sich die Umstände verwischt, die Mitteilungen sind entstellt. Betrachten wir eine Sage aus Niedersachsen und eine aus Tirol: Ein Zwerg stößt dem Schuster, der ihn heimlich beobachtet, zur Strafe mit dem Pfriem ein Auge aus und heilt den Mann am nächsten Tag (Zwerge dienen[511]). – Die Muttergottes lässt den Knecht blenden, der in der Dreikönigsnacht heimlich zuschaut, wie sie sich mit ihrem

---

[509] Der Nixenhügel bei Rossendorf. In: JOHANN GEORG THEODOR GRÄSSE (Hg.): Der Sagenschatz des Königreichs Sachsen. Bd. 1, S. 146-147. – Auch enthalten in: FRANK NÜRNBERGER (Hg.): Großes Oberlausitzer Sagenbuch. S. 240-241. – Enthalten ferner in: EDMUND MUDRAK (Hg.): Das große Buch der Volkssagen. S. 147-148.

[510] Süße Pfannkuchen. In: FR. SIEBER (Hg.): Sächsische Sagen von Wittenberg bis Leitmeritz. S. 181-182. – Auch enthalten in: HANNA MOOG (Hg.): Die Wasserfrau. S. 174-175.

[511] Zwerge dienen. In: GEORG SCHAMBACH und WILHELM MÜLLER: Niedersächsische Sagen und Märchen. S. 138-141, hier S. 139-141.

Kind am bereitgestellten Imbiss labt; ein Jahr später wird das Übel von ihm genommen (Die Gömmachtperchte[512]). Beide Mitteilungen sind widersinnig. Der Zwerg ist das Abbild eines Initianden, der angelernt wurde, also konnte von Heimlichkeit keine Rede sein. Die Muttergottes mit dem Kind vertritt Frau Bercht mit ihren Heimchen, denn im Zillertal wurde die alte Sage in verchristlichter Form erzählt. Die Sage bezieht sich auf den Brauch des Umzugs mit der Lebensrute, der in manchen Gegenden vor geraumer Zeit abgestorben ist, während er in anderen fortlebt bis auf den heutigen Tag. Aus den rezenten Formen des Brauchs können wir auf die abgestorbenen schließen. Die Teilnehmer, ursprünglich Initianden unter Anleitung der Oberin des Frauenbundes, zogen von Hof zu Hof. Sie berührten die Bewohner, die Nutztiere und die Obstbäume mit einer Lebensrute, sangen ein Lied mit Segenswünschen und führten einen Tanz auf. Dafür wurden sie bewirtet und mit Lebensmitteln beschenkt. Die Lebensrute war ein künstlich zum Knospen oder Blühen gebrachter Zweig. Die Bercht weist sich durch die Kontrolle der landwirtschaftlichen Tätigkeiten (angeblich auch während des Umzugs mit der Lebensrute) als Oberin des Frauenbundes aus. Der in manchen Sagen erwähnte Schlitten oder Wagen dürfte für den Transport der Spenden gedient haben. In der oben zitierten Tiroler Überlieferung wurde der Zweck des Umzugs – die Begegnung mit den Bewohnern der umliegenden Weiler – in sein Gegenteil verkehrt.

Nur an der folgenden Mitteilung ist etwas dran. Hier steigen die angeblich unsichtbaren Kasertörggelen im Herbst von den Stubaier Almen ins Tal ab. Wenn sie durch ein Dorf wandern, müssen die Bewohner die Fensterläden schließen. Ein neugieriger Knecht, der heimlich zusieht, erblindet für ein Jahr (Die Kasertörggelen[513], aus Tirol). Genauso ergeht es einer Magd, die auflacht, als sie Perchta und ihren Schützlingen

---

[512]   Die Gömmachtperchte. In: ERICH HUPFAUF: Sagen, Brauchtum und Mundart im Zillertal. S. 49-51. Gömmacht – Gebnacht.
[513]   Die Kasertörggelen. In: JOHANN ADOLF HEYL: Volkssagen, Bräuche und Meinungen aus Tirol. S. 73.

begegnet (Die geblendete Magd[514], aus Thüringen). Wahrscheinlich sind die Kasertörggelen und Perchtas Heimchen („alle Kinder von gleicher Art und Größe") Abbilder von Initianden. Wir erinnern uns, dass Frau Holla einen Zug *Gespenster* anführt, als der treue Eckart die begegnenden Leute warnt, aus dem Wege zu weichen, damit ihnen kein Leid widerfahre (Frau Holla und der treue Eckart[515], aus Thüringen), und die Initianden galten offiziell als gestorben, sie waren Gespenster. Man kann das Motiv des Erblindens nicht als Erfindung verwerfen, zumal es eine Entsprechung im Brauch der Naturvölker hat.

Diese Strafe – Erblinden – drohte bei den Kpelle im Hinterland von Liberia den Frauen, die es wagten, aus der Hütte nach draußen zu gucken, wenn der Großmeister des Männerbundes mit seinem Gefolge durchs Dorf zog.[516] Dieselbe Strafe drohte den Männern der Ejagham in Kamerun, wenn sie aus der Hütte nach draußen blickten, während ihre Frauen durch das Dorf tanzten.[517] Anhand der Sage wird noch einmal der konventionelle Charakter der Unsichtbarkeit deutlich (denn bei realer Unsichtbarkeit wäre das Schließen der Fensterläden sinnlos gewesen). Die unaufgeklärten Dorfbewohner hätten festgestellt, dass die Kasertörggelen nicht unsichtbar sind. Die Kpelle-Frauen hätten festgestellt, dass der Stammeszauberer aussieht wie ein gewöhnlicher Mensch.

In der Sage sind sogar die Zuwendungen der Feen für Bedürftige (Nahrungsmittel, Kleider, Brennholz, Wolle zum Spinnen) an die Bedingung geknüpft, ihre Herkunft nicht preiszugeben; sie gelten als Geschenke, *die nicht vergehen, solange ihre Herkunft verschwiegen wird.*

---

[514] Die geblendete Magd. In: PAUL QUENSEL: Sagen aus Thüringen. S. 252-253 (hier ohne Titel). – Auch enthalten in: EDMUND MUDRAK (Hg.): Das große Buch der Volkssagen. S. 176-177.

[515] Frau Holla und der treue Eckart. In: GRIMM, BRÜDER GRIMM (Hg.): Deutsche Sagen. Erster Teil, Nr. 7. – Auch enthalten in: EDMUND MUDRAK (Hg.): Das große Buch der Volkssagen. S. 172. – Enthalten ferner in: HEINZ RÖLLEKE (Hg.): Das große deutsche Sagenbuch. S. 545.

[516] DIEDRICH WESTERMANN: Die Kpelle. S. 233.

[517] UTE RÖSCHENTHALER: Die Kunst der Frauen. S. 185.

Die rituelle Umwandlung
in Erwachsene

Die Märchen von der Buschschule schildern die Erlebnisse der Initianden vom Verlassen des Elternhauses bis zum Fest nach ihrer Rückkehr ins Dorf. Diesbezüglich unterscheiden sich unsere Sagen wesentlich von den Märchen. Abgesehen davon, dass sie viel kürzer sind und oft nur ein Motiv enthalten, schildern sie die Jugendweihe aus der Sicht der Dorfgemeinschaft. Über das Geschehen in der Seklusion erfahren wir so wenig wie über die Schulleiter.

An das Wegführen der Kinder aus dem Elternhaus erinnern die spätherbstlichen Schreckgestalten des rezenten Brauchtums: der *Pelzmärtel*[518] in Brandenburg und das *Martini-Weibchen*[519] in der Pfalz (beide am Martinstag, dem 11. November[520]), der *Fressbartel* oder *Spitzbartel*[521] in Kärnten, der *Zemmiklas*[522] und das *Klausenweiblein*[523] in Vorarlberg, der *Krampus*[524] und die *Budelfrau*[525] in Niederösterreich, die *Butzenbercht*[526] in Bayern, der *Klaubauf* in Bayern und angrenzenden

---

[518] ADOLF WUTTKE: Der deutsche Volksaberglaube der Gegenwart. S. 21.

[519] ERNST CHRISTMANN: Pfälzisches Wörterbuch. Bd. 4, Spalte 1199.

[520] Der Martinstag galt einst als Abschluss des alten Wirtschaftsjahrs; zum Zeichen, dass die Ernte vorüber ist, wurden im Martinsfeuer die Körbe verbrannt, die zum Einbringen des Ernteguts gedient hatten.

[521] GEORG GRABER: Volksleben in Kärnten. S. 139.

[522] Ebd., S. 430.

[523] OSWALD ADOLF ERICH: WÖRTERBUCH DER DEUTSCHEN VOLKSKUNDE. S. 601.

[524] PAUL KAUFMANN: Brauchtum in Österreich. S. 21-22.

[525] OSWALD ADOLF ERICH: WÖRTERBUCH DER DEUTSCHEN VOLKSKUNDE. S. 601.

[526] OSWALD ADOLF ERICH: WÖRTERBUCH DER DEUTSCHEN VOLKSKUNDE. S. 601.

Teilen Österreichs[527], so auch in Tirol[528], der *Niklas* oder *Neckels*[529] und das *Fraachen*[530] in Hessen, *Knecht Ruprecht*[531] in der Oberlausitz, der *Nikolaus* und der *Zemba*[532] im Egerland, die *Altmütter*[533] in Böhmen, die *Zwarte Klazen (Schwarzen Kläuse)*[534] in Amsterdam.

Der brandenburgische Pelzmärtel hat zwei Namensvettern: Otto Freiherr von Reinsberg-Düringsfeld erwähnt einen *Pelzmärten*, der am Vorabend des Martini-Tages im Ansbach'schen die Kinder schreckte, und einen *Pelzmärte*, der zur selben Zeit in mehreren Orten Schwabens vermummt, geschwärzt und mit einer Kuhschelle behangen umherging, wobei er teils Schläge, teils Äpfel und Nüsse austeilte.[535] Im Urschelberg bei Pfullingen hauste angeblich der *Pelzmichel*, ein mit Ketten behangener Waldbursche, der im Dezember die braven Kinder mit Äpfeln und Nüssen belohnte, die bösen aber mit Rutenhieben bestrafte (Der Pelzmichel aus der Schetterhöhle[536]).

---

[527]   HANNS BÄCHTOLD-STÄUBLI (Hg.): HANDWÖRTER-BUCH DES DEUTSCHEN ABERGLAUBENS. Bd. 4, Spalte 1445-1446.

[528]   OTTO FREIHERR VON REINSBERG-DÜRINGSFELD: Das festliche Jahr. S. 430.

[529]   ADOLF WUTTKE: Der deutsche Volksaberglaube der Gegenwart. S. 21.

[530]   OSWALD ADOLF ERICH: WÖRTERBUCH DER DEUTSCHEN VOLKSKUNDE. S. 601.

[531]   HANS KLECKER: Sitten und Bräuche im Jahresverlauf in der gebirgigen Oberlausitz. S. 123-124.

[532]   ALOIS JOHN: Sitte, Brauch und Volksglaube im deutschen Westböhmen. S. 6

[533]   JOSEF HANIKA: Die schwarzen Prinzessinnen. S. 46-47.

[534]   KARL MEISEN: Nikolauskult und Nikolausbrauch im Abendlande. S. 447.

[535]   OTTO FREIHERR VON REINSBERG-DÜRINGSFELD: Das festliche Jahr. S. 404.

[536]   Der Pelzmichel aus der Schetterhöhle. In: MARTIN FINK (Hg.): Pfullinger Sagen. S. 25.

Bei den Siebenbürger Sachsen, deren Vorfahren ab dem 12. Jahrhundert in Transsilvanien eingewandert sind, und zwar zunächst überwiegend aus der Moselgegend, hießen die Schreckgestalten *Jahresmänner* (Die falschen Jahresmänner[537]).

In der salzburgischen Ortschaft Rauris zeigte sich am 6. Januar eine weibliche Maske mit Vogelgestalt, die *Schnabelpercht*, die in den Häusern nach Schmutz, Kehricht und nicht versponnenem Werg suchen wollte; aus ihrem Buckelkorb ragten zwei zerrissene Schuhe an künstlich ausgestopften Beinen heraus, so dass der Eindruck entstand, es sei jemand kopfüber in den Korb gestülpt worden. Von der Schnabelpercht munkelte man, sie werde, wenn irgendwo nicht alles sauber aufgesponnen ist, der betreffenden Magd oder Bäuerin den Bauch aufschneiden und den gefundenen Kehricht oder das Werg hineinstopfen.[538]

Wohin die Kinder geführt werden, hat man nicht präzisiert, nur im Falle des Krampus war klar, dass die Hölle gemeint ist, weil man ihn aufgrund seines Aussehens mit dem Teufel identifizierte. Zum Bestimmungsort hat Josef Hanika eine fesselnde Überlegung angestellt.

Bei dem in Böhmen üblichen Mittwinterbrauch „Baby jdou" *(Die Altmütter kommen)* wurde die Handlung von den Motiven des Wegführens und des Schwärzens der Mädchen beherrscht. Bei diesem Brauch gingen alte Weiber in Verkleidung, aber auch Männer als Weiber verkleidet von Haus zu Haus und wollten angeblich die Mädchen abholen. Sie trugen ein Töpfchen Wagenschmiere und eine Gansfeder bei sich. Vor dem Haus riefen sie mit Geisterstimme: „Gebt die Mädchen oder Krapfen!" Bei der Übergabe der Krapfen mussten die Mütter aufpassen, damit ihre Hände nicht beschmiert werden; wahrscheinlich wurden ursprünglich die Mädchen nach ihrer Übergabe von den Altmüttern geschwärzt. Im schweizerischen Rheinwald war ehemals am

---

[537]   Die falschen Jahresmänner. In: FRIEDRICH SCHUSTER: Der weiße Büffelstier. S. 38.

[538]   BRUNO KERSCHNER: Lebendiger Perchtenbrauch im Salzburgischen. S. 61. – Siehe auch: PAUL KAUFMANN: Brauchtum in Österreich. S. 62-63. Laut Kaufmann ließ die Schnabelpercht ein leises Quaken hören.

Aschermittwoch tatsächlich ein Berußen der Mädchen üblich. Dort nahm der Brauch zuletzt die Form eines Heischegangs der Knaben an, die mit der Forderung „Ein Ei oder ein Mädchen" auftraten und sich dann mit dem Ei zufriedengaben. Auch im süddeutschen Maskenbrauch wurden Mädchen mit Ruß im Gesicht geschwärzt. Hanika gelangte zu dem Schluss, dass einst in der Mittwinterzeit Masken die Mädchen aus den Häusern holten, sie mit der Totenfarbe bestrichen und in ein „Totenreich" führten.[539] Damit sind wir beim Ritus des zeitweiligen Todes angelangt.

Was ist nach dem Wegführen geschehen? Die Sagen von der bauchaufschlitzenden Bercht belegen den Ritus der Erneuerung des Körpers durch den Austausch von Organen. Josef Hanika hat für den gesamten geografischen Raum, in dem die Bercht als mythische Gestalt bekannt war, Belege dafür gefunden, dass man ihre Erscheinung mit der *Gastrotomie* verband, d.h. mit der Vorstellung, sie schlitze den Bauch der Kinder auf, nehme die Gedärme heraus und stecke dafür Kehricht, Backsteine, Flachs, Werg oder Erbsenstroh hinein.[540] Das Gebiet umfasst Kärnten, die Steiermark, Salzburg, Bayern, Thüringen, Böhmen und Mähren. Nur in einem mir bekannten Fall, in einer mährischen Sage, ist der bauchaufschlitzende Dämon ein Mann.[541] Der Forscher nennt ethnografische Parallelen in Neuguinea, Australien, Westafrika und Melanesien. Bei den Marind-anim auf Neuguinea legte angeblich der riesenhafte Geist Sosom den Novizen anstelle der Gedärme junge Kokosnüsse in den Bauch. Bei den Urabunna in Australien nahm angeblich der Geist

---

[539] JOSEF HANIKA: Die schwarzen Prinzessinnen. S. 46-47.
OTTO FREIHERR VON REINSBERG-DÜRINGSFELD kennt diesen Brauch nicht, erwähnt aber, dass in der Umgebung von Augsburg zu Nikolaus ein vermummtes Weib mit geschwärztem Gesicht erschien, die *Buzebergt*. Diese hatte einen Topf voller Stärke bei sich, die sie mit einem großen Kochlöffel umrührte und Begegnenden ins Gesicht schmierte. Siehe: Das festliche Jahr. S. 433. Es kann sich um eine Verfallserscheinung des von Hanika beschriebenen Brauchs handeln.
[540] JOSEF HANIKA: „Bercht schlitzt den Bauch auf" - Rest eines Initiationsritus? S. 39-53.
[541] Ebd., S. 44, 46.

Witurna die Gedärme heraus und legte andere hinein.[542] Bei den Naturvölkern geschah dies zum Wohle der Initianden. Wir merken an diesem qualitativen Unterschied, dass die europäischen Sagen, die sich auf den Austausch der Organe beziehen, von der Umwertung des Ritus betroffen worden sind: Aus dem Zauberer, der dem Initianden eine Wohltat erweist, ist ein Dämon geworden, der die Kinder zugrunde richtet.

Erstaunlicherweise hat sich die Erinnerung an die wohltuende Wirkung des Verfahrens in einigen Gegenden Böhmens bis in die Neuzeit erhalten, wo der Ritus in Form eines Heischegangs fortlebte: In Miletice bei Velvary sind bis Mitte des 19. Jahrhunderts am Heiligen Abend zwei weibliche Masken aufgetreten, *Peruchten* genannt, welche an einem Burschen das Aufschneiden des Bauches und das Ersetzen der Gedärme mit Erbsenstroh mimten.[543] – Von den drei Peruchten, die in Přelice zu Barbara, Nikolaus und am Heiligen Abend umgingen, hatte eine Messer und Korb bei sich.[544] – In Hrdle kamen am Heiligen Abend oder am ersten Weihnachtstag zwei Peruchten in die Häuser, eine davon war wie ein Fleischer gekleidet und hielt in der einen Hand ein Messer, in der anderen ein Schaff für den Bauchinhalt.[545] – Abweichend davon erschien die Bercht im südlichen Böhmen laut Reinsberg-Düringsfeld zu Dreikönig mit einem Bohrer in der Hand und drohte denen, die nicht geben wollten, was sie verlangte, den Bauch aufzuschlitzen.[546]

Die Entlassung

Bei den Märchen von der Buschschule schließt die Handlung mit der Hochzeit des Helden. Die Hochzeit ist an eine Bedingung geknüpft. <u>AT 301 B</u> „Die außerordentlichen Gesellen": Der Bräutigam muss

---

[542] Ebd., S. 47-48. (Mit Berufung auf OTTO ZERRIES: Das Schwirrholz. S. 74 bzw. 102.)

[543] Ebd., S. 42.

[544] Ebd., S. 43.

[545] Ebd., S. 43.

[546] O. FRH. VON REINSBERG-DÜRINGSFELD: Fest-Kalender aus Böhmen. S. 16-17.

nachweisen, dass er der Retter der Prinzessinnen ist, und zwar durch einen Gegenstand, den er aus der Unterwelt mitgebracht hat. In diesem Gegenstand (ein Ring, ein Paar Schuhe, ein Kleid) erkennen wir das Beweisstück für die im Unterricht erworbenen Fertigkeiten. AT 402 „Die Katze als Braut“: Ein Mann will die Fertigkeiten seiner künftigen Schwiegertöchter im Backen, Nähen, Sticken und anderen Künsten prüfen. Wir beobachten, wie die Braut des jüngsten Sohnes gemeinsam mit ihren verzauberten Mitschülerinnen das Probestück anfertigt. Zuletzt führt die Braut des jüngsten Sohnes einen Tanz vor, wahrscheinlich auch das Echo einer Prüfung, denn bei den Naturvölkern wohnte den Tänzen eine magische Kraft inne, die sich auf das Leben der Gemeinschaft auswirkte.

Nichts dergleichen in den Sagen. Weder trägt sich der Held mit Heiratsgedanken, noch wird von ihm ein Probestück gefordert. Die Bauern, für die er gehütet, die Sennerin, der Müller, der Schmied, die Bergleute, sie alle sind mit ihm zufrieden und schenken ihm aus Dankbarkeit für die Hilfeleistung ein Kleidungsstück, meist einen roten Rock, worauf der Zwerg sich verabschiedet oder formlos davonmacht. Man kann das Geschenk nur als eine nach Ablauf des Praktikums fällige Gabe interpretieren.

Der rote Rock (bzw. ein anderes rotes Kleidungsstück) wird in Mitteilungen vermerkt, die aus weit voneinander entfernten Gegenden stammen: Die Bauern schenkten dem fleißigen Nörglein ein ganz rotes Röcklein (Ausgelohnt[547], aus Tirol). – Die Bauern schickten dem Zwerg ein rotes Festtagsröckel, indem sie es an den Hörnern eines Ziegenbocks befestigten (Die Zwerge ziehen aus Paznaun fort[548], aus Tirol). – Das Fänggenmäntschi, das ohne Lohn die Kühe hütete, bekam von der Sennin um Micheli ein rotes Schlüttli; es freute sich darüber und lief davon (Das

---

[547] Ausgelohnt. In: LEANDER PETZOLDT (Hg.): Deutsche Volkssagen. S. 229-230. Übernommen aus der Sammlung „Sagen, Märchen und Gebräuche aus Tirol“ (Innsbruck, 1859) von IGNAZ VINZENZ ZINGERLE, Nr. 59.

[548] Die Zwerge ziehen aus Paznaun fort. In: JOHANN NEPOMUK RITTER VON ALPENBURG: Deutsche Alpensagen. S. 198.

rote Schlüttli[549], aus Vorarlberg). – Zu Micheli haben die Bauern dem wilden Männlein als Anerkennung Hääß mit einem roten Kaputrock machen lassen (Das wild Männle[550], aus Vorarlberg). – Um dem Wilden Weiblein etwas als Lohn für seine Hirtendienste zu geben, schenkten ihm die Leute von Cresta ein rotes Röcklein (Äs wilts Wybelti[551], aus Graubünden). – Ein Bäckermeister zu Pirmasens wollte einem Männchen, das ihm geholfen hatte, ein rotes Röcklein schenken (Das graue Männchen[552], aus der Pfalz). – Die Bergleute von Bad Ems stellten den Hanselmännern täglich einen Topf mit Speise hin und schenkten ihnen alljährlich zu gewisser Zeit ein rotes Röcklein (Die Hanselmänner von Bad Ems[553], aus dem Westerwald). – Der Schuhmacher Jobsen in Eschwege ließ den Wichteln zum Dank rote Jacken und Hosen schneidern (Die Wichtel als Schuhmacher[554], aus Hessen). – Die Bauern von Hardt bei Wildberg hängten den Hollen zum Dank für ihre Dienste einen roten Rock auf das Tor des Hofes (Hütende Zwerge[555], aus dem Bergischen Land). – Ein Bauer von Schelsen im Kreis Gladbach schenkte den Heinzelmännchen für ihre Hilfe bei den Haus- und Feldarbeiten rote Jäckchen

---

[549] Das rote Schlüttli. In: FRANZ JOSEF VONBUN und RICHARD BEITL: Die Sagen Vorarlbergs mit Beiträgen aus Liechtenstein. S. 133.

[550] Das wild Männle. In: FRANZ JOSEF VONBUN und RICHARD BEITL: Die Sagen Vorarlbergs mit Beiträgen aus Liechtenstein. S. 128-129. Hääß – Kleidung.

[551] Äs wilts Wybelti. In: MAX WAIBEL (Hg.): Das große Buch der Walser Sagen. S. 229. Wybelti – Weibchen. Ein weiblicher Hirt ist ungewöhnlich, die Altersangabe ist falsch.

[552] Das graue Männchen. Ein Gedicht von DANIEL ROTHGELB. In: ALEXANDER SCHÖPPNER (Hg.): Bayrische Sagen. Bd. 1, S. 338.

[553] Die Hanselmänner von Bad Ems. In: HELMUT BODE (Hg.): Die Schätze im Altkönig. S. 254-256.

[554] Die Wichtel als Schuhmacher. In: GERD BAUER: Das unsichtbare Land. S. 189-190. – Unter dem Titel „Die Wichtel als Schuhmacher in Eschwege" enthalten in: ULF DIEDERICHS und CHRISTA HINZE (Hg.): Hessische Sagen. S. 92-93.

[555] Hütende Zwerge. In: OTTO SCHELL: Bergische Sagen. S. 298.

(Heinzelmännchen in Schelsen[556], aus dem Ruhrgebiet). – Dem Kobold, der sich im Wirtshaus „Zum gelben Engel" vor dem Löbertor in Jena aufhielt, gab man alljährlich ein rotes Kleidchen (Der Kobold in Jena[557], aus Sachsen). – Beim Abschied erhielten die Klabautermänner rote Anzüge (Vom Klabautermann[558], aus Mecklenburg).

Die Übereinstimmung kann kein Zufall sein. Kein vernünftiger Mensch wird annehmen, dass die Erzähler diese Besonderheit abgesprochen haben. Was es mit der roten Farbe auf sich hat, wäre zu klären. Vielleicht wurde der Initiand, der sein soziales Praktikum absolviert hatte, so wie man eine Lehre abschließt, auf diese Weise ausgewiesen. Es kann nicht stimmen, was in einer Sage aus Niederbayern mitgeteilt wird: Als die prunkvollen roten Kleider bereitlagen, erzürnten die Erdweibl, weil sie die rote Farbe hassen, und verließen den Hof (Die Erdweibl beim Binzinger[559]). Das ist eine Entstellung.

Von der oben gezogenen Generallinie weichen mehrere Texte ab, indem die Protagonisten nicht zum Abschluss ihres Praktikums ein rotes Kleidungsstück erhalten, worauf sie sich zurückziehen, sondern von vornherein mit einem solchen Kleidungsstück auftreten: Die Erdmännlein auf der Ramsfluh trugen ein scharlachrotes Mäntelchen (Die Erdmännlein auf der Ramsfluh[560], aus dem Aargau). – Die Erdmännchen aus

---

[556]   Heinzelmännchen in Schelsen. In: MONIKA DETERING (Hg.): Sagen & Legenden aus dem Ruhrgebiet. S. 144.

[557]   Der Kobold in Jena. In: EMIL SOMMER: Sagen, Märchen und Gebräuche aus Sachsen und Thüringen. Bd. 1, S. 32. Bei dem wiederholten Schenken handelt es sich offenbar um eine Entstellung.

[558]   Vom Klabautermann. In: ALBERT BURKHARDT (Hg.): Vineta. S. 358-360, hier S. 358 und 360. – Siehe auch den Text „Die drei Klabautermänner" in: SIEGFRIED HARMEL (Hg.): Sagen vom Klabautermann. S. 49-50. – Unter dem Titel „Drei Klabautermänner" in: HEINZ GUNDLOCH (Hg.): Sagen rund um Rostock. S. 55-57.

[559]   Die Erdweibl beim Binzinger. In: EMMI BÖCK (Hg.): Sagen aus Niederbayern. S. 241-242.

[560]   Die Erdmännlein auf der Ramsfluh. In: EDMUND MUDRAK (Hg.): Das große Buch der Volkssagen. S. 245-247.

der Höhle zunächst der Stadt Laufenburg hatten scharlachrote Mäntelchen (Das Kloster der Erdbiberli[561], aus dem Aargau). – Erdmännlein, die rote Mäntelchen umhatten, besuchten die Lichtstuben und unterhielten sich mit den Spinnerinnen (Die Rothmäntele[562], aus Schwaben). – Die Lutchen hatten rote Jacken und rote Mützen (Die Lutchen[563], aus dem Spreewald). – Mit einem roten Rock bekleidete Männchen warfen über Nacht einen Graben aus (Helfer bei der Feldarbeit[564], aus Friesland). – Die Zwerge auf Amrum trugen rote Kappen (Die Unterirdischen[565], aus Friesland). An solchen Abweichungen merkt man die Unsicherheit der späteren Erzähler.

Nur in einem Fall wird das Kleidungsstück näher gekennzeichnet: Die Alpleute legten dem wilden Männlein *ein rotes Wälsertschöple (Jäcklein) hin, wie man dieses früher getragen hat* (Das wilde Männle[566], aus Vorarlberg).

Die rote Farbe dominiert, der Rock oder die Hose oder die Mütze ist rot, in einer Sage mit Bezug auf Safien in Graubünden sind die Schnüre in den Höslein rot (Das entlohnte wilde Männlein[567]). Ausnahmsweise jedoch alterniert die rote Farbe mit der grünen Farbe. Franz Josef Vonbun vermerkt im Nachwort zu den Vorarlberger Sagen

---

[561] Das Kloster der Erdbiberli. In: ARNOLD BÜCHLI (Hg.): Schweizer Sagen. Bd. 1, S. 66-67.

[562] Die Rothmäntele. In: ERNST MEIER: Deutsche Sagen, Sitten und Gebräuche aus Schwaben. S. 58-59.

[563] Die Lutchen. In: WILIBALD VON SCHULENBURG: Wendische Volkssagen und Gebräuche aus dem Spreewald. S. 277-286, hier S. 277.

[564] Helfer bei der Feldarbeit. In: HEINZ RÖLLEKE (Hg.): Das große deutsche Sagenbuch. S. 64.

[565] Die Unterirdischen. In: JOHANN GEORG THEODOR GRÄSSE (Hg.): Sagenbuch des Preußischen Staats. Bd.2, S. 1091-1092.

[566] Das wilde Männle. In: MAX WAIBEL (Hg.): Das große Buch der Walser Sagen. S. 397-398.

[567] Das entlohnte wilde Männlein. In: MAX WAIBEL (Hg.): Das große Buch der Walser Sagen. S. 214-215.

(„Sagenkunde"), dass der Hausbutz sich unbändig über ein geschenktes *grünes oder rotes Kittelchen* freute.[568] In einer Überlieferung aus Vorarlberg mit Bezug auf das Kleine Walsertal legte man dem kleinen Hirten als Lohn und Aufmunterung ein *grünes* Röckle hin (Das Knechtlein auf der Bärenweid[569]). Das geschah *am Ende des vierten Sommers.*

---

[568] Sagenkunde. In: FRANZ JOSEF VONBUN und RICHARD BEITL: Die Sagen Vorarlbergs mit Beiträgen aus Liechtenstein. S. 203-273, hier S. 247.

[569] Das Knechtlein auf der Bärenweid. In: FRANZ JOSEF VON-BUN und RICHARD BEITL: Die Sagen Vorarlbergs mit Beiträgen aus Liechtenstein. S. 124. – Unter dem Titel „Wildes Männle hütet Vieh" enthalten in: MAX WAIBEL (Hg.): Das große Buch der Walser Sagen. S. 414-415.

Das Rätsel der fremden Mädchen,
die zur Spinnstube
und zum Tanz kommen

Auch die Sagen über die geheimnisvollen Besucherinnen der Spinnstuben nehmen Bezug auf Ortschaften, Straßen und Häuser: Das Mädchen aus dem Nixenhügel bei Rossendorf führt seinen Verehrer nicht einfach zum Rossenberger See, sondern *über den Gückelsberg* (Der Nixenhügel bei Rossendorf[570], aus der Oberlausitz). – Die Nixmädchen waren nicht einfach zur Musik, sondern *auf dem Schießhause am Bobersberge zur Musik* (Süße Pfannkuchen[571], aus der Oberlausitz.). – Als die drei Jungfrauen aus dem Mummelsee zum ersten Mal auftreten, findet die Spinnstube *beim reichen Hofbauern Erlfried* statt (Die drei Jungfrauen aus dem See[572], aus Baden).

Verblüffend konkret sind die Sagen, die der Orientalist und Volkskundler Ernst Meier (1813-1866) in der Umgebung von Tübingen aufzeichnete. Was haben ihm die Gewährsleute mitgeteilt? Wir hören von fremden Mädchen, die bei stillem Winterwetter die Spinnstuben in Pfullingen und Reutlingen besuchten, zuweilen von ihrer Oberin Urschel begleitet. Man nannte sie *Nachtfräulein* oder *Nonnen*. Ein Eckpunkt der

---

[570]   Der Nixenhügel bei Rossendorf. In: FRANK NÜRNBERGER (Hg.): Großes Oberlausitzer Sagenbuch. S. 240-241. – Auch enthalten in: JOHANN GEORG THEODOR GRÄSSE (Hg.): Der Sagenschatz des Königreichs Sachsen. Bd. 1, S. 146-147. Dieselbe Sage wurde in Thüringen mit Bezug auf andere Ortschaften erzählt.

[571]   Süße Pfannkuchen. In: FR. SIEBER (Hg.): Sächsische Sagen von Wittenberg bis Leitmeritz. S. 181-182. – Auch enthalten in: HANNA MOOG (Hg.): Die Wasserfrau. S. 174-175. Es handelt sich um den Bobersberg bei Großenhain.

[572]   Die drei Jungfrauen aus dem See. In: AUGUST SCHNEZLER (Hg.): Badisches Sagenbuch. Bd. 2, S. 77-78. – Unter dem Titel „Die drei Seejungfrauen vom Mummelsee" enthalten in: HANS BRÜSTLE (Hg.): Wiedergänger und Weiße Frauen. S. 114.

Sagen ist die Häuserreihe „Wiel" oder „Auf Wiel" in Pfullingen, die zu Meiers Zeit noch existierte. Die Nachtfräulein … *näherten sich vom Urschelberg her, über den Katzenbohl, durch die Weinberge, zuletzt durch eine kleine steinerne Tür, die dem letzten Haus „Auf Wiel" gegenüberliegt. Sie kamen in die Häuser „Auf Wiel", besonders ins letzte Haus rechts, aber auch ins Keßler'sche Haus und ins Haus des sogenannten Wiel-Weber, ferner ins Haus des Provisors Hans Martre* (Die Nachtfräulein des Urschelbergs[573]).

Laut einer weiteren Überlieferung nannte man das Häuschen eines Webers, das in der großen Heerstraße an der Ecke der Ursulastraße stand, wegen der häufigen Besuche der Fräulein vom Urschelberg *Nachtfräuleinhaus* (Die Nachtfräulein vom Urschelberg[574]).

Einzig und allein in diesen Sagen werden die Mädchen beim Dorfgang von der Lehrerin begleitet. Die Urschel ging mit in die Karz und unterhielt sich dort mit den Leuten. Man hütete sich, sie zu verstimmen. Wahrscheinlich war der Urschelberg der Sitz einer Buschschule für Mädchen.

Zwei Erdweiblein aus der Erdweibleins-Höhle im kleinen Lautenfelsen pflegten nach Lautenbach in die Spinnstube, und wenn Tanz war, auch zu diesem zu kommen (Erdweiblein[575], aus dem Schwarzwald). – Die Erdweible, die nach Loffenau in die Lichtstuben kamen, wohnten im Großen Loch, einer Felsenkammer zwischen dem Bockstein und der Teufelsmühle (Die Erdweible im „großen Loch"[576], aus Schwaben).

---

[573] Die Nachtfräulein des Urschelbergs. In: ERNST MEIER: Deutsche Sagen, Sitten und Gebräuche aus Schwaben. S. 11-14.

[574] Die Nachtfräulein vom Urschelberg. In: MARTIN FINK (Hg.): Pfullinger Sagen. S. 31.

[575] Erdweiblein. In: BERNHARD BAADER: Neugesammelte Volkssagen aus dem Lande Baden. S. 72-73. – Auch enthalten in: GUNDULA HUBRICH-MESSOW (Hg.): Sagen und Märchen aus dem Schwarzwald. S. 53.

[576] Die Erdweible im „großen Loch". In: ERNST MEIER: Deutsche Sagen, Sitten und Gebräuche aus Schwaben. S. 45-46.

Im Kleinen Mummelsee, zwei Stunden von Forbach im Schwarzwald entfernt, wohnten zwölf Seeweiblein. Sie sollen den Leuten bei der Arbeit fleißig geholfen und vor allem immer das Brot gebacken haben. Zweimal des Jahres, zu Fastnacht und zu Martini, kamen sie nach Forbach zum Tanz.[577] – Im Tal von Ober-Kappel, da, wo der Weg zum Mummelsee hinausführt, lagen mehrere zerstreute Wohnungen, die den Zinken Seebach ausmachten. An der Spinnstube, die mal hier, mal dort abgehalten wurde, nahmen auch drei weißgekleidete Jungfrauen teil, die man für Fräulein aus dem Mummelsee hielt (Die drei Jungfrauen aus dem See[578], aus Baden). – Aus dem Brunnen, der sich eine halbe Stunde südlich von Hessenthal (bei Schwäbisch-Hall) befindet, kamen im Winter Wasserfrauen in die Spinnstuben und halfen den Mädchen beim Geschäft (Der ungeheure Brunnen[579]). – Die Seefräulein aus dem Wilden Sec, der etwa drei Stunden von Wildbad entfernt an der badischen Grenze liegt, kamen oft nach Wildbad und spannen (Sagen vom wilden See[580]). – Aus dem Dresbrunnen kamen häufig drei schöne Mädchen nach Mönchberg in die Spinnstuben (Das Wasserfräulein von Mönchberg[581], aus dem Spessart). – Drei Fräulein, die im Nunne-Brünnlein wohnten und in Eichbühl fremd waren, kamen einst an den Winterabenden in die bäuerlichen Spinnstuben (Die drei Meerfräulein[582], aus dem Spessart). – Zu den Spinnstuben-Abenden von Heidersbach im Guckenbachtal gesellten sich auch fünf Wasserfräulein aus der Elz „um den Menschen beim Spinnen

---

[577]   JOHANNES KÜNZIG (Hg.): Schwarzwald-Sagen. S. 167.

[578]   Die drei Jungfrauen aus dem See. In: AUGUST SCHNEZLER (Hg.): Badisches Sagen-Buch. Bd. 2, S. 77-78. Zinken – eine Streusiedlung, im Alemannischen auch ein Weiler.

[579]   Der ungeheure Brunnen. In: ERNST MEIER: Deutsche Sagen, Sitten und Gebräuche aus Schwaben. S. 75-76.

[580]   Sagen vom wilden See. In: ERNST MEIER: Deutsche Sagen, Sitten und Gebräuche aus Schwaben. S. 72-73.

[581]   Das Wasserfräulein von Mönchberg. In: ADALBERT VON HERRLEIN: Sagen des Spessarts. S. 255-256.

[582]   Die drei Meerfräulein. In: VALENTIN PFEIFER (Hg.): Spessart-Sagen. S. 141-142.

zu helfen oder sonstige Dienstleistungen zu tun" (Die Wasserfräulein[583], aus dem Odenwald). – Zur Vorsetz in Haag, dem abendlichen Spinnstuben-Stelldichein, kamen früher aus dem Totenbrunnen regelmäßig drei Seejungfrauen; sie erzählten wunderbare Geschichten und sangen ergreifende Lieder (aus der Kurpfalz).[584] – Aus dem See namens Nixenborn, nicht weit von Kirchhain, kamen drei Jungfrauen in die Spinnstube des Dorfes Nieder-Gleen (Nixenbraut[585], aus Hessen). – Zwischen Elgersburg und Ilmenau war ein Teich, in dem eine alte Nixe wohnte; drei ihrer Dienerinnen kamen einst zur Herbstzeit nach Elgersburg und besuchten die Gesellschaften junger Mädchen (aus Thüringen).[586]

Im „Sagenbuch des Voigtlandes" findet sich ein längerer Abschnitt über Nixen. Sehr gewöhnlich war es, dass die Töchter des Nix in die umliegenden Dörfer zum Tanz kamen – zuweilen gingen sie stundenweit. „Die Elsternixen kamen nach Wolfsgefährt, Meilitz, Liebschwitz, Rusdorf, Hilbersdorf etc., die vom Mühlteiche bei Ronneburg nach der Schafsmühle, die aus dem Winterteiche nach Großsaara, Hundhaupten etc., die Loitscher nach Gräfenbrück, die aus dem Löhmaer Teich nach Löhma etc."[587] (Wenn die Nixen „stundenweit" zu gehen hatten, kann von einem Fischschwanz nicht die Rede sein).

Der angebliche Wohnort in einem Gewässer hängt mit einer heidnischen Vorstellung über den Aufenthaltsort der Toten zusammen. Für Griechen, Römer und Germanen befand sich das Totenreich unter dem

---

[583] Die Wasserfräulein. In: JOSEPH SCHOPP: Mythische Welt. S. 31.

[584] PAUL SCHICK und RUDOLF LEHR (Hg.): Hookemann und Hexenritt. S. 140.

[585] Nixenbraut. In: ULF DIEDERICHS und CHRISTA HINZE (Hg.): Hessische Sagen. S. 101.

[586] PAUL QUENSEL (Hg.): Sagen aus Thüringen. S. 298-299.

[587] Nixen. In: ROBERT EISEL: Sagenbuch des Voigtlandes. S. 31-40, Zitat S. 34.

Erdboden, für die Ostslawen[588] und für die Samen[589] in einem Gewässer. Beide Vorstellungen, die sicher noch älter sind, haben sich in den Märchen von der Buschschule niedergeschlagen, weil das Urbild des Helden, der Initiand, laut Konvention gestorben war und bei seinen Ahnen im Lande der Toten weilte. Mal spielt sich ein Teil der Handlung unter dem Erdboden ab, mal in einem See oder im Meer. Das gilt für die Märchentypen AT 313 „Der dem Teufel versprochene Königssohn" und AT 325 „Der Zauberer und sein Schüler". Beim Märchentypus AT 403 „Die weiße und die schwarze Braut" wird die Heldin ins Wasser gestoßen und dort von einem großen Fisch, Hai bzw. Wal verschluckt oder sie gerät in die Gefangenschaft eines Meermannes bzw. einer Sirene. Übrigens führt der Rattenfänger die Kinder, die ihm nachlaufen, gewöhnlich in einen Berg: in den *Poppenberg* bei Hameln (Die Kinder zu Hameln[590]) bzw. in den *Tannenberg* bei Lorsch (Die Zauberpfeife[591]) bzw. in den *Marienberg* bei Brandenburg (Leiermann entführt Kinder[592]). Anders in einer

---

[588]   BOHDAN GEORG MYKYTIUK: Die ukrainischen Andreasbräuche und verwandtes Brauchtum. S. 107. Ursprünglich galten die Flüsse als Aufenthaltsort aller verstorbenen Ahnen, erst unter christlichem Einfluss kam es zu einer Unterscheidung zwischen einem guten und einem bösen Totenreich.

[589]   SYBILLE BLUDAU-EBELT: Anmerkungen. In: VALDEMAR LINDHOLM: Märchen und Sagen aus Lappland. S. 141-146, hier S. 142, 145. Im Glauben der Samen befand sich das Paradies Saivoiamo unter Seen – dort lebten die Dahingeschiedenen als Geister weiter.

[590]   Die Kinder zu Hameln. In: GRIMM, BRÜDER GRIMM (Hg.): Deutsche Sagen. Erster Teil, Nr. 245. – Auch enthalten in: EDMUND MUDRAK (Hg.): Das große Buch der Volkssagen. S. 32-33. – Enthalten ferner in: HEINZ RÖLLEKE (Hg.): Das große deutsche Sagenbuch. S. 263-265.

[591]   Die Zauberpfeife. In: JOHANN WILHELM WOLF: Hessische Sagen. S. 11-13. – Siehe auch: ULF DIEDERICHS und CHRISTA HINZE (Hg.): Hessische Sagen. S. 346-348.

[592]   Leiermann entführt Kinder. In: ADALBERT KUHN und WILHELM SCHWARTZ: Norddeutsche Sagen, Märchen und Gebräuche. S.

Sage aus Böhmen mit einem Wassermann als Pfeifer, der mit den Kindern in einen Teich steigt (Der Wassermann als Pfeifer und Kinderentführer[593]).

Durch die Vermischung der Bevölkerung haben sich die zwei Vorstellungen in der Folklore überlappt.

Rätselhaft ist, wieso die Mädchen, obwohl in der Buschschule, sich regelmäßig in die Spinnstube des Dorfes begeben. Wahrscheinlich entspricht diese Möglichkeit einer Übergangsphase bei der Entwicklung der Jugendweihe von der ursprünglichen Seklusion zu dem Zustand, dass die Mädchen im Elternhaus wohnen und sich den Winter über in einem Haus, in dem keine Männer leben, mit ihrer Lehrerin treffen, wie es in Rumänien und in der Ukraine noch zu Beginn des 20. Jahrhunderts geschah. Die Seklusion wurde noch praktiziert, aber in einer gelockerten Form. Das würde erklären, wieso die Mädchen an Unterhaltungen teilnehmen durften, wie in Thial im Anschluss an die kollektive Hilfeleistung (Die wilden Bergfräulein in Martell[594], aus Tirol).

Aus Schwaben stammen weitere mit dem Übergang zu erklärende Sagen: Im Winter kamen die Erdwichtel gewöhnlich zweimal in der Woche in die Spinnstuben (Erdwichtele[595]). – In Kirchentellinsfurt wurde erzählt, die Erdwichtel wohnten im Urschelberg bei Pfullingen und seien von da aus in die umliegenden Ortschaften gegangen (Erdwichtele[596]). – In der „Halde", einem Berg beim Fuchseckhof, oberhalb Schlath, hielten

---

89-90. – Auch enthalten in: HANS DOBBERTIN (Hg.): Quellensammlung zur Hamelner Rattenfängersage. S. 127.

[593] Der Wassermann als Pfeifer und Kinderentführer. In: THEODOR VERNALEKEN: Mythen und Bräuche des Volkes in Österreich. S. 175-177. – Auch enthalten in: HANS DOBBERTIN (Hg.): Quellensammlung zur Hamelner Rattenfängersage. S. 129-131.

[594] Die wilden Bergfräulein in Martell. In: JOHANN ADOLF HEYL: Volkssagen, Bräuche und Meinungen aus Tirol. S. 518-520, hier S. 519-520.

[595] Erdwichtele. In: ERNST MEIER: Deutsche Sagen, Sitten und Gebräuche aus Schwaben. S. 55-58, hier S. 56.

[596] Erdwichtele. Ebd., hier S. 56-57.

sich ehemals kleine Erdmännlein auf, die nachts die Lichtstuben besuchten und sich mit den Spinnerinnen unterhielten (Die Rothmäntele[597]).

Die bestraften Nixen

Ein eigenes Kapitel bilden die Geschichten mit Mädchen aus einem Gewässer, die zur Spinnstube oder zu einem Fest mit Tanz kommen und um eine gewisse Stunde heimkehren müssen. Als sie sich einmal verspäten, weil die Burschen ihnen einen Streich gespielt haben, büßen sie das Versäumnis mit dem Leben. Diese Geschichten erlauben Einblicke in die Werkstatt der Fantasie. Die Erzähler haben die weiblichen Zöglinge der Buschschule mit mythischen Gestalten – nämlich Wassergeistern – kombiniert.

Die Mädchen wohnen in einer Quelle, in einem Brunnen, Teich, See oder Bach. Sie heißen *Bachfräulein, Feen, Moorjungfern, Nixen, Seejungfern, Seeweiblein, Töchter des Nix, Wasserfräulein, Wasserjungfrauen, Wassernunne (Wassernonnen), Wasserweibel.* Mit den Saligen Fräulein verbinden sie drei Merkmale: Sie tragen weiße Kleider, singen wunderschön und tanzen gern.

Die Moorjungfern wurden um die zwölfte Stunde von einer Taube abberufen, sie zogen singend zum nächsten Berg hinein (Die Moorjungfern der Rhön[598], aus Bayern). – Ein Seeweiblein aus dem Kleinen Mummelsee schenkte ihrem Begleiter am Seeufer ein Büschel Stroh, das der Bursche nach dem Abschied achtlos wegwarf. Doch ein Halm war an seinen Kleidern haften geblieben und verwandelte sich später in eine Goldstange.[599] – Als die zwei fremden Mädchen vom Tanzvergnügen in Seitenroda heimgingen, durfte ein Verehrer sie bis in den Wald vor dem großen Teich begleiten. Der Bursche versteckte sich hinter einem Baum und gewahrte dann, wie die beiden eine merkwürdige

---

[597]   Die Rothmäntele. In: ERNST MEIER: Deutsche Sagen, Sitten und Gebräuche aus Schwaben. S. 58-59.

[598]   Die Moorjungfern der Rhön. In: ALEXANDER SCHÖPPNER (Hg.): Bayrische Sagen. Bd. 2, S. 252.

[599]   JOHANNES KÜNZIG (Hg.): Schwarzwald-Sagen. S. 167.

Handbewegung machten, als ob sie winken wollten, worauf das Wasser zurückwich und die Unbekannten im Berg hinter dem Teich verschwanden. Trotz dieser merkwürdigen Begebenheit war der junge Mann so verliebt, dass er sich eines dieser Mädchen zur Frau nahm (Die schönen Unbekannten[600], aus Thüringen). – Ein Schäfer folgte der Nixe in ein Dorf unter Wasser. Deren Mutter stellte ihm „schwere Aufgaben" (Die Nixe im Mansfelder See[601], aus Thüringen). Die Sage geht über in den Märchentypus AT 313 „Der dem Teufel versprochene Königssohn". – In der Regel nahmen die Nixen die Begleitung der Burschen nur bis zu einer bestimmten Stelle an. Zuweilen konnten die Burschen noch sehen, wie ihre Tänzerinnen mit einer Gerte in den Teich oder Fluss schlugen, wo dann die Wasser gehorsam sich teilten und jene hinabließen (Nixen[602], aus dem Vogtland). – Während einer Tanzunterhaltung in Zirk bei Rosshaupt wollten die Burschen die zwei Feen mit Gewalt zurückhalten und zum Weitertanzen zwingen. Da öffnete sich die Tür, es erschien ein fremder Mann, der die Feen zu sich winkte und mit ihnen verschwand (Die beiden Feen[603], aus dem Egerland). – Zu den Festen in Eschdorf fand sich eine unbekannte Jungfrau aus dem Rossendorfer Teich ein (der vormals ein See war). Einmal erlaubte sie einem hübschen Burschen auf vieles Bitten, sie nach Hause zu begleiten. Beim Teich schlug sie mit einer Rute ins Wasser, und das Wasser teilte sich. Auf einem schmalen Weg konnten sie trockenen Fußes die Insel in der Mitte des Gewässers erreichen. Hier schlug das Mädchen abermals in das Wasser, und alsbald war der Pfad verschwunden. Als der Morgen dämmerte, fing auf einmal der See zu

---

[600]   Die schönen Unbekannten. In: LUDWIG ERHARDT und GERTRUD FISCHER: Das Ledermännchen. S. 66-67. – Unter dem Titel „Die unbekannten Mädchen" in: MICHAEL KÖHLER (Hg.): Der Hexentaler. S. 170.

[601]   Die Nixe im Mansfelder See. In: EMIL SOMMER: Sagen, Märchen und Gebräuche aus Sachsen und Thüringen. Bd. 1, S. 92-95.

[602]   Nixen. In: ROBERT EISEL: Sagenbuch des Voigtlandes. S. 31-40, hier S. 34.

[603]   Die beiden Feen. In: THILDE HOPPE-HOYER (Hg.): Egerländer Sagenkranz. S. 32.

brausen an, da rief die Nixe voll Schreck. „Schnell, verstecke dich, sonst sind wir verloren, mein Vater kommt!" Nachdem der Nix eingeschlafen war, geleitete sie den Verehrer ans Ufer (Der Nixenhügel bei Rossendorf[604], aus der Oberlausitz). Mit einigen Abwandlungen wurde diese Geschichte auch mit Bezug auf andere Ortschaften erzählt: Großenhain und Volkersdorf (Süße Pfannkuchen[605]); Dittmannsdorf (Beim Dittmannsdorfer Wassermann[606]); Laasow (Die Tochter des Kobold[607]). Desgleichen mit Bezug auf Merkendorf im Vogtland, nur dass hier zwei Burschen zwei Nixen begleiten (Der Dockenteich[608]). – Am Sonntag nahmen die Nixen Menschengestalt an und erschienen als schmucke Dirnen im Tanzsaal des Kretschams von Kleindittmannsdorf (Vom Nixenteich bei Kleindittmannsdorf[609], aus der Oberlausitz). – Wenn die Nixmädchen zum Tanz nach Lomnitz, Ottendorf und Dittmannsdorf kamen, brachten

---

[604]   Der Nixenhügel bei Rossendorf. In: JOHANN GEORG THEODOR GRÄSSE (Hg.): Der Sagenschatz des Königreichs Sachsen. Bd. 1, S. 146-147. – Auch enthalten in: FRANK NÜRNBERGER (Hg.): Großes Oberlausitzer Sagenbuch. S. 240-241. – Enthalten ferner in: EDMUND MUDRAK (Hg.): Das große Buch der Volkssagen. S. 147-148.

[605]   Süße Pfannkuchen. In: FR. SIEBER (Hg.): Sächsische Sagen von Wittenberg bis Leitmeritz. S. 181-182. – Auch enthalten in: HANNA MOOG (Hg.): Die Wasserfrau. S. 174-175.

[606]   Beim Dittmannsdorfer Wassermann. In: ERICH SCHNEIDER (Hg.): Sagen der Lausitz. S. 84-85.

[607]   Die Tochter des Kobold. In: WILIBALD VON SCHULENBURG: Wendische Volkssagen und Gebräuche aus dem Spreewald. S. 27.

[608]   Der Dockenteich. In: GISELA GRIEPENTROG (Hg.): Die goldenen Flachsknoten. S. 161. Der Name des Teichs wird mit der Zartheit und Anmut der Mädchen begründet, die in ihm wohnten (Docke = Puppe). – Unter dem Titel „Die Docken im Dockenteiche" in: JOHANN AUGUST ERNST KÖHLER: Volksbrauch, Aberglauben, Sagen und andere Überlieferungen im Voigtlande. S. 475.

[609]   Vom Nixenteich bei Kleindittmannsdorf. In: FRANK NÜRNBERGER (Hg.): Großes Oberlausitzer Sagenbuch. S. 213-214.

sie ihren Tänzern stets süße Pfannkuchen mit. Diese mussten gleich verzehrt werden, denn wenn sie mal einer bis zum andern Tag aufhob, so fand er in seiner Tasche statt des süßen Gebäcks eine vertrocknete Kröte. Manche Nixmädchen gaben den Burschen, die sie nach dem Fest bis zum Wasser begleiteten, ein blinkendes Goldstück oder auch kleine Münzen fürs Heimschaffen. Als kecke Volkersdorfer Burschen in die Nixhöhle hinabstiegen, setzten die Wassermannstöchter ihnen Kaffee und Kuchen vor, wollten sie aber, als der Tag anbrach, nicht fortlassen. Da rannten sie, was sie konnten, und entkamen dank der Zauberkräuter, die sie heimlich zu sich gesteckt hatten. Ein Nixmädchen rief hinter ihnen her: „Hätt'st du nicht Dorant und Dosten, da sollt' dich meine Hand schon fassen." (Süße Pfannkuchen[610], aus der Oberlausitz.) – Drei schöne Jungfrauen aus der Maas nahmen in Jupille am Fest der Weinlese teil. Sie tanzten leicht, als ob sie schweben würden, und sangen wunderbar (Die drei Nixen von Jupille[611], aus den Niederlanden).

Die Respektsperson, der die fremden Mädchen verpflichtet sind, wird selten genannt, zu selten für eine Schlussfolgerung. Es ist: ihr Vater – ihre Mutter – ihre Dienstherrin – der Nix – der Neck – der Teufel. Unter ihnen ragt der Nixenfürst der Zschopau hervor, der seine Wohnung in einem Felsen bei Waldheim hat. Seine drei Töchter gingen bei Neumond ins Dorf Dietenhayn zum Tanz (Die Nixkluft bei Waldheim[612]).

Eine Mitteilung mit Bezug auf das hessische Neukirchen fällt aus dem Rahmen: „Am Hirzberg", nicht weit von der Holzheimer Straße, lag die Puppenkaute. Dort standen ehemals zwei stolze Häuser, darin wohnte *ein Zauberer* mit seinen drei wunderschönen Töchtern. Manchmal ließ er

---

[610]   Süße Pfannkuchen. In: FR. SIEBER (Hg.): Sächsische Sagen von Wittenberg bis Leitmeritz. S. 181-182. Auch enthalten in: HANNA MOOG (Hg.): Die Wasserfrau. S. 174-175.
[611]   Die drei Nixen von Jupille. In: JOHANN WILHELM WOLF: Niederländische Sagen. Zweites Buch, S. 611.
[612]   Die Nixkluft bei Waldheim. In: JOHANN GEORG THEODOR GRÄSSE (Hg.): Der Sagenschatz des Königreichs Sachsen. Bd. 1, S. 316.

sie zum Tanz ins Dorf gehen (Die Jungfrauen auf der Puppenkaute bei Neukirchen[613]).

Die Mitteilungen über den Heimweg der geheimnisvollen Mädchen widersprechen einander: Mal heißt es, sie wohnen in einem Berg (und das bedeutet: in einer Höhle), mal heißt es, sie wohnen im Wasser. Falls die erste Mitteilung stimmt und der Aufenthalt im Wasser fiktiv war, verstehen wir, warum die Mädchen sich gewöhnlich standhaft gegen eine Begleitung sträuben. Für das Überqueren des Wassers vom Seeufer bis zur Insel mit Hilfe einer Rute gibt es eine rationale Erklärung: Im seichten Wasser lagen Steine, auf die man treten konnte, wobei die Rute dazu diente, die Steine zu ertasten. Die von den Begleitern aus einiger Entfernung beobachtete merkwürdige Handbewegung der Mädchen, *als ob sie winken wollten,* lässt sich durch das Handhaben der Rute erklären, die man im Dämmerlicht nicht wahrnehmen konnte. Die Fantasie der Erzähler hat den Faden weitergesponnen. In einer Sage vom Mummelsee schlägt die Nixe mit der Rute aufs Wasser, worauf sich das Wasser teilt und eine glänzende steinerne Treppe erscheint, die zum Grunde des Sees hinunterführt (Mummelsee[614], aus Baden).

---

[613] Die Jungfrauen auf der Puppenkaute bei Neukirchen. In: KARL WEHRHAN (Hg.): Sagen aus Hessen und Nassau. S. 58-59.

[614] Mummelsee. In: GRIMM, BRÜDER GRIMM (Hg.): Deutsche Sagen. Erster Teil, Nr. 59. Siehe den Text im Anhang. – Unter dem Titel „Die Nixen vom Mummelsee" ist dieser Text enthalten in: HELMUT BERNDT (Hg.): Die schönsten deutschen Volkssagen. S. 327-328.

Der Verleih von Geschirr

Wenn die Zwerge der Sage Abbilder von Zöglingen einer Buschschule sind, stellt sich die Frage nach der Herkunft des Geschirrs, das sie verleihen. In den Sagen borgen sich die Bauern, sooft ein Fest bevorsteht – eine Hochzeit oder eine Kindstaufe – von den Zwergen Koch-, Brau- und Essgeschirr. Genannt werden Töpfe, Braukessel, Braupfannen, Krautkessel oder Pfefferkessel, Schüsseln und Teller. Das scheint aber nicht alles gewesen zu sein, denn die Bewohner von Dardesheim wandten sich an die Zwerge, sobald sie a) *ein selteneres Gerät* und b) *ein Feierkleid* brauchten (Die Zwerge bei Dardesheim[615], aus dem Harz). Angeblich verliehen die Zwerge vom Bielstein neben der Bergstadt Lautenthal im Harz sogar silberne und goldene Gerätschaften (Spar-die-Müh und die Zwerge am Bielstein I[616]). In einer Sage aus dem Bergischen Land zeigen sich die Landleute bei der Rückgabe des Geschirrs nicht nur durch Esswaren erkenntlich, was in vielen Sagen vermerkt wird, sondern auch durch Kleidungsstücke (Die Zwerge im Bielstein[617]).

Wahrscheinlich befand sich das Geschirr nicht im Besitz der Zwerge bzw. der Knaben, die es auf Wunsch hervorholten und nach Gebrauch wegräumten, sondern im Besitz der Dorfgemeinschaft. Es wurde an einem Ort außerhalb des Dorfes aufbewahrt und von dem Mann verwaltet, der unter dem Namen *Grînkenschmied* in Erscheinung tritt. Zu diesem Bescheid führt folgende Überlegung, die sich auf mehrere Sagen stützt.

---

[615] Ohne Titel in: OTMAR: Volcks-Sagen. S. 331-334. – Unter dem Titel „Die Zwerge bei Dardesheim" in: JOHANN GEORG THEODOR GRÄSSE (Hg.): Sagenbuch des Preußischen Staats. Bd. 1, S. 587-588.

[616] Spar-die-Müh und die Zwerge am Bielstein I. In: HEINRICH PRÖHLE: Harzsagen. S. 43-44. – Siehe auch: „Die Zwerge am Bielstein" in: JOHANN GEORG THEODOR GRÄSSE (Hg.): Sagenbuch des Preußischen Staats. Bd. 1, S. 548-549.

[617] Die Zwerge im Bielstein. In: OTTO SCHELL: Bergische Sagen. S. 294-295.

(A) Der Grînkenschmied liefert Schmiedearbeiten auf Bestellung.

(B) Die Zwerge liefern Schmiedearbeiten auf Bestellung.

(C) Der Grînkenschmied verleiht vor einem Fest Gerät, im konkreten Fall einen Bratspieß, und bekommt dafür ein Stück Braten.

(D) Die Zwerge verleihen vor einem Fest Geschirr (bzw. ein Feierkleid) und erhalten dafür etwas von den aufgetischten Gerichten oder andere Speisen.

Der Gleichklang der Sagen A und B sowie der Sagen C und D erlaubt die Annahme, dass ursprünglich im selben Text sowohl vom Schmied als auch von den Zwergen die Rede war. Wahrscheinlich waren die sogenannten Zwerge Zöglinge der Buschschule. Derselbe Gleichklang ermutigt uns, das Ungleichgewicht zwischen den Sagen C (wenige) und den Sagen D (viele) in Kauf zu nehmen.

Eine Überlieferung aus dem Westerwald enthält einen Vermerk, der sonst fehlt, und eben dieser Vermerk bestätigt die Identität der hilfreichen Zwerge als Initianden. Im Siebengebirge, so heißt es, *brachten die Zwerge das Geschirr selbst vor die Häuser und holten es nach dem Fest wieder ab.* Zum Dank ließ man ihnen jedes Mal einen Leckerbissen in den Gefäßen (Die Zwerge im Siebengebirge[618]).

Meine Hypothese vom Gemeinschaftsbesitz des Dorfes stützt sich auf einen Bericht über das Nachbarschaftswesen bei den Siebenbürger Sachsen, deren Ahnen ab dem 12. Jahrhundert aus dem Rheinland nach Transsilvanien (die von den Karpaten umschlossene Hochebene im heutigen Rumänien) gezogen sind.

„Für die Wahrnehmung ihrer Aufgaben verfügten die Nachbarschaften über Geräte wie Brunnenwerkzeuge und Feuerlöschgeräte, aber auch eine Totenbank zur Aufbahrung eines verstorbenen Nachbarn gehörte seit dem 18. Jahrhundert zu ihrem Inventar. Den wertvollsten Teil ihres Besitzes aber stellten die sogenannten *Kleinodien* dar, das Tafel- und Kochgeschirr, das für die nachbarlichen Mahlzeiten angeschafft worden war. Der Nachbar, der ein Essen zu geben hatte, besaß natürlich nicht

---

[618]   Die Zwerge im Siebengebirge. In: O. RUNKEL: Aus dem Sagenschatz der Heimat. Westerwaldsagen. I. Teil, S. 13-15, hier S. 14.

genügend Tafelgeschirr für eine so große Runde. Von einer Nachbarschaft ist überliefert, dass sie 78 Häuser umfasste. Zu den in den Nachbarschaftsbüchern aufgeführten Gerätschaften gehören zinnerne Teller, Schüsseln und Kannen, Löffel und Messer, einzelne silberne Becher, oft auch vergoldete Becher und Kannen. Auch schöne irdene Weinkannen sind aus Nachbarschaftsbesitz überliefert. Die Ausstattung der Nachbarschaft hing natürlich von der Wohlhabenheit ihrer Mitglieder ab. Dort, wo die Spitzen der Gesellschaft ihre Häuser hatten, war sie besonders reich. Das große Kochgeschirr, aber auch das Tafelgeschirr wurde gebührenfrei an die Nachbarschaftsmitglieder verliehen, wenn sie es für ein Familienfest brauchten. Leute aus anderen Nachbarschaften konnten das Geschirr gegen eine geringe Gebühr benutzen."[619]

Ich will nicht verschweigen, dass es Mitteilungen mit entgegengesetzter Aussage gibt: Nicht die Menschen leihen Geschirr von den Zwergen, sondern die Zwerge von den Menschen. Was hinter dieser Abweichung steckt, bleibt zu klären. In Aachen kündigten die Hinzelchen durch mancherlei Vorzeichen an, z.B. durch Pochen an der Haustür, dass sie ein Fest halten wollten, und dann musste jeder Hausvater ein blankgescheuertes Geschirr um zehn Uhr abends vor seine Tür stellen. Um Mitternacht liefen die Hinzelchen durch die Straßen, und ein jedes nahm seinen Kessel mit nach dem alten Turm. Am nächsten Morgen aber fand jeder Einwohner sein Geschirr wieder blank vor der Tür, die ausgenommen, welche die Kessel unsauber hingestellt hatten.[620] – In Doberan, das liegt in Mecklenburg, liehen sich die *Mönken* („Männchen") den Backtrog bei den Menschen, und wenn sie ihn zurückbrachten, lag als Dank stets etwas von dem Gebäck darin (Mönken in Doberan[621]). – Dasselbe

---

[619]   ANNEMIE SCHENK: Deutsche in Siebenbürgen. S. 131.

[620]   Erdgeister. In: PAUL ZAUNERT (Hg.): Rheinland-Sagen. Bd. 1, S. 55-61, hier S. 57.

[621]   Mönken in Doberan. In: KARL BARTSCH: Sagen, Märchen und Gebräuche aus Meklenburg. Bd. 1, S. 59-60.

erzählte man sich von den Lutken in der Lausitz (Die Lutken bei Hoyerswerda).[622]

Abwegig ist die Vorstellung, dass die Zwerge vom Bielstein den Bewohnern der Stadt Lautenthal Geld geliehen haben. Angeblich brachen die Beziehungen ab, als einmal die Leute den Zwergen das geliehene Geld nicht zurückbrachten. „Da sie nun wieder zu dem Zwergloche kamen und Geld leihen wollten, vernahmen sie eine Stimme, welche ihnen zurief: Spar die Müh! Von der Zeit an taten die Zwerge den Lautenthalern nichts mehr zu Gefallen, und seitdem heißt auch die Stelle: Spar-die-Müh." (Spar-die-Müh und die Zwerge am Bielstein I.[623])

---

[622]   Die Lutken bei Hoyerswerda. In: ERICH SCHNEIDER (Hg.): Sagen der Lausitz. S. 38.

[623]   Spar-die-Müh und die Zwerge am Bielstein I. In: HEINRICH PRÖHLE: Harzsagen. S. 43-44. – Siehe auch: „Die Zwerge am Bielstein" in: JOHANN GEORG THEODOR GRÄSSE (Hg.): Sagenbuch des Preußischen Staats. Bd. 1, S. 548-549.

Die Leiter der Buschschule

Über die Initiationsleiter verraten die Sagen wenig. Selbstverständlich besaßen sie das Vertrauen der Bauern, selbstverständlich wurden sie bei der Abwicklung des Ritus von den Bauern unterstützt. Die Dorfgemeinschaft sicherte Unterkünfte, die Verpflegung und Praktikumsplätze.

Die Sagen vom Hamelner Rattenfänger und von seinen Doppelgängern belegen, dass die Bevölkerung den Männern, die die Kinder wegführten, zutraute, sie von den Nagern und anderen Schädlingen zu befreien, vermeintlich besaßen sie magische Kraft über die Tiere.

Im Seewinkel zwischen Lindau und Bregenz trat der hl. Nikolaus als Rattenvertilger auf (St. Nikolaus als Richter und Rattenvertilger[624]). Wir können uns einen Reim auf diese Mitteilung machen, wenn wir in Betracht ziehen, was Bohdan Georg Mykytiuk zum Nikolaus der ukrainischen Weihnachtslieder sagt: Aus dem Inhalt verchristlichter Koljada-Lieder ist ein enger Zusammenhang des Koljada-Brauchs mit dem Nikolaustag ersichtlich, und in jenen Liedern hat der hl. Nikolaus eine uns nicht bekannte Gestalt des heidnischen Vorstellungskreises ersetzt.[625] Das wird der Stammeszauberer gewesen sein. Die vermeintliche Macht, Ratten zu vertreiben, dürfte der Heilige von ihm geerbt haben.

Der Grînkenschmied und die Urschel vom Urschelberg, über die wir etwas mehr wissen, treten auch nur als Schemen in Erscheinung.

Der Grînkenschmied galt als kunstfertiger Handwerker und lebte außerhalb des Dorfes. Die Angaben über seinen Aufenthaltsort widersprechen einander:
- im Gertrudenberg vor Osnabrück (Der Schmied im Gertrudenberg[626]);

---

[624] St. Nikolaus als Richter und Rattenvertilger. In: HERMANN ENDRÖS und ALFRED WEITNAUER (Hg.): Allgäuer Sagen. S. 486.
[625] BOHDAN GEORG MYKYTIUK: Die ukrainischen Andreasbräuche und verwandtes Brauchtum. S. 84.
[626] Der Schmied im Gertrudenberg. In: ADALBERT KUHN: Sagen, Gebräuche und Märchen aus Westfalen [...]. Bd. 1, S. 62.

- im Detterberge (bei Schapdetten, heute ein Ortsteil der Gemeinde Nottuln im Kreis Coesfeld, Nordrhein-Westfalen) (Sagen vom Grînkenschmied[627]);
- im Berge bei Nienberge (Sagen vom Grînkenschmied[628]);
- neben Grînkeswell, einer Wassergrube am Rösterberge, zwischen Nienberge und Altenberge, die mit dichtem Gebüsch umgeben war (bei Münster, am Rande der Bauernschaft Häger, wo es auch eine Straße *Grinkenswell* = „Grinkensquelle" gibt) (Sagen vom Grînkenschmied[629]);
- am Entenberg bei Steinfurt (heute Kreisstadt des gleichnamigen Kreises im Regierungsbezirk Münster) (Sagen vom Grînkenschmied[630]);
- im See Darmssen in der Bauernschaft Epe (im Landkreis Osnabrück in Niedersachsen) (Sagen vom Darmssen[631]);
- in einem Wäldchen bei Mülheim (im Bergischen Land)[632].

Gemäß der mündlichen Überlieferung im Bergischen Land war der Schmied von Angesicht so hässlich, dass man vor ihm erschrocken sei. Angeblich war es sprichwörtlich, einen griesgrämigen Menschen mit ihm zu vergleichen (Der Grinkenschmied in Mühlheim[633]). Laut einer

---

[627] Sagen vom Grînkenschmied. In: ADALBERT KUHN: Sagen, Gebräuche und Märchen aus Westfalen […]. Bd. 1, S. 84-93, hier S. 84.

[628] Ebd., S. 85.

[629] Ebd., S. 87, 88-89.

[630] Ebd., S. 88.

[631] Sagen vom Darmssen. In: ADALBERT KUHN: Sagen, Gebräuche und Märchen aus Westfalen […]. Bd. 1, S. 41-45, hier S. 41.

[632] Zwerge, Bauern und Schmiede. In: PAUL ZAUNERT (Hg.): Rheinland-Sagen. Bd. 1, S. 193-206, hier S. 205-206.

[633] Der Grinkenschmied in Mühlheim. In: OTTO SCHELL: Bergische Sagen. S. 408.

anderen Überlieferung war er ein Riese mit ungeheuren Kräften (Grienkenschmied[634]).

Für seinen Namen gibt es gleich drei Erklärungen.

Laut Adalbert Kuhn geben die Namen *Grînkenschmied* und *Grînkeswell* zu verstehen, dass der Schmied an dem Bach lebte, der die Grenze zwischen Oberwelt und Unterwelt bildet[635], was zu den Vorstellungen von der Jugendweihe passt, denn angeblich stiegen die Initianden in die Unterwelt hinab. Also liegt es nahe, im Grînkenschmied den Leiter einer Buschschule zu sehen.

Er wäre dann ein direkter Nachfolger des bronzezeitlichen Stammeszauberers, von dem die Märchen berichten. Der Stammeszauberer schmiedete Rüstungsteile und leitete die Buschschule. In einem rumänischen Märchen wird er als zauberkundiger *Weltenschmied* vorgestellt (Greuceanu[636], AT 300 A), in einem ungarischen Märchen als *Schmied aller Schmiede* (Frühlicht, Abendlicht und Mitternacht[637], AT 301 A). Die Beziehung Schmied – Ritus kommt in der genannten rumänischen und in einer verwandten litauischen Überlieferung deutlich zum Ausdruck, allerdings erscheint der Ritus in umgewerteter Form, denn hier will das Abbild des Tier-Ahnen den Helden nicht verschlingen, um ihm eine Wohltat zu erweisen[638], sondern – um ihn zu verderben. Der

---

[634] Grienkenschmied. Nacherzählt von RAINER SCHEPPER. In: HERBERT GÜNTHER (Hg.): Das neue Sagenbuch. S. 64-71.

[635] ADALBERT KUHN: Sagen, Gebräuche und Märchen aus Westfalen […]. Siehe die Anmerkungen zu Nr. 138 b (ohne Titel). Bd. 1, S. 128-131.

[636] Greuceanu (AT 300 A). In: PETRE ISPIRESCU: Legende sau basmele românilor. S. 203-213, hier S. 210.

[637] Frühlicht, Abendlicht und Mitternacht (AT 301 A). In: DER NAGELKÖNIG. S. 111-123.

[638] Im Ritus verschlang der Tier-Ahne symbolisch den Initianden und ließ ihn eine Weile in seinem Magen sitzen, um ihm eine für das Gelingen der Jagd wesentliche Eigenschaft zu verleihen. Dieser Teil des Ritus wird durch das griechische Märchen „Der Königssohn und der Bartlose" (AT 531) auf sensationelle Weise bestätigt. Der Prinz heilt

Weltenschmied überlistet die Drachenmutter, indem er ein eisernes Ebenbild des Helden, glühend gemacht, in ihren Rachen schiebt. In der litauischen Fassung wirft der Schmied der Drachenmutter glühende Brocken Eisen in den Rachen, die angeblich Glieder des Helden sind (Das zweiköpfige Ross[639]).

Die zweite Erklärung leitet den Namen des Schmieds vom Namen der Quelle ab, an der sich sein Wohnsitz befand. Diese heißt *Grienkenquelle*. Ihr Wasser rinnt aus der Erde wie die Tränen aus dem Auge eines Kindes, das still vor sich hin weint, und auf Plattdeutsch sagt man zu weinen *grienen* (Grienkenschmied[640]).

Die dritte Erklärung verbindet den Namen mit dem Herstellen von *Grînken,* das waren eiserne Reifen für die Räder der Bauernwagen. Hier sei vermerkt, dass man die Lauffläche der Felgen schon in der Bronzezeit mit Metallstreifen beschlagen hat.

Außer Grînken verfertigte Grînkenschmied Pflugeisen, Hufeisen, Türangeln und Türschlösser. Seine Kunden bekamen ihn nicht zu Gesicht, sie schrieben ihre Wünsche auf einen (anachronistischen) Zettel.

Ein auffälliger Gleichklang verbindet eine Sage vom Grînkenschmied mit einer Sage über die Sgönaunken, die ebenfalls auf Bestellung Schmiedearbeiten ausführten (Die Sgönaunken[641]): Bestellung und Preis werden auf denselben Zettel geschrieben. Und noch zwei Sagen berichten über kunstfertige Zwerge (Schmiedender Zwerg[642]; Die Zwerge

---

einen blinden Drachen, worauf dieser ihn aus Dankbarkeit verschluckt und ihn in seinem Bauch die Tiersprache lehrt; nachdem der Prinz ausgelernt hat, speit er ihn aus. In: GEORGIOS SARANTIS-ARIDAS (Hg.): Griechische Märchen. S. 87-93, hier S. 89.

[639]   Das zweiköpfige Ross (AT 300 A): In: BRONISLAWA KERBELYTÉ (Hg.): Litauische Volksmärchen. S. 33-39, hier S. 38-39.

[640]   Grienkenschmied. Nacherzählt von RAINER SCHEPPER. In: HERBERT GÜNTHER (Hg.): Das neue Sagenbuch. S. 64-71, hier S. 64.

[641]   Die Sgönaunken. In: ADALBERT KUHN: Sagen, Gebräuche und Märchen aus Westfalen [...]. Bd. 1, S. 63-75, hier S. 66.

[642]   Schmiedender Zwerg. In: ADALBERT KUHN: Sagen, Gebräuche und Märchen aus Westfalen [...]. Bd. 1, S. 148.

bei Dünnenfehr[643]). Mit großer Wahrscheinlichkeit war ursprünglich in ein und derselben Überlieferung vom Schulleiter und seinen Zöglingen die Rede, die späteren Erzähler aber haben jene Überlieferung gespalten und die Kunstfertigkeit des Lehrers auf seine Zöglinge übertragen.

Die Sgönaunken hausten in einem Berg zwei Stunden von Osnabrück, zwischen Ohrbeck und Hagen. Der schmiedende Zwerg wohnte in einer Höhle im Hallberg bei Sundwig, heute ein Stadtteil von Hemer in Nordrhein-Westfalen. Dünnenfehr liegt zwischen Loxstedt und Bexhövede. Heute bilden die zwei Ortschaften die Gemeinde Loxstedt im Landkreis Cuxhaven in Niedersachsen.

Gestützt auf besagten Gleichklang dürfen wir einen gleichen Transfer für die Kunst des Wahrsagens annehmen. Es ist nicht glaubhaft, dass die Umwohnenden sich zu dem Zwerg im Hallberg begaben, wenn sie etwas verloren hatten oder sonst Rats bedurften. Sie werden den Schmied gefragt haben. Zu dieser Annahme berechtigen uns die Mitteilungen über den alteuropäischen Stammeszauberer, der sich als Wahrsager und Ratgeber betätigte, die Männer kamen von weither, um sich von ihm belehren zu lassen, siehe die Varianten der Märchentypen AT 460 A „Die Reise zu Gott" und AT 461 „Drei Haare vom Barte des Teufels". Ihr Brunnen ist versiegt – ein Prachtstück von Obstbaum verdorrt – die Tochter erkrankt – die Tochter verschwunden – ein fleißiger Müller bleibt mausarm – drei Frauen finden keinen Mann – ein Schlüssel, ein Ring ist abhandengekommen.

Merkwürdig ist der Zusatz, dass in derselben Höhle mit dem schmiedenden Zwerg vormals *Albrunen* wohnten (d.h. kluge Frauen), denn damit wird indirekt ein Hinweis auf das Zusammenwirken des Zauberers mit der Leitung des Frauenbundes gegeben.

Die Urschel vom Urschelberg. Aus ungenannten Gründen war die Urschel eine Respektsperson, man hütete sich, sie zu verstimmen. Sie war in der Lage, bedürftigen Familienvätern Korn bis zur nächsten Ernte zu leihen, aber woher sie es nahm, haben die Erzähler verschwiegen. Aus den spärlichen Angaben geht nicht hervor, ob sie einen Wirtschaftshof

---

[643] Die Zwerge bei Dünnenfehr. In: CARL und THEODOR COLSHORN: Märchen und Sagen aus Hannover. S. 243-245.

mit Feldern besaß. Wir wissen ebenso wenig, ob sie durch Abgaben oder durch Dienstleistungen entlohnt wurde, indem die Schülerinnen oder deren Eltern auf ihren Feldern arbeiteten. Im Falle der rumänischen Mädchen-Spinnstube vergalten die Schülerinnen die Mühe der Leiterin durch Naturalien *(prestaţii în natură)*.[644]

Die Bercht. Viel deutlicher als Grînkenschmied und Urschel gibt sich die Bercht oder Percht als Leiterin der Buschschule zu erkennen. Sie verschleppt Kinder und nimmt die rituelle Erneuerung des Körpers durch den Austausch von Organen vor. In der Überlieferung schneidet sie ihren Opfern den Bauch auf, um ihn mit Stroh oder Holzspänen zu füllen, aber das ist eine Entstellung, in der sich die Umwertung des Ritus äußert. Ihr Status als Zauberin und als Leiterin der Buschschule wird durch die Sagen über den Umzug in den Zwölften bestätigt. Dass es sich bei ihrem Gefolge um Zöglinge der Buschschule handelt, ergibt sich aus der Vorstellung, ihre Begleiter seien die Seelen ungetauft verstorbener Kinder. Auch das ist eine Entstellung. Möglicherweise hängt sie mit dem Status der Zöglinge während eines Abschnitts der Jugendweihe zusammen, denn offiziell galten diese als gestorben. Es könnte auch sein, dass die Zöglinge der Buschschule nach der Aufnahme einen neuen Namen erhielten, der den alten ablöste, wie in Afrika. Denn die Saligen Fräulein hatten einen zweiten Namen, der geheim war. In einer Überlieferung aus dem Vintschgau wird vermerkt, dass es sich bei dem verheimlichten Namen *um den eigentlichen, wahren Namen handelt, den sie im Saligenreigen führten;* wer das Gelöbnis bricht, wird aus dem Verband der Saligen ausgestoßen und verbannt (Die verbannte Salige auf dem Piz Lat[645]). Eine Bedingung der Saligen-Ehe lautet, der Ehemann dürfe sich nicht nach jenem Namen erkundigen. In einer Überlieferung aus dem Allgäu verbittet sich das Wilde Fräulein, welches einen Hirten heiratet, dass man ihm einen Namen gibt, denn würde man bei der Namengebung zufällig

---

[644]   MONICA BRĂTULESCU: Ceata feminină. S. 41-42.

[645]   Die verbannte Salige auf dem Piz Lat. In: ROBERT WINKLER: Sagen aus dem Vinschgau. S. 23-24.

seinen wirklichen und rechtmäßigen treffen, müsste es sogleich zurück in seinen Felsensitz (Wilde Fräulein im Ostrachtal[646]).

Im Lichte rezenter Bräuche dürfen wir annehmen, dass die Zöglinge der Buschschule, angeführt von der Bercht, in den Zwölften mit einer Lebensrute, einem künstlich zum Blühen gebrachten Zweig, von Weiler zu Weiler, von Gehöft zu Gehöft wanderten. Mit der Lebensrute berührten sie die Häuser, die Menschen, die Haustiere und die Obstbäume, damit überbrachten sie einen Fruchtbarkeitszauber. Solche Bräuche erhielten sich bis in die Gegenwart. Ich selbst habe in Bukarest eine stark entstellte Form erlebt: Burschen mit schwarzen Lammfellmützen und weiten weißen Hemden berührten die Passanten mit riesigen Papierblumen, die an einem Stock befestigt waren, dazu rezitierten sie einen Vers mit Glückwünschen. Manche Papierblumen waren weiß, andere rosafarben, ihre Form erinnerte an Chrysanthemen oder gefüllte Rosen. Der einzige Zweck dieser Auftritte bestand darin, von den Passanten Geld zu erbetteln.

Die Bercht kontrollierte die rechtzeitige Ausführung aller landwirtschaftlichen Arbeiten; diese Machtfülle lässt sich nur durch ihre Funktion als Leiterin des Frauenbundes erklären. Bei den Naturvölkern wurden vergleichbare Kontrollfunktionen von Bünden ausgeübt. Bei den Mandan-Indianern hatte der *Hundebund* die Aufgabe, während der Bisonjagd die Jäger zusammenzuhalten, damit nicht etwa ein Einzelner die Tiere zu früh aufschreckt und dadurch das ganze Unternehmen in Frage stellt.[647] Bei den Ejagham in Kamerun und Nigeria kontrollierten die Masken des Bundes der jungen Männer *Angbu*, ob alle Dorfbewohner an den ausgerufenen Gemeinschaftsarbeiten teilnehmen.[648]

In den Sagen und Bräuchen aus Deutschland und Österreich beschränkt sich das Anliegen der Bercht und ihrer Doppelgängerinnen gewöhnlich auf die Kontrolle der Flachs- und Hanfverarbeitung: Im

---

[646] Wilde Fräulein im Ostrachtal. In: HERMANN ENDRÖS und ALFRED WEITNAUER (Hg.): Allgäuer Sagen. S. 192-194.

[647] HANS LÄNG: Kulturgeschichte der Indianer Nordamerikas. S. 210.

[648] UTE RÖSCHENTHALER: Die Kunst der Frauen. S. 181-182.

Oberharz sollte man in den Zwölften oder am Fastenabend keinen Flachs auf dem Wocken lassen, weil Frau Wulle ihn sonst besudelte (Göttinnen[649]). – In Mecklenburg erlaubte Fru Gaur das Spinnen nur bis zur Fastnacht. Wenn der Flachs am Fastelabend nicht aufgesponnen ist, so hieß es, kommt Fru Gaur und zerreißt den Spinnrocken. Laut Karl Bartsch galt es noch im späten 19. Jahrhundert als Zeugnis von Faulheit, wenn eine Bäuerin fastnachts noch nicht zu weben begonnen hatte, weil sie mit dem Aufspinnen des Flachses nicht fertig war.[650] – Ebenfalls in Mecklenburg wurde erzählt, dass Fru Gode in den Zwölften umzieht und die nicht abgesponnenen Wocken besudelt. Gleich daneben steht, dass die Knechte, wenn sie am zwölften Tag noch Flachs in den Wocken fanden, Pferdemist hineinsteckten.[651] Richard Wossidlo berichtet, dass noch zu Beginn des 20. Jahrhunderts die Furcht vor einem weiblichen Wesen, das in den Zwölften auf Erden umherzieht, die Gemüter in Bann hielt. In der Mirow-Wesenberger Gegend wurde diese Gottheit bis „vor etwa vierzig Jahren" (d. h. 1870) leibhaftig dargestellt. „Als Mutter God'sch zog ein Bursche mit einem Sommerhut, Hede vor den Augen, im Dorfe umher. Dabei drang er besonders in diejenigen Häuser ein, in denen ein ‚Spinnklub' gehalten ward, prüfte die Spinnräder und füllte die Wocken fauler Spinnerinnen mit Pferdeäpfeln, die er im Sacke mit sich führte."[652]

Im bayrisch-österreichischen Alpengebiet hieß es, Frau Percht strafe die lässige Spinnerin, indem sie ihr das nicht abgesponnene Werg um den Arm winde und an ihm abbrenne. Die Überlieferung verband diese Kontrolle mit einem Ritus, der irrtümlich zu einer Strafe umfunktioniert worden war: Frau Percht schneide der faulen Dirn den Bauch auf und fülle ihn mit dem Kehricht, den diese in den Winkeln habe liegen

---

[649] Göttinnen. In: ADALBERT KUHN: Sagen, Gebräuche und Märchen aus Westfalen [...]. Bd. 2, S. 1-5, hier S. 3.

[650] KARL BARTSCH (Hg.): Sagen, Märchen und Gebräuche aus Meklenburg. Bd. 1, S. 23-24.

[651] KARL BARTSCH: Sagen, Märchen und Gebräuche aus Meklenburg. Bd. 2, S. 243.

[652] SUSAN LAMBRECHT, GERD RICHARDT, CHRISTOPH SCHMITT (Hg.): Das große WOSSIDLO-Lesebuch. S. 240.

lassen.[653] – Im salzburgischen Rauris ging am 6. Januar eine Maske von Haus zu Haus, die *Rauriser Schnabelpercht,* die nach Kehricht und Werg suchte. Wenn sie fündig werden sollte, so warnte man, würde sie der betreffenden Magd oder Bäuerin den Bauch aufschneiden, Kehricht und Werg hineinstopfen und dieses anzünden.[654] Wo die Maske aus der Wirklichkeit verschwunden war, wurde von ihr erzählt.

Doch wie es scheint, interessierte sich die Oberin des Frauenbundes nicht bloß für das Spinnen, sondern auch für andere Verrichtungen: Im sächsischen Heteborn drohte man ehemals, wenn der Flachs um Bartholomäi (d.h. am 24. August) noch nicht eingebracht war, *Frau Harke* werde kommen, und in Grochwitz bei Torgau war am Bartholomäustag folgende Redensart üblich: „Nun hat die Herke gezogen, nun müssen wir's Winterkorn [d.h. den Roggen] einbringen, sonst verdirbt's."[655] – In Kärnten hieß es, die *Perchtel* bringe Unglück über das Haus, in dem zur Weihnachtszeit das Korn noch nicht gedroschen oder der Flachs noch nicht gesponnen ist (Die Perchtel[656]). – In St. Andreasberg im Harz kontrollierte *Frau Holle* in der Neujahrsnacht angeblich, ob Federvieh, Kühe und Pferde wohlgenährt sind (Frau Holle in St. Andreasberg[657]). – Laut einer Sage aus den Ostalpen geht am Christtag die *Perchtl* zur Dämmerungszeit in allen Zimmern wie auch in den Heuböden umher, und wenn sie dieselben nicht reinlich ausgekehrt findet, sammelt sie den Kehricht und näht denselben der nachlässigen Dirn in den Bauch (Die Perchtl[658]).

---

[653]   MARIE ANDREE-EYSN: Volkskundliches aus dem bayrisch-österreichischen Alpengebiet. S. 159.

[654]   BRUNO KERSCHNER: Lebendiger Perchtenbrauch im Salzburgischen. S. 61.

[655]   OTTO FREIHERR VON REINSBERG-DÜRINGSFELD: Das festliche Jahr. S. 309.

[656]   Die Perchtel. In: FRANZ PEHR (Hg.): Sagen aus Kärnten. S. 136-137.

[657]   Frau Holle in St. Andreasberg. In: WILL-ERICH PEUCKERT (Hg.): Niedersächsische Sagen. Bd. 4, S. 93-94.

[658]   Die Perchtl. In: WILL-ERICH PEUCKERT (Hg.): Ostalpensagen. S. 136.

– Im Ausseer Land im Salzkammergut zogen noch im späten 20. Jahrhundert sogenannte *Perigln* von Haus zu Haus und untersuchten die Unterkünfte mit Staubtuch und Besen auf ihre Sauberkeit, anschließend wurden sie bewirtet. Paul Kaufmann vermutet, dass der Brauch auf eine alte Tradition zurückgeht.[659]

In einer thüringischen Sage wird die Bercht als Königin der Heimchen vorgestellt. Angeblich hatte sie ihren Wohnsitz im fruchtbaren Saale-Tal, zwischen Bucha und Wilhelmsdorf. Auf Perchtas Gebot mussten die Heimchen die Felder und Fluren der Menschen bewässern.[660]

Wahrscheinlich bezeichnet der Name ihre Funktion als Zauberin und ist dann ein Gattungsname (wie *Holle*). Wenn es stimmt, dass er so viel bedeutet wie „glänzend", ergibt sich eine Übereinstimmung mit dem Namen der Feenkönigin in ungarischen, rumänischen und russischen Märchen: *Ilona, Ilina, Elena, Jelena,* alles Varianten des griechischen Namens *Helena,* der so viel bedeutet wie „die Leuchtende" oder „die Lichtvolle".

Die bekannteste Doppelgängerin der Bercht ist **Frau Holle.** Dank ihrer funktionalen Identität erweitert sich unser Bild von der Leiterin.

Frau Holle machte die Weiber, die zu ihr in den Brunnen stiegen, gesund und fruchtbar (Frau Hollen Teich[661], aus Hessen). Auch die Wilde Frau, die sich in einem Born bei Einartshausen aufhielt, konnte helfen: Wenn eine Frau gern ein Kind haben wollte, trank sie vor Sonnenaufgang

---

[659]   PAUL KAUFMANN: Brauchtum in Österreich. S. 62.

[660]   PAUL QUENSEL (Hg.): Sagen aus Thüringen. S. 250. Laut OTTO FREIHERR VON REINSBERG-DÜRINGSFELD galt in Hessen und Thüringen *Frau Holle, Holda* oder *Hulda* als Mutter der Wichtlein oder der verkörpert gedachten Seelen ungetauft verstorbener Kinder, welche in Franken *Heimchen* hießen. Sie sorgte mit diesen für die Fruchtbarkeit der Felder, indem sie mit ihrem goldenen Pflug ackerte und die Äcker von den Heimchen bewässern ließ. Siehe: Das festliche Jahr. S. 23.

[661]   Frau Hollen Teich. In: GRIMM, BRÜDER GRIMM (Hg.): Deutsche Sagen. Erster Teil, Nr. 4. – Auch enthalten in: HEINZ RÖLLEKE (Hg.): Das große deutsche Sagenbuch. S. 470.

dreimal aus dem Born und stellte Speise in einer neuen Schüssel nieder (Der Wildfrauborn bei Einartshausen[662], aus Hessen). Beim Aufenthalt der Frau Holle im Brunnen handelt es sich wahrscheinlich um eine konventionelle Vorstellung wie im Falle der fremden Mädchen, die die Spinnstube besuchen.

Eine um 1300 aufgezeichnete provenzalische Legende, die etwas ausführlicher ist als die deutsche Sage, berichtet von einer Fee namens *Esterelle,* die denselben Ruf genoss wie Frau Holle. Esterelle wohnte in der Nähe eines Brunnens, man brachte ihr Opfergaben, und sie gab den unfruchtbaren Frauen Zaubertränke.[663] Mit der Holle und der Esterelle vergleichbar ist die Nymphe *Egeria,* die im heiligen Hain zu Nemi nahe Rom lebte; sie wurde von den Frauen verehrt, weil ihr Wasser die Kraft besaß, sowohl die Empfängnis als auch die Niederkunft zu erleichtern.[664] Die Parallele zu den Kpelle im Hinterland von Liberia ist unübersehbar: Deren Frauenbund verfügte über einen Fruchtbarkeitszauber, weswegen sich unfruchtbare Frauen und sogar Männer, die sich für zeugungsunfähig hielten, mit der Bitte um Abhilfe an die Bundesoberin wandten.[665]

Die Bercht war also keine Göttin. Auch wenn das Wort germanischer Herkunft ist, handelt es sich beim Frauenbund und bei der Buschschule um Einrichtungen der bodenständigen Bevölkerung, die die Germanen übernommen haben, wie vorher die Urgriechen und später die Slawen. In der rumänischen Folklore – Sage und rezentes Brauchtum – gibt es eine Gestalt, die gleich der Bercht die Erledigung landwirtschaftlicher Tätigkeiten kontrollierte: ob die Mädchen das Werg versponnen und das Spinngut zu Tuch verarbeitet hatten, ob die Männer den Mist aus den Höfen entfernt und die Zäune repariert hatten.[666] Sie heißt *Joimăriţa,* das bedeutet „Gründonnerstagsfrau" (*Joia mare* – „Gründonnerstag"). Ein

---

[662] Der Wildfrauborn bei Einartshausen. In: ULF DIEDERICHS und CHRISTA HINZE (Hg.): Hessische Sagen. S. 203-204.
[663] PAUL SÉBILLOT: Le Folk-Lore de France. Bd. 2, S. 197.
[664] JAMES GEORGE FRAZER: Der goldene Zweig. S. 5, 214.
[665] DIEDRICH WESTERMANN: Die Kpelle. S. 256.
[666] TUDOR PAMFILE: Mitologie românească. S. 77.

Blick auf die rumänische Volkskunde hätte genügt, um die Hypothese, Bercht sei eine germanische Göttin, fallen zu lassen.

Von einem Unterricht hören wir nichts, man kann nur vermuten, dass ein Unterricht stattgefunden hat. Die Vermutung stützt sich auf Berichte aus der Völkerkunde, auf Mitteilungen in Märchen von der Buschschule und auf Informationen über die rumänische Mädchen-Spinnstube.

Unsere Vermutung wird durch die Mitteilung von Heinrich Schreiber bestätigt, dass in Frankreich der Überlieferung zufolge die Feen den Kindern Unterricht erteilten.[667] Desgleichen durch ein Märchen, das Friedrich S. Krauss in Zamladinec aufgezeichnet hat (Lastari[668]). Es setzt sich aus der Geschichte eines Familiendramas und aus einer Sage über die Vilen zusammen.

„Als die Kinder schon soweit herangereift waren, um die Schule besuchen zu können, schickten sie die Eltern jeden Tag zu den Vile an den bestimmten Ort, oder die Vile kamen zu ihnen. In alten Zeiten pflegten aber die Vile am liebsten auf Weideplätzen die Kinder zu unterrichten, und deshalb schickten die Eltern ihre noch kleinen Kinder mit der übrigen Jugend in die Auen, wo sie mit den anderen Hirten auf die Reden der Vile horchten. Als nun die Knaben zur Hilfeleistung herangewachsen waren, halfen sie jedermann, selbst dem Geringsten, sobald sie sahen, er benötige Hilfe, und so halfen sie den Leuten ackern, einfechsen, mähen, kurz immer und überall boten sie ihre hilfreiche Hand an, und wenn sie sich den ganzen Tag mit Einfechsen oder Mähen abgemüht, so sangen sie abends des allmächtigen Schöpfers Lob und Preis. Und obgleich sie schon erwachsene Burschen waren, so gehorchten sie doch in allem und jedem den Vile und verehrten sie als wahrhaft göttliche Frauen, taten stets, was diese ihnen auftrugen, und wenn sie etwas Besonderes vorhatten, so unterließen sie es nie, zuerst die Vile um Rat zu fragen; und was ihnen die Vile zu tun erlaubten, das taten sie; wenn sie ihnen aber etwas als nicht gut bezeichneten, so unterließen sie es zu tun, und keinem von

---

[667] HEINRICH SCHREIBER: Die Feen in Europa. S. 35-36.
[668] Lastari. In: FRIEDRICH S. KRAUSS: Sagen und Märchen der Südslaven. Bd. 1, S. 98-108, Zitat S. 98-99.

ihnen fiel mehr ein, auch nur durch eine unwillige Miene sich dagegen aufzulehnen."

Mit den Vile (oder Vilen) sind hier wahrscheinlich die leitenden Vertreter des Frauenbundes gemeint. In diesem Fall entsprechen sie einer Kategorie der Saligen Frauen bzw. Wilden Frauen. Was über ihren Einfluss gesagt wird, stimmt überein mit einer von Westermann zitierten Mitteilung von A. Chevrier über den Geheimbund Poro bei den Susu, Baga und Nalu in Guinea. Dort wurden die Initiationsübungen von Altinitiierten vorgeschrieben und überwacht, welche den Wald so gut wie nie verließen und kein dörfliches Leben führten. Dessen ungeachtet hatten sie einen großen Einfluss und waren die wahren Häuptlinge des Landes, denn man holte in allen schwierigen Angelegenheiten ihren Rat ein.[669]

---

[669] DIEDRICH WESTERMANN: Die Kpelle. S. 270.

Das soziale Umfeld

Um den gesellschaftlichen Hintergrund der Buschschule in Mitteleuropa zu erhellen, stützen wir uns auf Überlieferungen aus Rumänien. Unser Ausgangspunkt ist nicht die Spinnstube als Arbeitsgemeinschaft, die hat es bis ins 19. Jahrhundert in etlichen Ländern gegeben, auch in Deutschland. Unser Ausgangspunkt ist die von Monica Brătulescu rekonstruierte exklusive Institution für Mädchen vom Eintritt in die Pubertät an bis zur Heirat, eine Gemeinschaft, die sich nach außen abschließen konnte, weil ihre Treffen in einem Haus stattfanden, in dem keine Männer lebten.

Die Existenz der Mädchen-Spinnstuben in Rumänien und in der Ukraine belegt die hervorragende Rolle der Frauen im rituellen Bereich und eine in der Tradition begründete Achtung für das weibliche Geschlecht. Wo es eine Mädchen-Spinnstube gab, hatten die Frauen Rechte bewahrt, die für eine egalitäre Gesellschaft kennzeichnend sind. Dieser Zustand, der zu Beginn des 20. Jahrhunderts noch in einigen ländlichen Gebieten vorherrschte, erscheint von mehreren Gesichtspunkten aus als Anomalie.

Der Vergleich mit einem berühmten Werk der rumänischen Literatur, 1920 veröffentlicht, lässt die Ausnahmesituation gut erkennen. Es handelt sich um den Roman „Ion" von Liviu Rebreanu (verdeutscht als „Mitgift" bzw. „Die Erde, die trunken macht"). Der Roman bietet Einblick in eine völlig andere bäuerliche Gesellschaft. Diese ist sozial differenziert, das Denken der Menschen vom Besitzhunger verzerrt. Die Männer haben das Sagen. Eine Mädchen-Spinnstube, welche die Dorfjugend im Zaum hält und die öffentliche Meinung beeinflusst, gibt es nicht mehr. Der Treuebruch der Hauptgestalt, des egoistischen, charakterlosen Burschen Ion, bleibt ungesühnt. Ion verführt und schwängert Ana, die Tochter des besser situierten Bauern Baciu, weil er sich Hoffnungen auf eine ansehnliche Mitgift macht, wird aber von Baciu über den Tisch gezogen. Vor der erzwungenen Hochzeit wird Ana von ihrem Vater, nach der Hochzeit von ihrem Mann geprügelt, und die Nachbarinnen vermögen ihr nicht zu helfen. Die Schwiegermutter quält sie, zuletzt erhängt sie sich. So wunderlich es auch klingen mag, in Siebenbürgen bestanden diese zwei verschiedenen Welten noch zu Beginn des 20. Jahrhunderts nebeneinander.

Im archaischen rumänischen Dorf besaß die Mädchen-Schar laut Brătulescu Autorität über die gesamte Dorfjugend. Die Forscherin begründet das mit dem Einsatz für vitale Interessen beider Geschlechter und mit der Einstellung zur Institution der Ehe.[670] Doch ihre Argumente reichen nicht aus. Um jene Autorität plausibel zu erklären, muss man auf den prähistorischen Frauenbund zurückgreifen, eine der zwei Träger-Organisationen der einstigen Buschschule, aus der sich die Mädchen-Spinnstube entwickelte.

Auf dem Gebiete Rumäniens hat in historischer Zeit kein Frauenbund archaischer Prägung mehr bestanden. Allerdings spricht eine Reihe von Argumenten dafür, dass früher einmal solche Frauenbünde existierten.

Mehrere Befugnisse der Mädchen-Spinnstube passen nicht zum Status von Initianden; sie lassen sich damit erklären, dass sie vom Frauenbund auf die Spinnstube übergegangen sind:

- Die Schar setzte Zauberkräfte ein, um Krankheiten zu bannen; in manchen Ortschaften webten die Mädchen vor dem Totensamstag ein *Erfolgshemd (cămaşă de izbândă)* für die Toten, damit diese sich nicht in Gespenster verwandeln.[671]
- Die Teilnehmerinnen wurden von der Leiterin anhand überlieferter Texte und Spiele auf das Eheleben vorbereitet und zum aktiven Verhalten beim Liebesspiel ermutigt.[672]
- Die Spinnstuben-Gemeinschaft spielte eine wichtige Rolle bei der Bildung der Paare, sie regelte die Liebesbeziehungen im Einklang mit traditionellen Normen und institutionalisierte das voreheliche Verhältnis.[673] Vorehelicher Geschlechtsverkehr war unter der strengen Bedingung der späteren Heirat erlaubt.[674]

---

[670] MONICA BRĂTULESCU: Ceata feminină. S. 54.
[671] Ebd., S. 41.
[672] Ebd., S. 45.
[673] Ebd., S. 56.
[674] Ebd., S. 54.

- Wenn ein Bursche seine Partnerin verlassen hatte und keine Vernunft annehmen wollte, wurde er hart bestraft (er wurde rituell impotent gemacht).[675]

Ein ehemaliges Frauenfest sowie die darauf bezogene Redensart suggerieren ein Frauengericht, vor welchem Vergehen der Männer verhandelt wurden, und eine solche Einrichtung ist ohne die Autorität einer Organisation schwer vorstellbar. Das Fest hieß *Ciurica* (lies: Tschurika) und wurde in der Donauebene im Juli gefeiert. An diesem Tag gingen die Männer den Frauen aus dem Weg. Mit der Redensart neckte man vorlaute Männer, sie lautete: „Fürchtest du dich nicht vor der Ciurica?"[676]

Unser Beispiel für ein in der sozialen Wirklichkeit funktionierendes Frauengericht stammt aus einer Region, in der Männerbund und Frauenbund bis in die nahe Vergangenheit kooperierten, nämlich aus Sierra Leone in Westafrika. Bei den Mende in Sierra Leone proklamierte der Frauenbund *Sande* die Rechte jeder Frau durch Regeln, die für Männer und Frauen verbindlich waren und Achtung gegenüber den Sande-Mitgliedern forderten. Verstöße wurden hart bestraft, im Extremfall drohte der Bund mit Impotenz.[677] Die Leiterin des Frauenbundes besaß das Recht, einen Mann abzuführen, der die Sande-Gesetze verletzt hatte, beispielsweise indem er eine Initiandin belästigte; kraft ihrer Maske übernahm die Leiterin die Anklage, und der Häuptling fällte das Urteil.[678]

Eine Sage aus der Ortschaft Holzmengen *(Hosman)* im Harbachtal *(Valea Hârtibaciului)*, mitten im Siebenbürgen, berichtet

---

[675] Ebd., S. 54. In der Studie wird die Art der Bestrafung nicht genannt, weil die Zensur es verhinderte. Die Verfasserin teilte mir die Ergänzung in einem Brief mit, datiert 6. November 1995 in Jerusalem. Die Information stammt aus der Ortschaft Pădureni im Kreis (Judeţ) Hunedoara.

[676] GHEORGE VRABIE: Zur Volkskunde der Rumänen. S. 174-176.

[677] RITA SCHÄFER: Die Sande-Frauengeheimgesellschaft der Mende in Sierra Leone. S. 38-39.

[678] Ebd., S. 140.

vordergründig über ein Zusammentreffen der Hexen mit dem Teufel (Die Hexenversammlung[679]). Doch während bei derlei Begegnungen sonst mit Untaten geprahlt wird, geht es hier um etwas völlig anderes: Zwei Teilnehmerinnen beanstanden das Benehmen je eines Mannes aus ihrer Nachbarschaft; der eine terrorisiert seine Familie, der andere, der ledig ist, verschmäht die ledigen Frauen und zerstört eine Ehe, indem er einer verheirateten Frau nachstellt. Vermutlich handelt die Sage von einem Treffen des Frauenbundes mit dem Chef des Männerbundes, bei dem man Verstöße gegen die Regeln des Zusammenlebens erörterte.

Eine andere Sage aus dem Harbachtal, und zwar aus der Ortschaft Alzen *(Alţâna)*, schildert allem Anschein nach einen Tanz der Frauen, die einen Mann verwarnen. Die Sage handelt von einem Auftritt der *Truden,* d.h. Hexen, mit denen offenbar die Alzener Frauen gemeint sind, weil der weibliche Teil der Bevölkerung sonst nicht erwähnt wird. Nachts machen die Truden die Gassen unsicher, die Männer müssen sich in den Schutz eines Abdachs zurückziehen. Als ein Junge unerlaubt den Trudentanz pfeift, ohne sich unter ein Abdach zu stellen, fliegen alle Truden auf die Scheunen und tanzen, solange er pfeift, aber dann wird er bestraft.[680]

Man kann den Sinn dieser Sage ermitteln, indem man sich auf das Stammesleben der Ejagham in Kamerun stützt. Bei den Ejagham waren alle Frauen eines Dorfes Mitglieder des Bundes *Ekpa atu;* dieser tanzte nachts im Dorf, sooft ein ernstes Problem aufgetaucht war; währenddessen mussten die Männer in den Hütten verharren. Die Frauen warfen ihre Kleider auf die Dächer, dann bewegten sie sich nackt durch die Gassen. Dem Mann, der ein Unrecht begangen hatte und nicht einlenken wollte, gossen die tanzenden Frauen das Wasser vor die Tür, mit dem sie ihr Geschlecht gewaschen hatten, dadurch wurde er impotent.[681]

---

[679] Die Hexenversammlung. In: FRIEDRICH SCHUSTER: Der weiße Büffelstier. S. 91-93.

[680] PAULINE SCHULLERUS: Ortssagen. In: Dies.: Rumänische Volksmärchen aus dem mittleren Harbachtal. S. 608-609, hier S. 609.

[681] UTE RÖSCHENTHALER: Die Kunst der Frauen. S. 184-187.

Wir geben uns Rechenschaft, dass die Alzener Sage verstümmelt ist. Mit Sicherheit mussten sich die Alzener Männer, während die Frauen durch die Gassen tanzten, in den Hütten aufhalten (nicht: sich unter ein Abdach stellen). Wahrscheinlich warfen die Alzener Frauen auch nur ihre Kleider auf die Dächer.

Auf dem Umweg über Kamerun entdecken wir in der europäischen Mythologie eine Parallele zur Alzener Sage. Wenn die als Hexen bezeichneten Frauen ein Haus, ein Feld oder einen Kuhstall verfluchen wollten, liefen sie während der Menstruationsphase nackt neunmal um diese herum.[682] Was das bedeutet, geht aus der Sage von Orestes hervor. Beim Prozess wegen des Mordes an seiner Mutter drohen die Erinnyen, einen Tropfen ihres Herzblutes auf den Boden fallen zu lassen, das würde Unfruchtbarkeit, Krankheit, Missernte und den Tod aller Nachkommen Athens bedeuten. Robert von Ranke-Graves interpretiert den Tropfen Herzblut als Menstruationsblut.[683] (Übrigens glaubten die Ejagham, dass der Frauenbund Ekpa atu Trockenheiten, Epidemien und andere Plagen nicht nur verhindern, sondern auch hervorrufen könne.)

Wie die Mädchen-Spinnstube praktisch verfahren ist, um einen halsstarrigen Burschen impotent zu machen, hat Brătulescu in ihrem Brief nicht mitgeteilt, ich kann es also nicht weitergeben. In Nordsiebenbürgen, in der Gegend von Oberwischau *(Vişeu de Sus),* wurde ein makabrer Brauch beobachtet, der mit der Hexerei der Ejagham-Frauen nah verwandt ist. Rachsüchtige Rumänen und Ukrainer gossen das Wasser, mit dem man einen Leichnam gewaschen hatte, in den Hof von Nachbarn, denen sie Böses zufügen wollten. Man nannte das *um das Haus schütten* (rumänisch: *a toarne la casă*).[684] Es ist möglich, dass die Mitglieder der Mädchen-Spinnstube dem Burschen, den sie bestrafen wollten, ihr Waschwasser vor die Tür gegossen haben.

---

[682]   ROBERT VON RANKE-GRAVES: Griechische Mythologie. S. 398.

[683]   Ebd., S. 397.

[684]   ANTON-JOSEPH ILK: Das Totenwasser. In: Ders.: Die Unsterblichkeit der Wildfrauen. S. 587-589.

Wenn wir uns nun wieder Mitteleuropa zuwenden, stellen wir fest, dass es dort analoge Überlieferungen und Bräuche gibt: die Sagen von Hexenversammlungen, die Sagen von Saligen, die an Hexenversammlungen teilnehmen, und den Frauengerichtstag.

Über sogenannte Hexenversammlungen berichten unzählige Sagen. In Wirklichkeit handelt es sich um Versammlungen von Frauen, die unter dem Einfluss des Christentums verteufelt worden sind, wahrscheinlich, weil sie mit heidnischen Riten verbunden waren. Es gibt Texte über heimliche Beobachter, die in den Teilnehmerinnen Frauen aus ihrer Nachbarschaft erkannten.

Der Frauengerichtstag ist in der Neuzeit unter Namen wie *Weiberbraten, Weiberdonnerstag, Weiberkiez, Weiberzeche* zu einer rätselhaften Lustbarkeit verkommen, doch nun erscheint er in neuem Licht. Ehemals hatten die Frauen einen von der Gemeinde anerkannten Tag, an dem sie unter sich bleiben und nach Belieben feiern durften. Sie erhielten dafür einen Zuschuss aus öffentlichen Mitteln oder veranstalteten Heischegänge, nebenbei verbrauchten sie auch den Erlös für die gepfändeten Kleidungsstücke der allzu neugierigen Männer. Laut Albert Becker ist der Brauch bezeugt für das Elsass, die Pfalz, Württemberg und Unterfranken.[685] Aber auch im Tiroler Zams feierten die Frauen früher am ersten *Pfinztag* (Donnerstag) der Fastenzeit ihre eigene Fasnacht.[686]

Im Tal der Münster nahe Colmar im Elsass zogen die Frauen bis zum Jahre 1681 maskiert durch die Straßen, wobei sich bis zum Abend kein Mann sehen lassen durfte, auch nicht am Fenster, dann wurde der Brauch verboten.[687] – Zum Weiberbraten im Dorf Berghausen nahe Speyer waren am Nachmittag vor dem Tanz nur der Bürgermeister, die Gemeinderäte und einige Ehrengäste zugelassen[688], zum Weiberkitz im

---

[685] ALBERT BECKER: Frauenrechtliches in Brauch und Sitte. S. 20-33.

[686] JOHANN ADOLF HEYL: Volkssagen, Bräuche und Meinungen aus Tirol. S. 755.

[687] ALBERT BECKER: Frauenrechtliches in Brauch und Sitte. S. 27-28.

[688] Ebd., S. 21.

unterfränkischen Irmelshausen nur der Ortsvorsteher, der Gemeindepfleger, der Lehrer und der Flurschütz[689]. – Im elsässischen Sundgau und im unterfränkischen Haßgau wählten sich die Frauen bei dieser Gelegenheit eine Hebamme für das folgende Jahr.[690]

In der Hocheifel, so in Rodder bei Antweiler an der Ahr, mussten die Männer an diesem Tag den Frauen in allen Stücken gehorchen. Am Nachmittag zogen die Frauen singend, lärmend und kreischend von Haus zu Haus. Sie forderten Speck, Eier und Branntwein, wobei sie mit Vorliebe alte Junggesellen brandschatzten. Der Umzug endete mit einem Gelage.[691] – Die Kölner Marktfrauen feierten vormals am Donnerstag vor Fastnacht auf dem Altenmarkt, ihr Fest war als *Wiiverfastelovend* bekannt.

Merkwürdig sind Überlieferungen, die über Zusammenstöße mit Berittenen berichten. Man kann sie als Zeugnisse für ein hohes Alter der Frauenbünde interpretieren. So ein Berittener ist der *wilde Jäger*, oft Anführer der *wilden Jagd*. Im nördlichen Jütland verfolgt und tötet er *Meerfrauen* (Die wilde Jagd[692], dänisch), im Erzgebirge die *Buschweibel* (Die Busch- oder Holzweibel im Erzgebirge[693]). Diese Buschweibel werden als gute Geister vorgestellt, die Kräuter sammeln und den Menschen helfen. Um den wilden Jäger zu vertreiben, zünden sie an verschiedenen Stellen im Wald Feuer an, worauf der wilde Jäger schleunigst das Weite sucht, weil ihn der aufsteigende Rauch peinigt. In Rumänien haben sich die Bauern früher gegen die *Elfen (iele)* abgesichert, indem sie Pferdeschädel auf Zaunpfähle steckten, weil die Elfen angeblich vor Pferdeköpfen davonlaufen.[694] In Serbien war es noch vor dem ersten Weltkrieg fast

---

689   Ebd., S. 23-24.

690   Ebd., S. 27 bzw. 31.

691   ADAM WREDE: Rheinische Volkskunde. S. 245-246.

692   Die wilde Jagd. In: HEINZ BARÜSKE (Hg.): Dänische Märchen. S. 308-309.

693   Die Busch- oder Holzweibel im Erzgebirge. In: WERNER LAUTERBACH (Hg.): Sagenbuch des Erzgebirges. S. 118-119.

694   OVIDIU BÎRLEA: MICĂ ENCICLOPEDIE A POVEŞTILOR ROMÂNEŞTI. S. 198.

überall Sitte, einen Pferdeschädel oder sonstigen Tierknochen als Abwehrmittel auf den Zaun zu stecken.[695] Aber die sogenannten Elfen sind gewiss nicht vor Pferdeköpfen davongelaufen, sondern vor den Menschen, die über Pferde verfügten. Wer waren diese Menschen? Im einem Szekler Märchen werden die *Feen* mit Waffengewalt unterworfen, wobei Pferde eine wesentliche Rolle spielen (Der Glückskreuzer[696]). Es geschieht Folgendes: Unter Leitung ihrer Oberin beschleichen Gruppen von Feen nachts die Koppel des Königs, um Pferde zu stehlen. Es kommt zum Kampf. Die Feen drehen sich, tanzen, schlagen Purzelbäume in der Luft und zerkratzen den Hirten das Gesicht – *außer ihren Nägeln besitzen sie keine Waffen.* Sie rufen einander Worte zu, *die den Hirten unverständlich sind.* Die Hirten wehren sich mit Rauch von Holunderholz und *mit bleiernen Stöcken.* Zuletzt werden die Feen überwältigt, mit Peitschenschnüren gefesselt und als Sklavinnen dem König übergeben. Im Märchen sind die Pferdehirten Szekler Burschen, doch wenn diese Überlieferung im Kern eine wahre Begebenheit wiedergibt, dann stellen sie Angehörige eines Reitervolks dar, welches noch identifiziert werden muss.

Geschnitzte Pferdeköpfe auf Hausgiebeln waren früher u.a. auch in Braunschweig üblich. RICHARD ANDREE zitiert dafür drei Erklärungen, eine davon deckt sich mit meiner Überlegung: Ursprünglich wurde das Rosshaupt auf einen Pfahl gesteckt und nach der Gegend gerichtet, woher man Feinde erwartete, um diese abzuhalten. Später wurden die Häupter der geopferten Pferde am eigenen Haus angebracht, und an die Stelle der natürlichen Schädel traten mit der Zeit künstliche Nachbildungen, die allmählich bloß als Hausschmuck angesehen wurden, weil der tiefere Sinn verloren gegangen war. In: Braunschweiger Volkskunde. S. 175.

[695] EDMUND SCHNEEWEIS: Serbokroatische Volkskunde. Erster Teil, S. 141.

[696] A szerencsekrajcár (AT ---). In: ELEK BENEDEK: Benedek Elek összes meséi. Bd. 3, S. 248-263. – Unter dem Titel „Von den Feen, die Pferde stahlen" in: ISTVÁN KORMOS (Hg.): Die Wunderflöte. S. 108-125. Die Übersetzung von Mirza Schüching und Géza Engl gibt den Urtext nicht genau wieder.

Das Ende der Buschschule
in Mitteleuropa

Unser Vergleich der hilfreichen Zwerge mit den Saligen Fräulein hat eine weitgehende Übereinstimmung aufgedeckt. Offenbar geschah mit den Knaben und den Mädchen dasselbe: Sie nahmen an der traditionellen Jugendweihe teil, die noch sehr komplex war.

Die Redensart von der Katze, die um den heißen Brei schleicht, konnte erst entstehen, als es schon Hauskatzen gegeben hat. Die Redensart vom Ei des Kolumbus konnte erst entstehen, nachdem Kolumbus ein Begriff war. Genauso verhält es sich mit den Sagen von den hilfreichen Zwergen und von den Saligen Fräulein. Einerseits konnten diese Sagen erst entstehen, nachdem der Brauch abgestorben war, denn solange er lebte, gab es keinen Anlass, über ihn zu sprechen. So postuliert es die ritualistische Theorie. Andererseits muss es die in den Texten genannten Ortschaften, Straßen, Höfe und Häuser schon gegeben haben, als man begann, über den Brauch zu erzählen.

Merkwürdig sind die Zwergen-Sagen der Sorben, weil die Slawen im 5. und 6. Jahrhundert in die Gebiete einwanderten, die von den Germanen verlassen worden waren. Allem Anschein nach trafen sie auf eine bodenständige Bevölkerung, und die dienstbaren Zwerge dürften ein Teil dieser Bevölkerung gewesen sein. „Die Lutchen", heißt es in einer Überlieferung, „waren die ersten Menschen hier, die Eingeborenen vor diesen, vor uns. Sie haben zuerst dieses Land bewohnt." (Die Lutchen[697]).

Unsere Vorfahren konnten sich das Verschwinden der hilfreichen Zwerge und der Saligen Fräulein nur als einen Abzug in andere Gegenden vorstellen (gewöhnlich die Fahrt über einen Fluss). Für den Abzug haben die Erzähler überraschend viele, wenn auch fantastische Erklärungen gefunden: Die Neugier der Menschen. – Ein Schabernack. – Die Hartherzigkeit der Menschen, die keinen Mundraub mehr duldeten. –

---

[697]   Die Lutchen. In: WILIBALD VON SCHULENBURG: Wendische Volkssagen und Gebräuche aus dem Spreewald. S. 277-286, hier S. 280.

Hämmer und Pochwerke. – Kümmel im Brot. – Glockengeläut. – Die umgreifende Sittenlosigkeit. – In Pommern sagte man, am Auszug der Unterirdischen sei die Einführung der Schleppharke schuld, weil bei diesem Gerät keine Halme auf dem Acker blieben.[698] – Im Unterharz wurde erzählt, der Alte Fritz habe die Zwerge vertrieben.[699] – Laut einer schlesischen Sage wurden die Fenixmännchen vom Papst verbannt (Die verbannten Fenixmännchen fahren bei Camenz über die Neiße[700]). – Die Quarkse verließen den Langenhennersdorfer Wasserfall und den Cottaer Spitzberg, weil ein Mädchen das Geheimnis ihres Wohnorts in der Beichte verraten hatte; sie ließen sich bei Pirna über die Elbe setzen (Der Auszug der „Quarkse"[701], aus der Oberlausitz). An dieser unterschiedlichen Begründung merkt man die Unsicherheit der Überlieferung.

In Sachbüchern über das Alltagsleben im Mittelalter, die sich auf Dokumente stützen, wird der Brauch nicht erwähnt, denn die Schriftstücke sind im Umfeld der großen Grundherren, der Klöster und der Könige entstanden.

Für das Ende der Buschschule in Mitteleuropa zeichnen sich mehrere Ursachen ab.

(A) Die Ausbreitung des Christentums, dessen Vertreter heidnische Riten bekämpften.

Die Opposition der Kirche ergibt sich indirekt aus zerstreuten Mitteilungen zum Verschwinden der Zwerge: In einer Sage aus dem Bergischen Land heißt es: „Sie scheuten aber die Priester und Kirchen und verweilten nirgends, wo man die Kirchenglocken läuten hörte. Darum hatten sie sich auch wohl den Bielstein zur Wohnung erwählt, der nach jeder Richtung von den Kirchen weit entlegen war." (Die Zwerge im

---

[698] Die Unterirdischen. In: PAUL ZAUNERT (Hg.): Deutsche Natursagen. 1. Reihe, S. 24-54, hier S. 53.

[699] Die Unterirdischen. Ebd., S. 54.

[700] Die verbannten Fenixmännchen fahren bei Camenz über die Neiße. In: RICHARD KÜHNAU (Hg.): Schlesische Sagen. Bd. 2, S. 100-101.

[701] Der Auszug der „Quarkse". In: FRANK NÜRNBERGER (Hg.): Großes Oberlausitzer Sagenbuch. S. 261.

Bielstein[702].) – An der deutsch-tschechischen Grenze, in der Gegend von Warnsdorf, Schönau, Zittau, Wettig und Dittersbach, wurde erzählt, dass die Querxe ihr Unwesen trieben, indem sie Brot und andere Speisen aus den Häusern stahlen, auch im Schutze ihrer Nebelkappen an Hochzeitsmählern teilnahmen, bis auf den Dörfern die Glocken eingeführt wurden. *Dann wanderten sie aus in die Lausitz* (Querxe auf der Hochzeit[703]). – Über die Lutken des Spreewalds wurde erzählt, sie seien ins Erdinnere geflüchtet, als mit dem Christentum die Kirchenglocken ins Lausitzer Land kamen, weil sie den harten Klang nicht ertragen konnten (Die Lutken und der Backtrog[704]). – In einer Sage von der Insel Rügen gibt ein Zwerg an, er und seine Brüder könnten nicht länger auf Mönchgut bleiben, weil die Leute überall anfingen, das Brot zu bekreuzen, und solches Brot könnten sie nicht essen (Die Überfahrt der Unterirdischen[705]).

Deshalb ist es wenig wahrscheinlich, dass die Zwerge im Jura beim Bau einer Kirche mitgeholfen haben (Der Kirchenbau[706]). Ebenso wenig, dass sie beim Bau der Kirche von Asmushausen bei Rotenburg eingegriffen und das Gebäude auf einer Anhöhe errichtet haben (Die Wichtelmännchen zu Asmushausen[707], aus Hessen).

---

[702]   Die Zwerge im Bielstein. In: OTTO SCHELL: Bergische Sagen. S. 294-295.

[703]   Querxe auf der Hochzeit. In: JOSEF VIRGIL GROHMANN: Sagen-Buch von Böhmen und Mähren. S. 117-118.

[704]   Die Lutken und der Backtrog. In: KLAUS W. HOFFMANN und ROSEMARIE KÜNZLER-BEHNCKE: Die Zwerge im Schweckhäuserberge. S. 29-31.

[705]   Die Überfahrt der Unterirdischen. In: ALBERT BURKHARDT: Sagen und Märchen der Insel Rügen. S. 92-95, hier S. 93.

[706]   Der Kirchenbau. In: C. ENGLERT-FAYE (Hg.): Vo chlyne Lüte. S. 175-176.

[707]   Die Wichtelmännchen zu Asmushausen. In: KARL LYNCKER: Deutsche Sagen und Sitten in hessischen Gauen. S. 43.

Auch Mitteilungen über die Natur der Saligen lassen die Opposition erkennen: Sie heißen Götzenweiber (Die Götzenweiber[708], aus Kärnten) bzw. Hadachweiber (Die Hadachweiber[709], aus Kärnten). – Sie gelten als Heiden, die vom Christentum nichts wissen wollen (Selige im Samnauntal[710], aus Tirol). – Ein Seliges Mädchen verbrennt sich an der Waffe eines Saltners, an einem vom Priester geweihten Kreuzeisen, weil sie Heidin ist (Der Saltner[711], aus Tirol). – Der Pfarrer willigt in die Eheschließung mit einer Saligen ein, sofern sich die Braut taufen lässt (Die Salvaria[712], aus Tirol). – Eine Salige verschwindet an jedem Pfinztag (oder Donnerstag) *und sonst, wenn Hexen zusammenkommen*, zu nächtlicher Zeit, aber niemand weiß wohin (Die sealige Gitsch ban Oubarschlichtar[713], aus Tirol). – Die Zauberjungfrauen stammen aus der Zeit vor der Sintflut (Weissagende Wittewitt[714], deutsch aus dem Allgäu).

In Lothringen waren die Feensagen noch im 14. und im 15. Jahrhundert in allen Klassen der Gesellschaft verbreitet. Eine Hauptbeschuldigung der Jungfrau von Orléans lautete, mit einer Fee vertrauten Umgang gepflogen zu haben.[715]

Man kann drei Erklärungen für das Verschwinden der hilfreichen Zwerge – Glockengeläut, Verbannung durch den Papst, Bekreuzen der Brote – durchaus einen tieferen Sinn zugrunde legen. Die erste

---

[708]   Die Götzenweiber. In: GEORG GRABER (Hg.): Sagen und Märchen aus Kärnten. S. 243-244.

[709]   Die Hadachweiber. In: GEORG GRABER (Hg.): Sagen und Märchen aus Kärnten. S. 244-246.

[710]   Selige im Samnauntal. In: HANS FINK: Salige und Unholde. S. 78-80.

[711]   Der Saltner. In: HANS FINK: Salige und Unholde. S. 36. Saltner – Weinberghüter.

[712]   Die Salvaria. In: HANS FINK: Salige und Unholde. S. 30.

[713]   Die sealige Gitsch ban Oubarschlichtar. In: JOHANN ADOLF HEYL: Volkssagen, Bräuche und Meinungen aus Tirol. S. 274.

[714]   Weissagende Wittewitt. In: HERMANN ENDRÖS und ALFRED WEITNAUER (Hg.): Allgäuer Sagen. S. 198.

[715]   HEINRICH SCHREIBER: Die Feen in Europa. S. 18.

Verbreitung der Glocken in Europa ist mit dem Auftreten keltischer Missionare verbunden; sie brachten vom 5. bis zum 9. Jahrhundert überwiegend schmiedeeiserne Handglocken nach Zentral- und Nordeuropa. Anfang des 8. Jahrhunderts gab es in der Normandie bereits kleine Glockentürme.[716] Das Wort *Glocke* ist keltisch.

Vom Grînkenschmied hören wir, dass er ein Heide war, den der heilige Ludgerus verbannt hat (Grienkenschmied[717]).

Von besonderem Interesse sind Überlieferungen mit Bezug auf Nauroth im Taunus (westlich von Bad Schwalbach), weil hier vermerkt wird, wann die Waldfrau lebte, nämlich *bevor sich das Christentum im Taunus ausgebreitet hat.* Ihre Höhle befand sich in einer Felswand namens *Wildweibchenlei.* Sie vermochte die Zukunft vorauszusagen und heilsame Getränke zu mischen. Die Bewohner der umliegenden Gehöfte holten vor allen wichtigen Entscheidungen ihren Rat ein. *Mönche haben sie vertrieben* (Wildweibchenlei im Wispertal[718]).

Die Unterdrückung des heidnischen Initiationsritus kann nicht von heute auf morgen erfolgt sein, weil das Christentum allmählich Wurzeln fasste. Sie begann im Westen und drang in östlicher Richtung vor. Im 7. Jahrhundert dehnte sich das slawische Siedlungsgebiet bis an Elbe und Saale aus, weiter südlich in die Flussgebiete des oberen Mains (bis Ochsenfurt), der Pegnitz und der nördlichen Naab, die Slawen waren damals noch Heiden.

In den Alpen begannen die Klostergründungen mit Saint-Maurice im Wallis im Jahre 515. Es folgten Säben in Südtirol (6. Jhd.) – St. Gallen (719) – Reichenau im Bodensee (724) – Novalese am Mont Cenis (726) – Benediktbeuren und Staffelsee (740) – Mondsee (748) – Kochel am See (750) – Tegernsee (um 760) – Scharnitz und Schäftlarn (763) – Herrenchiemsee (765) – Innichen im Pustertal (769) – Schliersee (770) –

---

[716]   Quelle: WIKIPEDIA.

[717]   Grienkenschmied. Nacherzählt von RAINER SCHEPPER. In: HERBERT GÜNTHER (Hg.): Das neue Sagenbuch. S. 64-71, hier S. 64.

[718]   Wildweibchenlei im Wispertal. In: KARL WEHRHAN (Hg.): Sagen aus Hessen und Nassau. S. 50-52. – Unter dem Titel „Wildweibchenlei" in: AUGUST VERLEGER: Taunus-Sagen. S. 131-133.

Kremsmünster (777) – Frauenchiemsee (782) – Mattsee (784).[719] Bis das Christentum sich im Alpengebiet durchsetzte, vergingen dreihundert Jahre. Nun nahmen die Älpler am christlichen Gottesdienst teil, was nicht bedeutet, dass sie auf sämtliche heidnischen Bräuche verzichteten. Meine eindeutigen Belege für das rituelle Schwärzen stammen aus Schrambach im Eisacktal und von der Matscher-Alm im Vintschgau.

Allerdings war auch eine Symbiose mit dem neuen Glauben möglich. Auf dem Gebiete Rumäniens und der Ukraine überlebten die heidnischen Initiationsriten bis ins 20. Jahrhundert, obwohl das rumänische Volk im 9. Jahrhundert, das ukrainische im 10. Jahrhundert christianisiert worden war. Die Bauern betrachteten sich selbstverständlich als Christen, und wahrscheinlich hätten sie den, der sie als Heiden beschimpfte, weil sie die überlieferten Riten praktizierten, nicht bloß scheel angesehen, sondern auch verprügelt, wenn es nicht gerade der Pope war.

(B) Die Ausbreitung der Hörigkeit.

Das soziale Milieu, in dem die hilfreichen Zwerge aufgetreten sind, waren Gemeinschaften freier Bauern, die in Streusiedlungen oder in kleinen Dörfern lebten. Diese Bauern konnten nach Belieben über ihre Milchkühe verfügen und waren niemandem Rechenschaft über ihre Bräuche schuldig. Jener Pfullinger Weber, dem die Urschel vom Urschelberg drei Säcke Korn leiht, fällt durch seine Vermögensverhältnisse auf: Zwar wird er als Handwerker vorgestellt, doch lebt seine zahlreiche Familie z.T. von einem offenbar großen Getreidefeld (Die Urschel leiht dem Weber Korn aus[720], aus Schwaben). Von einem Grundherrn fällt kein Wort.

In der Zeit vom 9. bis zum 11. Jahrhundert gelangten zahlreiche Bauern in grundherrliche Abhängigkeit. Sie fanden den notwendigen Schutz vor Überfällen und Rechtsbruch nicht beim Königtum, sondern bei den mächtigen geistigen und weltlichen Grundherren, die die wichtigsten militärischen, gerichtlichen und politischen Funktionen an sich

---

[719] RALF-PETER MÄRTIN: Der Sieg des Christentums in den Alpen. In: Ders.: Die Alpen in der Antike. S. 156-172, hier S. 168-169.
[720] Die Urschel leiht dem Weber Korn aus. In: MARTIN FINK (Hg.): Pfullinger Sagen. S. 39.

gerissen hatten. Entweder begaben sie sich freiwillig in Abhängigkeit, oder sie wurden gewaltsam unterdrückt und verknechtet.[721]

Nun sind zwei Möglichkeiten vorstellbar. Wenn der Grundherr ein Kloster war, haben die Mönche die mit der Buschschule verbundenen heidnischen Riten als Teufelszeug bekämpft, so wie die rumänische und die ukrainische Mädchen-Spinnstube von der Orthodoxen Kirche bekämpft worden sind. Im Zusammenhang damit ist relevant, dass die Kirche ein großes Gebiet bewirtschaften ließ, das relativ größte des Kontinents.[722] Wenn der Grundherr weltlich war, gab er sich vielleicht mit den vereinbarten Abgaben und Frondiensten zufrieden, ohne sich um die Bräuche der Bauern zu kümmern.

(C) Die soziale Differenzierung innerhalb der Bauernschaft. Sie wirkte sich negativ auf die Nachbarschaftshilfe und auf die Erziehung der Jugendlichen im Geiste der Solidarität aus.

Nicht alle Bauern konnten mit der technischen Entwicklung Schritt halten, vor allem: sich den Räderpflug mit eiserner Pflugschar leisten, der von vier bis acht Ochsen gezogen wurde. Dieser Pflug fand im Hochmittelalter Verbreitung, durch ihn wurde die Dreifelderwirtschaft ermöglicht, die höhere Erträge sicherte.

Wie das rezente Brauchtum veranschaulicht, ist der Komplex von Bräuchen, der die Buschschule war, nicht auf einmal aus dem gesellschaftlichen Leben verschwunden, nicht blockweise. Offenbar hat die Bevölkerung – von Gegend zu Gegend verschieden – nach und nach auf einzelne Elemente verzichtet: auf die Klausur außerhalb der Ortschaft, auf Riten wie das Schwärzen und die Maskierungen, auf den gemeinsamen Unterricht, auf die Maßnahmen der Eheanbahnung, auf magische Praktiken, auf Heischegänge, auf den Umzug zu Neujahr, auf kollektive

---

[721] WERNER RÖSENER: Bauern im Mittelalter. S. 26-27. – Siehe auch: CHRISTOPH GUNKEL: Joch der Sklaverei. In: ANNETTE GROSSBONGARDT und JOHANNES SALZWEDEL (Hg.): Leben im Mittelalter. S. 99-110, hier S. 101. Laut Gunkel gerieten die Bauern zwischen dem 9. und dem 13. Jahrhundert in Abhängigkeit.
[722] GUNNAR HEINSOHN und OTTO STEIGER: Die Vernichtung der weisen Frauen. S. 108.

Einsätze im Interesse der Dorfgemeinschaft. Die Reihenfolge wird nicht überall dieselbe gewesen sein. Man sollte annehmen, dass zunächst die Klausur außerhalb der Ortschaft aufgegeben wurde, doch wie Felix Karlinger in Apulien, Kalabrien und Sardinien beobachtet hat, überdauerte dort eben die Klausur außerhalb der Ortschaft, noch dazu in verchristlichter Form.

Das umfangreichste Relikt der europäischen Buschschule ist die rumänische Mädchen-Spinnstube. Einfache Relikte sind die Einsätze der Burschen bei gemeinnützigen Arbeiten. Wer bedenkt, dass diese Einsätze einerseits Gewinn brachten, andererseits zur handwerklichen Ausbildung beitrugen, wird verstehen, warum die Dorfgemeinschaften an ihr festhielten. Ein naheliegendes Beispiel ist die Reinigung der Feldbrunnen auf der Gemeindeflur, zu der die Burschen in den sächsischen Dörfern Siebenbürgens angeleitet wurden.[723]

Ungarische Volkskundler haben einen Zusammenhang zwischen der Homogenität der Landbevölkerung und der Langlebigkeit der Nachbarschaftshilfe beobachtet: In kleinen Dörfern, in abgelegenen Ortschaften hielten die Bauern mit mehr Engagement an ihr fest als anderswo.[724] Das dürfte auch für die Buschschule gelten.

Auf dem Gebiete Rumäniens und der Ukraine hatte die Mädchen-Spinnstube das Erbe der Buschschule übernommen und überlebte bis ins 20. Jahrhundert. Die Spinnstuben waren das organisatorische Zentrum für die Ausübung zahlreicher Bräuche. Man darf deshalb mit einer gewissen Wahrscheinlichkeit erwarten, dass auch die Spinnstuben in Mitteleuropa Funktionen der Buschschule aufwiesen. Die rumänische und die ukrainische Mädchen-Spinnstube wurden von der Orthodoxen Kirche verteufelt. In Deutschland wurden die Spinnstuben von der Polizei und von der Evangelischen Kirche verfolgt. Ernst Meier sprach 1852 von einer sehr verderblichen Wirkung des Polizeiwesens auf das gesamte Volksleben. Die Polizei hatte die öffentlichen Spiele und Belustigungen verboten (z.B. Umgänge um die Markung, Pfingstbelustigungen, die Funken- und Johannisfeuer), obwohl diese erzieherischen Einfluss

---

[723]   ANNEMIE SCHENK: Deutsche in Siebenbürgen. S. 160.
[724]   MAGYAR NÉPRAJZI LEXIKON. Bd. 2 (F – Ka). S. 713.

hatten, weil sie sich an alte Regeln halten mussten und unter der Kontrolle der Gemeinschaft abliefen. Sie hatte nichts an deren Stelle gesetzt. Zugleich beklagte Meier die pietistischen Bestrebungen der Evangelischen Kirche. Fröhlichkeit und Tanz galten als Sünde, zumal an einem Sonntag. Am Sonntagabend durften Burschen und Mädchen im Freien kein weltliches Lied mehr singen. Mit Hilfe der Polizei wurde in nicht wenigen Ortschaften der Besuch der Spinnstuben untersagt, obwohl diese für die der Schule entwachsenen Mädchen das einzige Fortbildungsmittel waren.[725]

In der Oberpfalz verbot die Polizei die Rockenstuben mit der Begründung, dass sie die Nachtruhe stören und dass dort Unzucht getrieben wird, was der Volkskundler Franz Xaver von Schönwerth empört bestritt. Das Verbot galt sowohl für die Treffen unter der Woche als auch für das abschließende Fest im Frühjahr, bei dem die Spinnstubengesellschaft sich auflöste.[726]

Der Volkskundler Wilibald von Schulenburg äußerte sich nach seinem Spreewälder Studienaufenthalt 1876-1879 im selben Sinne wie Meier: „Solche durch das Alter geweihte Gebräuche des Landvolkes, wie die Spinten, die Holzabende, Mummenschanz, Zampereien und ähnliche Zusammenkünfte der Jugend, sollte man eher begünstigen als verbieten. In ihnen wurde eine feinere Umgangsweise als sonstwie gepflegt, in ihnen der Geist der Dichtung von Geschlecht auf Geschlecht vererbt. Nüchterne Verstandeszeit, dem Volke auch das Bischen [sic!] Dichtung zu nehmen! Ich habe wiederholt Spinten in Burg beigewohnt, und niemals jene Rohheit oder Unsittlichkeit wahrgenommen, als deren Brutstätten sie verschrien werden, wohl aber erfreulicherweise das Gegenteil. Gegen den jammervollen und volksvernichtenden Branntweintrunk ist gerade das gesellschaftliche Zusammenleben mit den Frauen und

---

[725]   ERNST MEIER: Vorwort. In: Ders.: Deutsche Sagen, Sitten und Gebräuche aus Schwaben. S. V-XXIII, hier S. XII-XV. Meier war damals Professor für semitische Sprachen und Literaturen zu Tübingen.
[726]   FRANZ XAVER VON SCHÖNWERTH: Aus der Oberpfalz. Bd. 1, S. 50, 423-425.

Mädchen das beste und einzige Mittel und wiederum die gemeinsame Spinte die beste Gelegenheit."[727]

In Russland verachtete man Burschen, die sich betrunken den abendlichen Unterhaltungen der Dorfjugend beigesellten. Sie machten sich zur Zielscheibe spöttischer Bemerkungen; kein Mädchen wollte mit ihnen tanzen.[728]

In einem volkskundlichen Werk über den Dillkreis des Landes Hessen wird auf acht Seiten veranschaulicht, wie die nassauische Landesregierung als Hüterin des reformierten Glaubensbekenntnisses versucht hat, das Volksleben durch Verbote und Gebote zu steuern, und zwar bis in die letzten, „oft geradezu lächerlich anmutenden Einzelheiten".[729] Die Beispiele beziehen sich auf die Zeit zwischen 1583 und 1802: Bei Verlöbnis, Handstreich oder Weinkauf (Freitrunk bei Abschluss der Eheberedung) nicht mehr als höchstens 30 Personen einladen. – Schießen bei Hochzeit und Hochzeitszug, Musik vor den Brautleuten her, Herausfordern und Hemmen der Braut und anderer „Unfug" untersagt. – Eine Schenkhochzeit nur dem gestatten, der 100 Gulden Vermögen hat, sonst nur vier Tische einladen. – Abschaffung des Läutens zur Verkündigung eines Sterbefalls. – Auf Totensärge und Grabmale keine Kronen oder Kränze setzen. – Keine Zitronen an die Leichenträger. – Bei Trauer Mannspersonen nur einen Flor um den Arm, Frauenspersonen ein schwarzes Band um den Kopf gestattet. – Bei Aufschlagen der Gebäude kein Kranz aufgesteckt, keine Rede gehalten, bei 10 Rthlr. Strafe für den Zimmermann und vierwöchiger Schanzarbeit für den Redner. – Keine

---

[727] WILIBALD VON SCHULENBURG: Vorrede. In: Ders.: Wendische Volkssagen und Gebräuche aus dem Spreewald. S. VII-XXII, hier S. XV.

Zampern – ein traditionelles sorbisches Fest, das jährlich vor der Fastnachtszeit stattfindet. Es handelt sich um einen Heischegang mit Masken, dessen Teilnehmer Lebensruten tragen.

[728] VIKTOR BERDINSKICH: Krestjanskaja civilizacija v Rossii. S. 166-167.

[729] KARL LÖBER: Beharrung und Bewegung im Volksleben des Dillkreises (Hessen). S. 262-270.

„Maybäume" setzen bei 20 Gulden Strafe, ggf. für die ganze Gemeinde. – Außer Sonntagstänzen auch „Lehn-Ausrufen und andere Üppigkeit" untersagt. – Spinnstuben, Fastnachtsreihen, Nacht- und heimliche Tänze bei schweren Strafen untersagt. – Kein Sträußegeben der Mädchen an die Burschen bei den Kirchmessen. – Abschaffung aller Christ-, Neujahrs-, Paten- und Gotengeschenke, auch des Christbescherens der Gevatterleute in Geld, Esswaren, Kleidung oder anderem (21. Februar 1779).

Übereinstimmungen in Märchen, Sagen und Brauchtum

Auf einem ausgedehnten Areal unseres Kontinents hat die Buschschule bis in die Späte Bronzezeit existiert, aus den Erinnerungen an diese Einrichtung entstanden die Urformen von zahlreichen Märchen. In Mitteleuropa lebte die Buschschule bis ins frühe Mittelalter fort, in acht Ländern wurden Sagen mit Motiven aufgezeichnet, die Momenten der archaischen Jugendweihe entsprechen. Selbstverständlich besitzen die einschlägigen Märchen und Sagen gemeinsame Motive. Zudem haben sich im Brauchtum Mitteleuropas Relikte von spezifischen, zum Komplex der Buschschule zählenden Bräuchen erhalten. Sie werden durch rezente Bräuche in der Folklore Osteuropas bestätigt.

Der Abstieg in die Unterwelt

Bei manchen Märchentypen verlagert sich die Handlung zeitweilig unter den Erdboden (AT 301, 313, 325, 402), bei manchen zeitweilig in die Tiefe eines Gewässers (AT 313, 314, 325, 403). Diese Wendung hängt mit dem angeblichen Aufenthalt des Zöglings der Buschschule im Land der Toten zusammen, das sich gemäß uralten heidnischen Vorstellungen entweder unter dem Erdboden oder in einem Gewässer befindet. (Warum sich bei AT 313 und AT 325 mal die eine, mal die andere Vorstellung durchgesetzt hat, ist rätselhaft.) Die Initianden galten als tot; um ihren Zustand zu veranschaulichen, schwärzten sie ihren Körper.

Beim Typus AT 510 A „Aschenputtel", der die individuelle Jugendweihe im Gehöft der Eltern widerspiegelt, finden wir das Motiv nicht mehr. Aus etlichen Varianten geht bloß hervor, dass die Initiandin sich das Gesicht schwärzte, um ihren Aufenthalt im Land der Toten zu veranschaulichen.

Im Komplex der Sagen von den hilfreichen Zwergen, die ein Licht auf den Ablauf der Jugendweihe in Mitteleuropa werfen, bevor das Christentum den Brauch ausmerzte, kommt das Motiv des Abstiegs nur ausnahmsweise vor, nämlich in den Sagen vom Rattenfänger, der mit den

Kindern in einem Berg verschwindet. Eine Sage aus Böhmen handelt von einem Wassermann als Pfeifer, der mit den Kindern in einen Teich steigt (Der Wassermann als Pfeifer und Kinderentführer[730]). Bei diesem Motiv denken wir an die hilfreichen Zwerge und Saligen Fräulein, die in einem Brunnen, Teich, See, Bach oder Moor hausen, sie heißen dann *Seemännlein* bzw. *Seeweiblein, Nixe, Bachfräulein, Meerweiblein, Moorjungfer* oder ähnlich.

Schwärzung und Unsichtbarkeit

Sowohl im Märchen als auch in der Sage kommt zum Ausdruck, dass der Held sich zeitweilig schwärzt und schrittweise auf die Schwärzung verzichtet. Die schwarze Farbe veranschaulicht den Zustand des Todes, der schrittweise Verzicht auf die Schwärzung – die allmähliche Rückkehr zum Leben. Weil konventionell tot, galten die Zöglinge auch als unsichtbar. Mit diesem Zustand hängen mehrere Motive zusammen, davon war oben ausführlich die Rede.

Die Verpflegung

Im Abschnitt über die Verpflegung durch die Bevölkerung wurden zwei Modalitäten genannt, die sowohl im Märchen als auch in der Sage vorkommen, nämlich die Versorgung mit Lebensmitteln, die die Erwachsenen zum Sitz der Schule bringen, und der Mundraub.

Die Erneuerung des Körpers
durch den Austausch von Organen

In den Märchen von der Buschschule zeichnen sich drei Verfahren der rituellen Erneuerung des Körpers ab: (A) Der Körper wird rituell

---

[730] Der Wassermann als Pfeifer und Kinderentführer. In: THEODOR VERNALEKEN: Mythen und Bräuche des Volkes in Österreich. S. 175-177. – Auch enthalten in: HANS DOBBERTIN (Hg.): Quellensammlung zur Hamelner Rattenfängersage. S. 129-131.

verbrannt und wiederbelebt, so bei AT 325 und 400. – (B) Der Körper wird rituell zerstückelt, gekocht, zusammengefügt und wiederbelebt, so bei AT 311, 313 und 400. – (C) Man öffnet rituell die Bauchhöhle und tauscht Organe aus, siehe AT 303 und 303 A. Über das letztgenannte Verfahren berichten auch Sagen, und es hat sich in einem Brauch erhalten. In der Überlieferung – Märchen und Sage – wird es als reell dargestellt.

Im Märchen: <u>AT 303 „Die zwei Brüder"</u>: Das Ungeheuer nimmt den Burschen das Herz aus dem Leib, steckt die Herzen in einen Sack und wirft ihre Körper in eine Grube (Die drei Brüder[731], rumänisch aus der Walachei). – Die Hexe schneidet dem Prinzen das Herz aus der Brust, verwahrt es in einer Eiche und vergräbt die Knochen (Hör nicht, Sieh nicht, Sei nicht schwer wie die Erde[732], rumänisch aus Siebenbürgen). – Die Hexe frisst den Jüngling Apfelbaum und legt sein Herz in einen hohlen Stamm (Apfelbaum und Birnbaum[733], rumänisch aus Siebenbürgen). – Die Hexe hat das Herz des älteren Bruders in einem hohlen Baum versteckt und ein Stück faulen Holzes an dessen Stelle gelegt (Die beiden Jäger[734], rumänisch aus Siebenbürgen). – Die Hexe schneidet Verea den Bauch auf, entfernt die Eingeweide, nimmt das Herz und die Lungen heraus und ersetzt sie mit faulem Holz (Der Märchenprinz und Held Verea[735], rumänisch aus Bessarabien).

In der Sage: Wie oben beschrieben, verband man das Auftreten der Bercht mit der Vorstellung, sie schlitze den Bauch der Kinder auf,

---

[731]	Cei trei fraţi (AT 303 + 301). In: D. STĂNCESCU: Sur-Vultur. S. 184-191, hier S. 185-187.

[732]	Hör nicht, Sieh nicht, Sei nicht schwer wie die Erde (AT 303). In: PAULINE SCHULLERUS: Rumänische Volksmärchen aus dem mittleren Harbachtal. S. 169-172, hier S. 170.

[733]	Măr şi Păr (AT 303). In: ION POP RETEGANUL: Poveşti ardeleneşti. S. 164-178, hier S. 173.

[734]	Die beiden Jäger (AT 303). In: FRANZ OBERT: Rumänische Märchen und Sagen aus Siebenbürgen. S. 451.

[735]	Făt-Frumos şi Verea Viteazul (AT 321 + 303 + 513 A). In: GRIGORE BOTEZATU: Făt-Frumos şi Soarele. S. 205-222.

nehme die Gedärme heraus und stecke dafür Kehricht, Backsteine, Flachs, Werg oder Erbsenstroh hinein.

Im Brauchtum: In Böhmen stellten um die Weihnachtszeit weibliche Masken, *Peruchten* genannt, den Vorgang mimisch dar.

Der Unterricht

Auf die Ausbildung beziehen sich hier wie dort Mitteilungen, die im einzelnen Text nicht auffallen, aber insgesamt ein aufschlussreiches Mosaik ergeben.

Im Märchen. Die verstoßene Prinzessin lernt von der weisen Frau, wie man Schafe betreut, spinnt, spult und webt (Salz ist kostbarer als Gold[736], slowakisch, AT 923). – Mariflor lernt von der Hexe nähen, sticken und stricken (Das wundertätige Madonnenbild[737], katalanisch, AT ---). – Die jüngste Tochter des Bauern wird von einer Büffelkuh erzogen, die in einem unterirdischen Palast lebt; sie lernt dort die Zimmer sauber halten, kochen, bügeln, lesen und schreiben (Das undankbare Mädchen[738], toskanisch, AT 709). Wir sehen über das anachronistische Bügeln, Lesen und Schreiben hinweg. – Das Mädchen ist von seinem Vater der Mammadraga anvertraut worden und wurde durch sie zur Zauberin (Die Tochter der Brillonca[739], sizilianisch, AT 310). – Fenchelchen lebt mehrere Jahre in dem großen Turm, zu dessen Spitze keine Treppe emporführt; die Hexe gewinnt sie richtig lieb und lehrt sie viele

---

[736] Salz ist kostbarer als Gold (AT 923). In: PAVOL DOBŠINSKÝ: Slowakische Märchen. S. 285-294, hier S. 287. (Der Text ist eng verwandt mit KHM 179, „Die Gänsehirtin am Brunnen".)

[737] Das wundertätige Madonnenbild (AT ---). In: FELIX KARLIN-GER (Hg.): Das Feigenkörbchen. S. 98-110, hier S. 104-106. – Auch enthalten in: HARRI MEIER und FELIX KARLINGER (Hg.): Spanische Märchen. S. 293-304, hier S. 298-300.

[738] Das undankbare Mädchen (AT 709 + 402). In: HERBERT BOLTZ (Hg.): Toskanische Märchen. S. 165-170, hier S. 166.

[739] Die Tochter der Brillonca (AT 310 + 313). In: RENATO APRILE (Hg.): Die Schöne mit den sieben Schleiern. S. 175-185, hier S. 179.

Zauberstückchen (Fenchelchen[740], maltesisch, AT 310). – Der Trommler findet die drei Prinzessinnen im goldenen Schloss in der Obhut einer alten Frau, die sie in der Zauberei unterrichtet (Der Trommler[741], deutsch aus Böhmen, AT 313). – Das alte Weib, das Ekinchen einst raubte, hat ihr allerlei Zaubereien beigebracht (Ekinchen und Akinchen[742], slowakisch, AT 313). – Eine Zauberin lehrt die heimlich versammelten Mädchen allerlei Künste (Jelena die Allweise[743], russisch, AT 306).

In der rumänischen Mädchen-Spinnstube. Die Mädchen übten sich im Spinnen und Weben. Laut Brătulescu hat man kein Gewicht auf Produktivität gelegt, die mitgebrachten Arbeitsmittel dienten hauptsächlich als Requisiten für Zaubereien und Spiele.[744] Aus einer Monografie über die Rumänen der Westkarpaten geht aber hervor, dass man der Fertigkeit im Spinnen trotzdem besondere Aufmerksamkeit widmete, es fand sogar eine Art Prüfung statt: Sobald der gesamte Hanf versponnen war, wurde gelegentlich des abschließenden Festmahls das von jedem Mädchen gesponnene Garn mit seinem Namen in einer Ecke ausgestellt, worauf die bei der Unterhaltung anwesenden Frauen es der Reihe nach besichtigten.[745] – Die Leiterin vermittelte Kenntnisse zur Verwendung bestimmter Pflanzen bei der Ausübung von Liebeszauber und Abwehrzauber wie auch bei der Behandlung von Krankheiten.[746] Damit belegt

---

[740] Fenchelchen (AT 310). In: B. ILG: Maltesische Märchen und Schwänke. Erster Teil, S. 6-11, hier S. 7.

[741] Der Trommler (AT 413 + 400 + 518 + 313). In: THEODOR VERNALEKEN: Alpenmärchen. S. 214-219, hier S. 217.

[742] Ekinchen und Akinchen (AT 313). In: PAVOL DOBŠINSKÝ: Slowakische Märchen. S. 89-94, hier S. 89.

[743] Jelena die Allweise (AT 306 + 329). In: ALEXANDER N. AFANASJEW (Hg.): Russische Volksmärchen. Bd. 2, S. 555-561, hier S. 557. Jelena die Allweise ist durch den Besitz des Zauberspiegels als Abbild der Stammeszauberin ausgewiesen.

[744] MONICA BRĂTULESCU: Ceata feminină. S. 41.

[745] TEOFIL FRÂNCU und GEORGE CANDREA: Românii din Munţii Apuseni (Moţii). S. 139.

[746] MONICA BRĂTULESCU: Ceata feminină. S. 37, 46, 54, 56.

die Mädchen-Spinnstube die Rolle der Frauen als Trägerinnen geheimen Wissens über die Pflanzenwelt. – Anhand überlieferter Texte und Spiele wurden die Teilnehmerinnen auf das Eheleben vorbereitet.[747]

Im Dienste der Dorfgemeinschaft

Zwei Motive der Märchenliteratur belegen, dass die Zöglinge der Buschschule an Vorhaben der Dorfgemeinschaft beteiligt worden sind. Der Held des Märchentypus AT 301 B „Die außerordentlichen Gesellen" begegnet auf seiner Wanderung Spezialisten, die wahrscheinlich die Funktion von Vorarbeitern hatten, diese sind: ein Fachmann für den Umgang mit Holz (Roden, Baumschulen, Anpflanzen von Dornhecken zum Schutz der Ortschaften) – ein Fachmann für den Umgang mit Erdmassen (Einebnen von Buckelwiesen, Wegebau) – ein Fachmann für Steine – ein Fachmann für Dammbau und das Umleiten von Wasserläufen – ein Fachmann für Brückenbau – ein Fachmann für Bewässerung – ein Fachmann für Erzverarbeitung. Mit den Fachbereichen der genannten Vorarbeiter stimmt der Inhalt der „schweren Aufgaben" für den Helden bei AT 313, 403, 425 A und 560 überein, es geht ums Roden, das Einebnen von Buckelwiesen, das Entwässern von Sümpfen und das Zuleiten von Wasser, Bewässerung und Fischzucht, das Errichten von Brücken und von Knüppeldämmen. Der Held erledigt die Aufgabe niemals allein. Oft kommt ihm eine Gruppe zu Hilfe, in der wir die Schar von Zöglingen der Buschschule erkennen: Burschen, Mädchen, Männer, Feen, Erdmännchen, Däumlinge, Recken, Riesen, Tote, Geister, Schlangen, Drachen.

Vielsagend ist, trotz der Entstellungen, eine Szene aus dem karelischen Märchen „Der Bärenjunge"[748] (AT 425 A): Auf ein Zeichen des Helden kommen ganze Rudel von Bären in den Hof gelaufen, verwandeln sich in stattliche Burschen und fragen nach seinen Wünschen. Die Entstellungen bestehen darin, dass ein Zar die Aufgaben stellt, dass die

---

[747]   Ebd., S. 45.

[748]   Der Bärenjunge (AT 425 A). In: ÉVA PAP (Hg.): Der Bärenjunge. S. 5-17, hier S. 7, 8, 9.

Aufgabe die Form einer Freiersprobe hat und dass der Held, ebenfalls Abbild eines Zöglings, als Gebieter der Gruppe auftritt.

Die vielseitige Beteiligung der hilfreichen Zwerge und der Saligen Fräulein an den Arbeiten im Dorf war Gegenstand des Abschnitts „Einsätze nach Bedarf".

In der Neuzeit wurde die Jugend dort, wo es Nachbarschaften gab, selbstverständlich zu Hilfeleistungen herangezogen.

So war es einst im Neustädter Land nahe Hannover beim Hausbau: Beim Füllen der Gefache mit Lehm *(tûnen)* half das ganze Dorf, und beim Dachdecken mit Ziegeln bildeten die Jugendlichen eine lange Reihe vom Ziegelstapel die Leiter herauf bis zur Deckstelle, wobei sie die Ziegel von Hand zu Hand gehen ließen. In den zwanziger Jahren des 20. Jahrhunderts bestand die nachbarliche Hilfe beim Hausbau nur mehr im Zufahren der Steine und des Holzes.[749]

In Großprobstdorf, einer Gemeinde in Siebenbürgen, die hier stellvertretend für Dutzende Ortschaften genannt wird, fielen der Bruderschaft folgende Aufgaben zu: Im Kirchenwald das nötige Holz für die Pfarrerswohnung abzuholzen – alle Arbeiten im Weingarten (mit zirka 4.000 Weinreben) zu verrichten, den die Gemeinde dem Pfarrer zur Verfügung stellte – am Karfreitag die Frühjahrsarbeiten auf dem Friedhof zu verrichten – Quellen und Brunnen auf der Gemarkung zu reinigen.[750]

In Kärnten halfen die benachbarten Hofbesitzer einander, wenn die Erledigung drängte, durch den sogenannten *Nachtschnitt,* den Georg Graber in seinem Buch über das Volksleben (1934) schildert:

„Ein sinniger Brauch hat sich bis heute im Lavanttal in der Gegend von Lamm, Pustritz und Granitztal erhalten. Es ist der noch eifrig gepflegte ‚Nachtschnitt‘. Hat ein Bauer ein größeres Getreidefeld, das er mit seinen eigenen Leuten nicht rasch genug schneiden kann, so sagt er bei den Nachbarn einen Nachtschnitt an und bittet um Beistellung von Schnitterinnen. Erwünscht sind helle Mondnächte. Scheint der Mond

---

[749]   KURT HECKSCHER: Die Volkskunde des Kreises Neustadt am Rübenberge. S. 190.
[750]   HELMUT MARTIN KELP und Mitarbeiter: Großprobstdorf. S. 314.

nicht, so wird neben dem Acker ein Holzhaufen aufgerichtet und abends in Brand gesetzt oder Kinder halten brennende Fackeln, wofür sie vom Bauer eine Mahlzeit erhalten. Die Schnitterinnen legen bessere Kleider an und tragen eine frische Schürze und ein frisches Kopftuch. Mit ihren eigenen Sicheln finden sie sich abends auf dem bestimmten Feld ein. Treffen sie unterwegs einen bekannten Burschen, so laden sie ihn ein, zum Sichelwetzen zu kommen. Das geschieht denn auch, und unter Scherzen und Neckreden wetzen sie den Schnitterinnen die Sicheln. Hie und da stellen sie auch die Garben zusammen. Nur Geladene dürfen auf den Acker kommen. Der Bauer hat auch für Spielleute gesorgt, die schon während des Schnittes aufspielen. Wenn der Schnitt beendet ist, geht es in das Bauernhaus, wo ein reiches Mahl der braven Schnitterinnen harrt [...]."[751]

Grabers Schilderung wird durch einen älteren Bericht bestätigt, denn genauso war es Anfang des 19. Jahrhunderts in der ehemaligen oberen Militärgrenze der Wojwodina (oder Vojvodina), einem Teil Serbiens:

„Der Wohlstand wird durch das patriarchalische Zusammenleben der Familien sehr befördert; da sie sich in sowie außer dem Hause zur Arbeit aneifern. Wenn eine dringende Arbeit an nicht gebotenen Feiertagen zu verrichten ist, oder eine Familie keine genügenden Arbeitskräfte hat, so werden gewöhnlich Anverwandte oder Verschwägerte oder auch andere gute Nachbarn zur Aushilfe berufen. Eine derartige Arbeitshilfe wird ‚Moba‘ genannt. Bei derselben herrscht die Sitte, dass man eine solche Arbeit ohne Zahlung bloß fürs Essen und Trinken leistet. Hierzu erscheinen bloß Mädchen, junge Weiber und Burschen, die sich festlich anziehen und den ganzen Tag fleißig die Ernte verrichten. Am Abend bewirtet sie der Hausherr so reichlich, als wenn er das Fest seines Familienhauspatrons feiern würde. Wer sich einer solchen Arbeitshilfe bedient, leistet gewöhnlich allen jenen, welche ihm geholfen haben, bei ähnlichen Gelegenheiten Gegendienste. In der oberen Militärgrenze wird die Moba manchmal auch bei Nacht abgehalten. Die jungen Arbeiterinnen beginnen gleich bei Mondlicht zu arbeiten und fahren damit bis

---

[751] GEORG GRABER: Volksleben in Kärnten. S. 299–300.

Mitternacht fort, zu welcher Zeit sie aufhören und dann gut bewirtet werden."[752]

Aus diesen Fakten ergibt sich, dass die Mitteilungen über hilfreiche Zwerge bzw. Salige Fräulein, die nachts Feldarbeiten erledigten, nicht aus der Luft gegriffen sind.

Zweifellos liegen Aktionen von Jugendlichen zugunsten einer notleidenden Familie, über die wir heute durch Zufälle erfahren, auf der Linie der Tradition gegenseitiger Hilfe. Die Bäuerin Anna Wimschneider, die in Niederbayern lebte, erwähnt in ihren 1984 veröffentlichten Erinnerungen einen Vorfall, der sich in der Jugend ihres Onkels zugetragen hat, also noch im 19. Jahrhundert. Um einer Witwe zu helfen, haben die Burschen und Mädchen über Nacht ihr ganzes Getreide abgemäht, die Garben wurden von den Mädchen gebunden.[753] – Ähnliches wird in einem 1906 veröffentlichen volkskundlichen Werk über die Schweiz vermerkt: Gar nicht selten soll es vorkommen, dass die Burschen eine Nacht darangeben, um einer alleinstehenden armen Witwe das Korn zu mähen.[754] Gottfried Keller (1818-1890), der in Zürich aufgewachsen ist, hat diesem Brauch mit dem Gedicht „Sommernacht" ein Denkmal gesetzt.[755]

---

[752]   BARON RAJACSICH: Familienleben in der Vojvodina. In: GEORG SCHREIBER (Hg.): Balkan aus erster Hand. S. 224-228, hier S. 225.

[753]   ANNA WIMSCHNEIDER: Herbstmilch. S. 117.

[754]   EDUARD KÜCK und HEINRICH SOHNREY: Feste und Spiele des deutschen Landvolks. S. 153-154.

[755]   Sommernacht. In: GOTTFRIED KELLER: Sämtliche Werke [Bern und Leipzig, 1931]. Bd. 1, S. 20-21. – Auch enthalten in: Sämtliche Werke [Berlin/Ost, 1958]. Bd. 1, S. 192-193. Das Gedicht ist 1846 entstanden und wurde 1854 veröffentlicht.

Sommernacht

[…]

In meiner Heimat grünen Talen
da herrscht ein alter, schöner Brauch;
wann hell die Sommersterne strahlen,
der Glühwurm schimmert durch den Strauch:
Dann geht ein Flüstern und ein Winken,
das sich dem Ährenfelde naht,
da geht ein nächtlich Silberblinken
von Sicheln durch die goldne Saat.

Das sind die Burschen, jung und wacker,
die sammeln sich im Feld zuhauf
und suchen den gereiften Acker
der Witwe oder Waise auf,
die keines Vaters, keiner Brüder
und keines Knechtes Hilfe weiß –
ihr schneiden sie den Segen nieder,
die reinste Lust ziert ihren Fleiß.

Schon sind die Garben fest gebunden
und schön in einen Kranz gebracht;
wie lieblich flohn die stillen Stunden,
es war ein Spiel in schöner Nacht!
Nun wird geschwärmt und hell gesungen
im Garbenkreis, bis Morgenduft
die nimmermüden, braunen Jungen
zur eignen schweren Arbeit ruft.

In Ungarn war es noch vor dem Ersten Weltkrieg üblich, dass die Dorfjugend bedürftigen Familien zu Hilfe kommt. Zsigmond Móricz schildert eine solche Aktion im Roman „Der glückliche Mensch" (1930): Dreißig Personen – Jugendliche – hacken an einem Sonntagnachmittag das Unkraut aus dem Maisfeld der Familie Kovács, die keine Tagelöhner hätte bezahlen können, weil sie mit ihrem Pferd und Wagen selber Tagelöhnerarbeit übernehmen musste. Der Tag endet mit gemeinsamem Mahl und Tanz.[756]

Móricz verwendet das Wort *kaláka,* das die Ungarn zusammen mit dem Brauch der Nachbarschaftshilfe von den Südslawen übernommen haben. Die Tanzunterhaltung der Jugend nach der gemeinsamen Anstrengung hieß *kaláka-tánc,* und es gab sogar eine eigene Bezeichnung für die Taglöhner-Arbeit der Burschen, die sich vorher für ein-zwei Tage bei einem Bauern verdingt hatten, um die Musikanten bezahlen zu können: *kaláka-napszám.* Man kann das im Lexikon der ungarischen Volkskunde nachlesen.[757]

Die Schweigepflicht

Als das Wilde Männlein den Wirtssohn nach abgeschlossener Ausbildung aus dem Wald entlässt, befiehlt es ihm, auf alle Fragen nach seiner Herkunft zu antworten: „Werweiß?" und sonst zu schweigen (Werweiß[758], aus Tirol, AT 502). Dieses Verbot ist die Erklärung für eine Szene aus dem Grimm'schen Märchen von dem Jungen, „der auszog, das Fürchten zu lernen"[759] (AT 326): Hier entspinnt sich zwischen dem Jungen und einem Fuhrmann folgendes Gespräch: „Wer bist du?" – „Ich weiß nicht." – „Wo bist du her?" – „Ich weiß nicht." – „Wer ist dein Vater?" – „Das darf ich nicht sagen." Es gibt sogar einen Märchentypus,

---

[756]   ZSIGMOND MÓRICZ: Der glückliche Mensch. S. 72.

[757]   MAGYAR NÉPRAJZI LEXIKON. Bd. 2, S. 713.

[758]   Werweiß (AT 502). In: IGNAZ und JOSEPH ZINGERLE: Kinder- und Hausmärchen aus Tirol. S. 146-155, hier S. 148. – Auch enthalten in: PAUL ZAUNERT (Hg.): Deutsche Märchen seit Grimm. Bd. 2, S. 113-120, hier S. 115.

[759]   Märchen von einem, der auszog, das Fürchten zu lernen (AT 326). In: GRIMM, BRÜDER GRIMM: Kinder- und Hausmärchen. KHM 4. Bd. 1, S. 41-51, Zitat S. 45.

der nach den abweisenden Antworten benannt wurde – AT 532 „Ich weiß nicht".

Wir haben gesehen, dass auch die Zwerge und die Saligen sich während ihres sozialen Praktikums schweigsam verhielten und Geselligkeit mieden.

Eheanbahnung

Die Sorge um Erblühen und Anwachsen der Gemeinschaft erscheint als eine Konstante der Überlieferung und des Brauchtums.

Im Märchen. Wir beobachten, welche Aufmerksamkeit der Frauenbund den Eheschließungen widmet: Die Fee Ilina, die mächtigste der Feen, verspricht dem armen Mann, für seine Tochter zu sorgen wie eine Mutter, und wenn die Tochter im entsprechenden Alter sein wird, soll sie einen redlichen Mann kriegen (Lüge nicht![760], AT 710, rumänisch aus Siebenbürgen). – Die Gorgo sucht für das von ihr erzogene Mädchen einen Bräutigam aus (Die Kinder des Fischers[761], griechisch aus Samothrake, AT ---). – Das Mädchen Annika dient vierzehn Jahre im Palast der Fee Diana, die seine Taufpatin ist, und erhält dann zum Geschenk, was es zum Heiraten braucht (Annika[762], sardisch, AT ---).

In der Sage. Von Frau Holle wurde erzählt, dass sie fleißige Mädchen mit einem schönen Bräutigam beschenkt (Frau Holle geht um[763], aus Thüringen). – Als eine Bauerndirne aus Eggen nicht heiraten konnte, weil sie und ihr Verlobter so arm waren wie die Kirchenmäuse, schenkte ihr die Königin des Rosengartens einen Knäuel Wollgarn, der nicht alle

---

[760] Nu minţi! (AT 710.) In: ION POP RETEGANUL: Poveşti ardeleneşti. S. 198-201, hier S. 198.

[761] Die Kinder des Fischers (AT ---). In: FELIX KARLINGER (Hg.): Märchen griechischer Inseln und Märchen aus Malta. S. 150-153.

[762] Annika (AT ---). In: FELIX KARLINGER (Hg.): Das Feigenkörbchen. S. 95-98.

[763] Frau Holle geht um. In: ECKHARD WITTER: Die Ottermahlzeit. S. 9.

wurde (Die Dirne mit dem Wollenknäuel[764], aus Tirol). – In den rumänischen Westkarpaten wusste man von einer Fee, die ihr Schloss auf der Spitze des Găina-Berges hatte. Sie besaß ein Huhn, das goldene Eier legte; von ihr erhielt jedes junge Paar als Hochzeitsgeschenk ein goldenes Ei.[765]

In einer Schweizer Sage mit Bezug auf das Dorf Noirmont hören wir von einer Fee, die zu Neujahr alle Spinnerinnen der Gegend vor ihrer Höhle am Seelein von Chanteraine versammelte, um ihre Fertigkeit im Spinnen zu prüfen. Sie musterte die Garnstrangen eine nach der anderen; wenn sie Fehler fand, musste die Sünderin mit rotem Kopf zurücktreten, und die Burschen lachten. Keine Kunkel war so schön in Ordnung und kein Garn so fein und gleichmäßig wie bei dem Röschen von der Waldhütte. Da rief die Fee einen Jüngling herbei, der schüchtern zur Seite gestanden, es war ein elternloser, fleißiger Bursche. Sie sagte: „Die schönste Mitgift für eine arbeitsame Tochter ist die Sittsamkeit. Dich habe ich erwählt, um diejenige zu belohnen, welche diese Tugend besitzt." Damit überreichte sie der guten Spinnerin einen Beutel voller Goldstücke und verschwand (Das Neujahrsgeschenk[766]). Von einem vergleichbaren Brauch der Nganassanen auf der sibirischen Halbinsel

---

[764]   Die Dirne mit dem Wollenknäuel. In: JOHANN ADOLF HEYL: Volkssagen, Bräuche und Meinungen aus Tirol. S. 335-336. Der Rosengarten, italienisch *Catinaccio,* ist ein Gebirgsstock der Dolomiten östlich von Bozen zwischen Schlernmassiv und Karerpass, berühmt für das Alpenglühen in der Dämmerung. *Königin des Rosengartens* ist ein Fantasiename für das in der Überlieferung verblasste Abbild der Oberin des Frauenbundes. – In der Eifel bildeten die Dorfmädchen, die sich dem Heiratsalter näherten, eine als *Rosengarten* bezeichnete Vereinigung. Siehe: ADAM WREDE: Eifeler Volkskunde. S. 215-216.

[765]   GERHARD BONFERT: „Mädchenmarkt" auf dem Găina-Berg. Eine Sommerreise ins Westgebirge zum größten Volksfest der Motzen. In: Komm mit '81. Bukarest: Verlag „Neuer Weg", 1981. S. 41-44. *Găină* bedeutet „Huhn".

[766]   Das Neujahrsgeschenk. In: ARNOLD BÜCHLI (Hg.): Schweizer Sagen. Bd. 1, S. 166-169.

Taimyr berichtet Juri Simtschenko. Die jungen Männer und die Mädchen setzten sich in langer Reihe hin. Die alten Männer und Frauen sowie die Verheirateten drängten sich dicht um sie herum. Ein Mädchen, das ohne Partner geblieben war, schritt an der Reihe entlang und stellte den sitzenden jungen Leuten immer die gleichen Fragen: „Kannst du eine Narte, einen Bogen, eine Kinderwiege machen?" fragte sie die Burschen. „Kannst du eine Parka, eine Mütze, Schuhe und Rentierdecken für den Tschum nähen?" fragte sie die Mädchen. Die Burschen und Mädchen bejahten oder verneinten die Fragen. Die Umstehenden gaben zu jeder Antwort ihren Kommentar und lachten die aus, die etwas nicht konnten. Im 20. Jahrhundert ist der Brauch zu einem Spiel verkommen, früher aber hat die älteste der Frauen gefragt, und das Ergebnis der Befragung gab allen zu denken.[767]

Der Zwerg Fickfack vom Kewelohberg bei Überruhr in der Essener Gegend schenkte armen Brautpaaren Hochzeitskleider (Der Zwerg von Überruhr[768]). – Als ein reicher und stolzer Mann in Turnhout vom Liebsten seiner Tochter forderte, er möge zehntausend Gulden auf den Tisch zählen, hat ein Kaboutermännchen dem Jüngling ausgeholfen (Das hilfreiche Kaboutermännchen[769], aus Flandern). Selbstverständlich ist diese Überlieferung nicht wörtlich zu nehmen. Die späteren Erzähler haben eine Wohltat uminterpretiert und maßlos übertrieben.

Wenn eine brave junge Frau heiratete, stellten sich die Saligen mit schneeweißem Linnenzeug ein, das sie selbst gesponnen (Die verbannte Salige auf dem Piz Lat[770], aus Tirol). – Im Münstertal pflegten die

---

[767] JURI SIMTSCHENKO: Am Rande der Arktis. S. 81-82. Narte – leichter Schlitten. Parka – Oberbekleidung aus dünnem Rentierfell. Tschum – leicht transportable spitzzeltartige Behausung vieler Völkerschaften des Hohen Nordens Sibiriens und Nordostrusslands.
[768] Der Zwerg von Überruhr. In: WOLFGANG SCHULZE: Das große Essener Sagenbuch. S. 127-128.
[769] Das hilfreiche Kaboutermännchen. In: PAUL ZAUNERT (Hg.): Vlämische Sagen, Legenden und Volksmärchen. S. 168-169.
[770] Die verbannte Salige auf dem Piz Lat. In: ROBERT WINKLER: Sagen aus dem Vinschgau. S. 23-24.

Saligen den Bräuten, die sich ihrer besonderen Gunst erfreuten, am Hochzeitsabend eine kunstvoll geflochtene Brautkrone aus Edelweiß und Raute ins Haus zu senden (Die Saligen und die Alpenblumen[771], aus Tirol). – Die Wilden Weiber aus der Höhle oberhalb Langenaubach luden sich bei der Hochzeit eines arbeitsamen, ehrbaren Mädchens zum Festschmaus ein und überreichten der Braut ein Bündel gesponnenen Flachses; am nächsten Morgen waren die Fasern zu Gold und Silber geworden (Die Wilden Weiber und die Menschen[772], aus dem Westerwald). – In den Dörfern am Staufen in Oberbayern gaben die Leute bei den Hochzeiten wohl Acht, wenn die Braut aus dem Hause der Eltern ging, ob dann die Wilden Frauen erschienen und sangen. Ebenso kamen sie bisweilen in ein Haus, wo ein Kind geboren war, und sangen. Das taten sie aber nur bei Leuten, die sie auszeichnen wollten, und solcher Gesang der Wilden Frauen bedeutete allemal Glück.[773] – Wenn eine ehrliche, sündenreine und fromme Rothbächerin im Burzenland ein Kind gebar, wurde sie von den „Fra Houldanen" besucht, die ihr am Fenster im Hof sangen. Die „Fra Houldanen" waren kleine, schmächtige Frauen mit Storchenbeinen und Flügeln anstatt Händen. Man hielt sie für Feen (Die „Fra Houldanen"[774], aus Siebenbürgen). – Die Bewohner der Feengrotte von Puy de Préchonnet beglückten die Menschen der Gegend mit Wohltaten; sie stellten sich bei Geburten und bei Eheschließungen ein, und niemals bat man vergebens um Hilfe durch ihren Zauberstab. (Les habitantes de la Grotte de Fées du Puy de Préchonnet comblaient de bienfaits les gens de la contrée; elles présidaient aux naissances, aux alliances conjugales, et jamais on ne recourait au vain à leur baguette magique.)[775]

---

[771] Die Saligen und die Alpenblumen. In: ROBERT WINKLER: Sagen aus dem Vinschgau. S. 153.

[772] Die Wilden Weiber und die Menschen. In: HELMUT FISCHER: Sagen des Westerwaldes. S. 162.

[773] Der Wald/ Die wilden Leute. In: PAUL ZAUNERT (Hg.): Deutsche Natursagen. 1. Reihe, S. 66-90, hier S. 76.

[774] Die „Frau Houldanen". In: FRIEDRICH SCHUSTER: Der weiße Büffelstier. S. 113-114.

[775] PAUL SÉBILLOT: Le Folk-Lore de France. Bd. 1, S. 447.

Im Brauchtum. Das Beschenken der Brautleute durch Zwerge, Salige und Feen lenkt unsere Gedanken auf den Brauch der *Gabenhochzeit* (oder *Gebehochzeit*) in seiner ursprünglichen Form: Die Dorfbewohner stellen dem jungen Paar Möbel, Bettzeug, Geschirr, Werkzeug, Nutztiere, Saatgut usw. zur Verfügung, jeder nach seinem Vermögen, damit es ohne Aufschub ein normales Familienleben mit Kindern beginnen könne.[776] Wie alt dieser Brauch ist, ergibt sich aus seiner Verankerung im Volksleben der Siebenbürger Sachsen, die beginnend mit dem 12. Jahrhundert aus der Rheingegend (vor allem aus den Erzbistümern Köln und Trier und aus Luxemburg) nach Transsilvanien, in das von den Karpaten umringte Land „jenseits der Wälder" gezogen sind.[777] Den Siedlern sicherte der vom ungarischen König Andreas II. ausgestellte *Goldene Freibrief* uneingeschränkte wirtschaftliche und soziale Freiheit zu. Über den ihnen vom König zugeteilten Boden, den sogenannten *Königsboden*,

---

[776] Aus der ursprünglichen Form entwickelten sich zahlreiche Varianten, wobei Geldgeschenke eine mehr oder weniger große Rolle spielten, bis hin zur reinen Geld-Gebehochzeit. Von Fall zu Fall wurde die Vermählung zum Anlass für eine Tanzunterhaltung genommen, bei der die Gäste nach ihrer Ankunft für Essen und Musik bezahlten, in Schleswig-Holstein *Kaffeeköst (Kaffeehochzeit)* genannt. Zu den Varianten siehe die Dissertation von REGINA VOITH-DROBNITZKY: „Gebehochzeiten in Westfalen" (1998).

Laut Voith-Drobnitzky soll der Brauch (in Westfalen) innerhalb der sozialen Schicht der *Eigenhörigen* entstanden sein, das war eine schwerbelastete Gruppe von Leibeigenen (S. 50-51), und zwar in der Frühen Neuzeit, etwa in der Zeit zwischen 1600 und 1670 (S. 215). An ihrem Hochzeitstag war den Brautleuten gestattet, Gaben anzunehmen und darüber zu verfügen. Doch diese zwei Zuordnungen können nicht stimmen. Sowohl die europaweite Verbreitung des Brauchs als auch seine Pflege durch Patrizier, das Zeugnis der Siebenbürger Sachsen, schließlich das Zeugnis der zitierten Sagen sprechen dagegen.

[777] Siehe das Kapitel „Verlobung und Hochzeit" in: ADOLF SCHULLERUS: Siebenbürgisch-sächsische Volkskunde im Umriß. S. 103-123, hier S. 117.

wurde ihnen das alleinige Verfügungsrecht eingeräumt. In diesem Gebiet waren die Siedler *königsfrei,* also keinem Grundherrn untertan.[778] Eben diese Umstände verleihen dem Brauch der Gabenhochzeit, der sich in Siebenbürgen bis in die zweite Hälfte des 20. Jahrhunderts erhalten hat, besondere Aussagekraft.

In der Gemeinde Pretai *(Bratei)* an der Großen Kokel, vormals auf dem Königsboden gelegen, dauerten die Vorbereitungen eine ganze Woche. Am Mittwoch war der große Schlachttag. Mit dem Brotbacken wurde am Donnerstag begonnen. Am Donnerstagabend überreichten die Dorfbewohner dem Brautpaar Zucker, Eier, Milch, Rahm, Speck, eine Zitrone und dergleichen, was am nächsten Tag zum Backen gebraucht wurde. Wer zur Hochzeit geladen war, brachte eine Henne oder einen Hahn. Zum Dank erhielt jeder ein Stück von dem frischen Brot und ein Glas guten Wein. Am Freitag und am Samstag beteiligten sich alle geladenen Frauen am Backen, Kochen und Braten, während die Männer den Saal und das Hochzeitshaus vorbereiteten.[779] Das Gaben erfolgte am Sonntag, nachdem der Festzug mit dem jungvermählten Paar im Hochzeitshaus angelangt war, und zwar an einem besonderen Tisch. Zuerst wurden wieder Reden gehalten, wobei man die Gäste aufforderte, dem jungen Paar unter die Arme zu greifen und ihm beim Anfang des neuen Hausstandes behilflich zu sein. Unter leisen Musikklängen ging jeder einzelne Gast am Brautpaar vorbei, sprach seine Wünsche aus und legte sein Geschenk ab, zuerst die Eltern, dann die nächsten Verwandten und dann alle anderen. Es war üblich, dass die Frauen Gebrauchsgegenstände und Haushaltssachen schenkten und die Männer Geld.[780]

Frühe schriftliche Belege finden sich in der Autobiografie des Kölner Ratsherrn Hermann von Weinsberg (1518-1597), der aus dem Kreise seiner Verwandten und Bekannten eine größere Zahl von Gebehochzeiten verzeichnet. Er vermerkt auch oft genug, welche Summe an

---

[778]   ANNEMIE SCHENK: Deutsche in Siebenbürgen. S. 34-35.
[779]   STEFAN BREITNER (Hg.): Pretai am linken Ufer der Großen Kokel. S. 304-306.
[780]   Ebd., S. 310.

barem Geld und wie viel Zinn, d.h. Zinngerät, einkam.[781] Der Gegensatz zur Gebehochzeit war *die freie Mahlzeit,* an der unteren Wupper auch *Liiwesmool (Liebesmahl)* genannt.

Um 1900 schickte oder brachte im Rheinland jeder Geladene oder jedes Haus, das geladen war, ein Geschenk zur Hochzeit, entweder nützliche Dinge für den jungen Haushalt, wie Tassen, Tücher, Überzüge für Kissen und Betten, oder Geld, früher Zinn und Geld. Die Geldspende hatte eine bestimmte Größe.[782]

Ob die Jugendlichen heiraten oder ledig bleiben, scheint die Obrigkeit ehemals beschäftigt zu haben. So war es in einer Ortschaft der Pfalz, nämlich Rheinsheim bei Philippsburg im Bistum Speyer, einst üblich, dass die männliche und weibliche Jugend am Tage vor Skt. Georg (am 22. April) mit der Gemeinde in den Wald zieht. Dort stiegen zwei Männer auf bestimmte Bäume und teilten mit, welcher Bursche und welches Mädchen im nächsten Jahr heiraten werden. Wie Albert Becker vermutet, war das Zusammengeben der Paare eine Gemeindesache. Als Bestätigung zitiert er das Stadtrecht von Liestal im Schweizer Kanton Baselland. Dort wurde im Jahre 1411 die Bestimmung getroffen, dass der Schultheiß „jährlich vor Fastnacht, wo man gewöhnlich zu der heiligen Ehe greift", nachsehen soll, welche Knaben und Töchter das richtige Alter dazu haben und dass er aus ihnen angemessene Paare bilden soll.[783]

Was in Rheinsheim geschah, ist eine Spielart des als *Mailehen* bekannten Brauchs, bei dem die Mädchen an die Burschen ausgelost oder versteigert wurden. In den Rheinlanden, in Westfalen, Hessen, Baden und Lothringen fand die Auslosung in der Walpurgisnacht statt, daher auch der Name. Als Datum für die Pfalz nennt Albert Becker die erste Mainacht, was wohl dasselbe bedeutet, aber auch die Kirchweih.[784] An der Mosel hieß der Tag, an dem die Mädchen verteilt wurden, der Valentinstag. In den südlichen Vogesen und in Wälschtirol wurden die Paare

---

[781] ADAM WREDE: Rheinische Volkskunde. S. 182.

[782] Ebd., S. 175.

[783] ALBERT BECKER: Frauenrechtliches in Brauch und Sitte. S. 18-19.

[784] Ebd., S. 9-10, 13.

für das nächste Jahr an einem Märzfeuer ausgerufen.[785] In der Eifel war die Versteigerung nicht überall am Vorabend des 1. Mai und nicht unter dem gleichen Namen üblich; man versteigerte auch am 1. Mai bzw. zur Kirmes, am Ostermontag, am ersten Fastensonntag und am Matthäustag (21. September).[786]

Ende des 17. Jahrhunderts, vermerkt Johann Georg Theodor Grässe im „Sagenbuch des Preußischen Staats", war das Lehnausrufen auf den Dörfern *noch in Mode* (Das Lehnausrufen[787]). Doch in den genannten Gebieten hielt sich der Brauch bis ins 19., ja sogar bis ins 20. Jahrhundert.

Laut Dr. Diether Röth war eine analoge Tradition in der Ortschaft Flarchheim im nordwestlichen Thüringen (westlich von Bad Langensalza) auch nach dem Ersten Weltkrieg und sogar nach dem Zweiten Weltkrieg lebendig. Die Auslosung der Mädchen fand am Pfingstdienstag im sogenannten *Gelag* statt, einem entsprechend großen Haus, welches den Pfingstburschen für ihre Versammlungen fünf Wochen lang zur Verfügung stand.[788]

Durch die Auslosung wurde ein festes, aber zeitlich begrenztes Liebesverhältnis eingeleitet. Die Paare, die sich auf diese Weise zusammenfanden, gehörten ein Jahr lang zueinander; er und sie durften während dieser Zeit nicht mit anderen tanzen.

Analog zum Mailehen verband sich in der Ulmer Gegend ein Junggeselle am vierten Fastensonntag, *Laetare* genannt, mit einem Mädchen für ein Jahr, sie besuchten alle Feste gemeinsam. Man nannte das Mädchen *Sommerbraut* und sprach von *Sommerheirat.* Weil sich das Paar beim Osterfeuer in der Öffentlichkeit zeigte, hieß der Brauch *Feuerjucken,* denn Bursche und Mädchen sprangen zusammen über das Feuer.[789]

---

[785] HEINRICH SCHURTZ: Altersklassen und Männerbünde. S. 118.

[786] ADAM WREDE: Eifeler Volkskunde. S. 312.

[787] Das Lehnausrufen. In: JOHANN GEORG THEODOR GRÄSSE (Hg.): Sagenbuch des Preußischen Staats. Bd. 2, S. 769-770.

[788] In einem Brief, datiert 15. Februar 2011 in Kassel.

[789] HELGA MARIA WOLF: Verschwundene Bräuche. S. 62.

In der siebenbürgischen Gemeinde Rășinari nahe Sibiu wurde ein Brauch beobachtet, der an das Mailehen erinnert: Wenn die Burschen anlässlich der Tag-und-Nacht-Gleiche brennende Räder von den Hügeln rollen ließen, riefen sie anderen Burschen, die sich auf benachbarten Anhöhen befinden, die Namen aller nichtverheirateten Mädchen zu.[790]

In den rumänischen Dörfern Siebenbürgens kümmerte sich die Mädchen-Spinnstube darum, dass niemand im heiratsfähigen Alter ledig bleibt. Laut Monica Brătulescu ist es der vermittelnden Tätigkeit der Mädchen-Spinnstube zu verdanken, dass ledige Personen in den rumänischen Dörfern äußerst selten waren.[791] Wir erfahren Folgendes: Die Teilnehmerinnen wurden anhand überlieferter Texte und Spiele auf das Eheleben vorbereitet und zum aktiven Verhalten beim Liebesspiel ermutigt.[792] – Sie veranstalteten Begegnungen mit den Burschen zum Zweck des gegenseitigen Kennenlernens und der Unterhaltung.[793] – Die Spinnstuben-Gemeinschaft spielte eine wichtige Rolle bei der Bildung der Paare, sie regelte die Liebesbeziehungen im Einklang mit traditionellen Normen und institutionalisierte das voreheliche Verhältnis.[794] – Die meisten Texte aus dem Repertoire der Mädchen-Spinnstube handeln von einer Liebesbeziehung; man münzte sie auf eine aktuelle Situation, indem man die Namen des Mädchens und des Burschen einfügte.[795] – Vorehelicher Geschlechtsverkehr war unter der strengen Bedingung der späteren Heirat erlaubt.[796]

In der Ukraine pflegten die heiratsfähigen Mädchen und Burschen ihre Bräuche größtenteils in der Spinnstube und in ihrer nächsten Umgebung; vor Heischegängen und Hochzeitsinszenierungen versammelten sie sich dort und kehrten nachher gemeinsam dorthin zurück.

---

[790] OCTAVIAN BUHOCIU: Die rumänische Volkskultur und ihre Mythologie. S. 69.

[791] MONICA BRĂTULESCU: Ceata feminină. S. 56.

[792] Ebd., S. 45.

[793] Ebd., S. 45.

[794] Ebd., S. 56.

[795] Ebd., S. 41.

[796] Ebd., S. 54.

Sowohl die Versammlungen als auch die Umzüge dienten der Eheanbahnung. „In den Spinnstuben wurden Bekanntschaften und Freundschaften geschlossen, die nicht selten schon in der nächsten Heiratssaison – nach Epiphanias – zur Ehe führten. Die neuen Bindungen tat man während der Spinnabende in besonderen Liedern kund [...].“ Der Brauch hieß *den Burschen die Mädchen zusingen*.[797] Um die Liebe bei einem bestimmten Burschen zu wecken, schüttelten die Mädchen am Vorabend des Andreasfestes einen Weidenbaum und sprachen dabei: „Weidenbaum, ich schüttle dich, damit es ihn so schüttle, wie ich dich schüttle.“ Bei den Huzulen säten die Mädchen im Holzschuppen Hanfsamen und sagten eine Formel auf, um einen Burschen zu zwingen, trotz aller Hindernisse wie Wald, Sturm oder Wasser zu ihnen zu kommen. Eine solche Zaubermacht erwähnt auch Brătulescu.

Die Mädchen einer Spinnstube bildeten eine Orakelgemeinschaft. „In älteren Beschreibungen der Andreasbräuche und in Beschreibungen aus abgelegenen, konservativen Gegenden“, berichtet Mykytiuk, „werden die Heiratsorakel als ein bedeutsames Ereignis geschildert, das nicht nur die Mädchen interessiert: In der Orakelstube sind auch die Familienangehörigen und Nachbarn der Orakelsucherinnen anwesend, um die Vorgänge zu beobachten und die Ergebnisse der Wahrsagungen zu erfahren; die Mütter helfen mit (z.B. beim Tellerheben), oder sie stellen selbst Orakel für ihre Töchter an; die Burschen beteiligen sich aktiv als Fragesteller; die Beschwörungsformeln werden im Freien (z.B. beim rituellen Hanfsäen) laut gesungen; die Pflicht der Nacktheit wird eingehalten.“[798]

Am Epiphanienfest (Dreikönigstag) begann die Heiratssaison. „Sie dauerte bis zum Beginn der österlichen Fastenzeit. In der letzten Woche der Heiratssaison wurden Burschen und Mädchen, die ledig geblieben waren, symbolisch bestraft. In der Ostukraine ‚bestrafte‘ man auch die Eltern der ledig Gebliebenen. Den Brauch übten gewöhnlich verheiratete Frauen, die eine eigene Altersklasse bildeten. Sie zogen

---

[797]   BOHDAN GEORG MYKYTIUK: Die ukrainischen Andreasbräuche und verwandtes Brauchtum. S. 52.
[798]   Ebd., S. 140.

durchs Dorf und kehrten in die Häuser ein, wo ‚Missetäter' wohnten. Diese wurden verspottet und über den Ehestand ‚belehrt'; die Eltern erinnerte man an die Pflicht, ihre Söhne und Töchter zur Heirat anzutreiben. Jedem ‚Delinquenten' – auch den Eltern – wurde ein Holzscheit an den Fuß (seltener an den Arm) gebunden. Die Betreffenden mussten ‚den Block ziehen', sie konnten sich jedoch mit Schnaps loskaufen."[799]

Während ihrer winterlichen Zusammenkünfte gingen die Jugendlichen eheähnliche Beziehungen ein. Als die Kirche um die Mitte des 17. Jahrhunderts darauf aufmerksam wurde, begann sie die Spinnstuben als vermeintliche Brutstätten der Unzucht zu bekämpfen; der Kampf der Kirche und des Staates gegen die winterlichen Zusammenkünfte in den Spinnstuben, aber auch gegen die sommerlichen Zusammenkünfte im Freien dauerte bis ins 20. Jahrhundert hinein.[800]

In der Maramuresch, einer Region im Norden Rumäniens, an der Grenze zur Ukraine, wurden ältere Burschen und Mädchen von der Dorfjugend durch ein drastisches Zeichen zur Heirat gemahnt: durch eine weibliche bzw. männliche Puppe von der Größe eines zehn- bis zwölfjährigen Kindes. Man befestigte sie in der Neujahrsnacht oder vor dem Dreikönigstag *(Boboteaza)* an einem gut sichtbaren, aber schwer zugänglichen Ort: am Hausdach, am Scheunendach, in hohen Bäumen. Zur Puppe gehörte ein satirischer Text, den das ganze Dorf zur Kenntnis nahm.[801]

Das auf Eheschließungen ausgerichtete Selbstverständnis der Mädchen-Spinnstuben wirft ein Licht auf mehrere Tiroler Sagen: Auf Mühlegg bei Aichleit im Tal der Fersina trafen sich die Dorfburschen mit den Seligen der weiteren Umgebung, um zu singen, zu tanzen und sich zu lieben. Dabei hielten sich die Mädchen stets an Burschen, von denen bekannt war, dass sie noch keine ernsthafte Liebschaft gepflegt hatten

---

[799] Ebd., S. 144-145.

[800] Ebd., S. 143.

[801] MIHAI ROGOJAN: Practica metehăilor in Cetăţele. [Der Popanzen-Brauch in Cetăţele.] In: MEMORIA ETHNOLOGICA. Nr. 56-57 (2015), S. 146-149.

(Fersentaler Selige[802]). – In einer Höhle bei Sölden lebten die seligen Holden des Tals. Sie sahen sich gern nach jungen Burschen um und luden sie zum Gegenbesuch ein. Dabei erlaubten sie den Jungen alles, was aus ihren Augen zu lesen war (Die Ötztaler Holden[803]). – Die hilfreichen Bergfräulein blieben oft bis in die späte Nacht auf Thial, aßen mit den Mähern zu Abend, sangen und tanzten (Die wilden Bergfräulein in Martell[804]). Ich füge eine Mitteilunge aus Vorarlberg an: Das *Rutschifengenweiggi* Rohrinda fand – neben der Arbeit – Freude an Musik und Tanz. Es tanzte um den Maibaum vor dem Haus (Rohrinda[805]).

Aus den Sagen geht nicht hervor, unter welchen Umständen das Gebot der Meidung aufgehoben wurde, welches laut manchen Überlieferungen auch noch während des sozialen Praktikums gültig war, d.h. im letzten Abschnitt der Jugendweihe. Es könnte sein, dass die zitierten Texte sich auf eine historisch betrachtet spätere Phase beziehen, in der die Seklusion in einer gelockerten Form praktiziert wurde.

---

[802] Fersentaler Selige. In: HANS FINK: Salige und Unholde. S. 48.

[803] Die Ötztaler Holden. In: HANS FINK: Salige und Unholde. S. 49-50.

[804] Die wilden Bergfräulein in Martell. In: JOHANN ADOLF HEYL: Volkssagen, Bräuche und Meinungen aus Tirol. S. 518-520.

[805] Rohrinda. In: FRANZ JOSEF VONBUN und RICHARD BEITL: Die Sagen Vorarlbergs mit Beiträgen aus Liechtenstein. S. 125. – Auch enthalten in: KARL HAIDING (Hg.): Alpenländischer Sagenschatz. S. 371-372. Seltsamerweise erhält Rohrinda die Nachricht vom Tod ihrer Mutter aus Tirol. Angeblich unternahmen die Rutschifenggen von Zeit zu Zeit Züge dorthin. Siehe: Die Rutschifenggen zu Braz. In: FRANZ JOSEF VONBUN und RICHARD BEITL: Die Sagen Vorarlbergs mit Beiträgen aus Liechtenstein. S. 125.

Entstellungen

Das Erscheinungsbild der hilfreichen Zwerge ist nichts weniger als einheitlich, weil die einzelne Sage nur ein Moment, seltener zwei Momente aus dem Ablauf der Jugendweihe festhält, mitinbegriffen Eigenschaften, die einander widersprechen:

- Die hilfreichen Zwerge betätigen sich als Handlanger. – Sie sind unsichtbar.
- Sie hausen in Höhlen. – Sie wohnen mit den Menschen unter einem Dach.
- Sie gehen den Menschen aus dem Weg. – Sie kommen herbei, wenn man sie ruft.
- Sie werden von den Menschen verpflegt. – Sie stehlen Lebensmittel.

Begünstigt durch die Zersplitterung haben spätere Erzähler manche Züge vergröbert: Die Zwerge erscheinen als Meister des Handwerks. – Aus dem Mundraub ist Viehdiebstahl geworden. – Gelegentlicher Schabernack wie das Wegziehen des Melkschemels hat sich zu tückischer Boshaftigkeit ausgewachsen, die den *Kobold* und den *Puk* kennzeichnet, beide sind Zerrbilder des hilfreichen Zwergs. Selbstverständlich hat kein Initiand die Hausleute terrorisiert.

Im Vorwort zu einem Buch mit Zwergen-Sagen aus Mecklenburg[806], 1999 veröffentlicht, häufen sich die falschen Vorstellungen: In grauer Vorzeit haben die Unterirdischen Mecklenburg neben den Menschen wie eine zweite Population bevölkert. – Sie reichten einem ausgewachsenen Bauern etwa bis zu den Knien. – Sie lebten unter dem Erdboden. Ihre Wohnstätten waren durch unterirdische Gänge verbunden. – Sie plünderten die Vorratskeller der Häuser. – Im Inneren einzelnstehender Berge bewachten sie Schätze aus uralten Zeiten. – Sie hielten Kühe, die sie tagsüber unter die Herden der Bauern mischten. – Sie besaßen

---

[806] KURT BIESALSKI: Von den Ünnerierdschen in Mecklenburg. In: Ders: Die rauhbeinigen Zwerge von Mecklenburg. S. 10-15.

Tafelgeschirr aus Silber und Gold. – Sie halfen den Menschen, wenn diese in Not gerieten. – Zugleich damit trieben sie mit den Menschen manchen Schabernack.

Laut Josef Dengler, der sich mit den Märchen und Sagen aus der mittelalterlichen Propstei Rinchnach (im Bayerischen Wald) beschäftigt hat, geht man heute davon aus, dass die in vielen Orten entdeckten *Schrazlgänge* oder *Erdställe* den Menschen im Mittelalter als Flucht- und Schutzräume dienten (Erdmandl, Erdweibi[807]).

Der echte Klabautermann war ein Schiffsjunge, der sich vor den anderen Mitgliedern der Besatzung ducken musste. In der Sage hat sich sein Abbild zu einem unberechenbaren, hinterhältigen Gespenst aufgebläht: Der Klabautermann isst am liebsten vom Tisch des Kapitäns. – Er neckt und stört die Mannschaft und ist rachsüchtig. – Wenn die Mannschaft nichts taugt, ein Verbrecher an Bord ist oder ein Verbrechen an Bord begangen wird, verlässt er das Schiff. – Die Ratten sind seine Kameraden (Der Klabautermann[808]).

Aus dem Charakterbild der Protagonisten lässt sich ableiten, was die hilfreichen Zwerge und die Saligen Fräulein *nicht waren* bzw. was *sie nicht vermochten:*

- Sie waren weder kleinwüchsig noch missgestaltet.
- Sie konnten sich nicht unsichtbar machen.
- Sie waren keine Dämonen und nicht die Seelen ungetauft verstorbener Kinder.
- Sie bildeten kein Volk und hatten weder König noch Königin.
- Sie lebten nicht in Familien, wie vor allem die in Schwaben aufgezeichneten Sagen vortäuschen.
- Sie waren kein unterdrücktes Volk, das im Begriff steht, die alte Heimat den neuen, mächtigeren Ankömmlingen zu überlassen.
- Sie halfen den Menschen nicht aus Freundlichkeit. Sie verrichteten die Hilfsarbeiten nicht als Dank für die gespendeten Speisen.

---

[807] Erdmandl, Erdweibi. In: JOSEF DENGLER: s'Klousterer Nachtg'loit. S. 122.

[808] Der Klabautermann. In: HELMUT BERNDT (Hg.): Die schönsten deutschen Volkssagen. S. 18.

- Sie konnten keine Arbeit leisten, die viel Kraft oder große Geschicklichkeit oder Erfahrung voraussetzte, wie pflügen, dreschen, schmieden, Schuhe nähen, eine Mühle in Gang setzen und ein Haus bauen. Mit Sicherheit waren es nicht die Zwerge, die im Glottertal als Erste hölzerne Wasserleitungen vom Gletschertor bis zu den Rebhalden bauten (Die Sage von den heiligen Wassern[809], aus der Schweiz).
- Sie betrieben keinen Silberbergbau.
- Sie verliehen und verschenkten kein Geld.
- Für Mundraub wurden sie weder verfolgt noch bestraft.
- Die magische Potenz der hilfreichen Zwerge ist eine fremde Feder. Hätten sie über Zauberkräfte verfügt, dann wären sie imstande gewesen, das Hütlein aus der Wupper zu fischen, ihre zerlumpten Kleider zu erneuern und beim Auszug ohne Hilfe eines Fährmanns über den Fluss zu setzen.

Unter diesen Umständen löst sich die Vorstellung in Luft auf, dass die hilfreichen Zwerge und die Saligen Fräulein bei der Arbeit mengenmäßig Ungewöhnliches fertigbrachten. Zum Beispiel: Die Hanselmänner von Bad Ems gruben an einem Tag so viel Metall (lies: Erz) heraus, als die Bergleute mit aller Mühe kaum in vielen Tagen hätten schaffen können (Die Hanselmänner von Bad Ems[810], aus dem Westerwald). – Im Granitztal leistete jede Hadachfrau im Tag so viel Arbeit, als sonst nur mehrere Menschen zusammen vollbringen konnten (Die Hadachweiber[811], aus Kärnten).

---

[809] Die Sage von den heiligen Wassern. In: C. ENGLERT-FAYE (Hg.): Vo chlyne Lüte. S. 74-75.

[810] Die Hanselmänner von Bad Ems. In: HELMUT BODE (Hg.): Die Schätze im Altkönig. S. 254-256.

[811] Die Hadachweiber. In: GEORG GRABER (Hg.): Sagen und Märchen aus Kärnten. S. 244-246. – Siehe auch „Die Hadachweiber" in: MATTHIAS MAIERBRUGGER (Hg.): Kärntner Sagenbuch. S. 304-307, hier S. 306.

Die Entstellungen haben mehrere Ursachen. Sie lassen sich erklären:

- durch den zeitlichen Abstand zwischen dem Absterben des Brauchs und dem Aufzeichnen der Erinnerungen;
- durch die Überlieferung von kurzen, aus dem Kontext gerissenen Mitteilungen, die man leicht missverstehen und falsch interpretieren konnte;
- durch das Übertragen von Lebensumständen der späteren Erzähler auf die Helden der Sage;
- durch den Einfluss anderer Sagenkreise;
- durch den Einfluss des Christentums.

Im Laufe der Jahrhunderte ist das Verständnis für den Sinn der Vorgänge geschwunden, und das ist die Erklärung dafür, warum die Genauigkeit der Mitteilungen zu wünschen übriglässt: über das Gebot der Meidung – über die konventionelle Unsichtbarkeit – über das bei der Entlassung fällige Geschenk.

Je mehr Zeit seit dem Verschwinden der Buschschule aus der sozialen Wirklichkeit verflossen war, umso weniger wussten die Erzähler, wovon sie sprechen.

Die Verpflegung. Ursprünglich waren die Bezeichnungen *Zwerg, Wichtel, Männchen* usw. Spottnamen, aber die späteren Erzähler missverstanden die Wörter, deshalb unterstellten sie den hilfreichen Zwergen Kleinwüchsigkeit. In einer Schweizer Sage ist der Sennenzwerg nicht größer als ein Tannenzapfen (Der Sennenzwerg in Muri[812]). Im Einklang damit minimalisierten die Erzähler die Essenportionen.

Einerseits hören wir Folgendes: Für den Poppele musste man zum Lohn für seine Dienste alle Tage mitdecken, ihm einen besonderen Teller hinstellen (Der Poppele auf Hohenkrähen[813], aus Schwaben). – Die Hausleute überließen den Wichteln die Reste des Nachtessens (Wichtlein zu

---

[812]   Der Sennenzwerg in Muri. In: C. Englert-Faye (Hg.): Vo chlyne Lüte. S. 25.

[813]   Der Poppele auf Hohenkrähen. In: ERNST MEIER: Deutsche Sagen, Sitten und Gebräuche aus Schwaben. S. 76-77.

Lulzhausen[814], aus Luxemburg). – Die Strazeln sprangen zur Mittagszeit beim Heumachen ein, wenn die Menschen ruhten; gingen diese wieder an die Arbeit, verzehrten sie die Überreste des Mittagmahls (aus der Oberpfalz).[815]

Andere Überlieferungen weichen in diesem Punkt ab: Die Bergmännchen vom steirischen Pleschberg nordwestlich von Admont erhielten für ihre Dienste auf der Alm etwas Milch, Butter und Käse (Die verwunschene Alm[816]). – Zum Dank stellten die Bergleute den Zwergen in einem Napf Rahm oder Milch auf ein Hüttendach hinaus (Die Haltelli-Zwerge[817], aus dem Berner Oberland). – Als Entgelt stellten die Älpler den Zwergen ein wenig Milch oder Nidle bereit, und damit gaben sich die Leutlein zufrieden (Ein Zwerglein fragt für eine Winterkuh[818], aus dem Berner Oberland). – Den Bergleuten der Zisterzienserabtei von Großlützel im Berner Jura halfen Zwerge bei der Arbeit. Um sie günstig zu stimmen, musste man ihnen nur ein Stück frischen Brotes in eine kleine Nische des Stollens legen (Die goldene Rose[819]). – Für seine Dienste verlangte der kleine Hausfreund nichts weiter als eine einfache Mahlzeit: Milch und Brot (Das Seemännlein[820], aus dem Schwarzwald). – Im Wagner'schen Haus nahe Kettenhausen haben die Haiden Wasser getragen, die Stube ausgekehrt und den Stall gemistet; dafür legte die

---

[814]   Wichtlein zu Lulzhausen: In: N. GREDT (Hg.): Sagenschatz des Luxemburger Landes. Bd. 1, S. 5.

[815]   Razen. In: FRANZ XAVER VON SCHÖNWERTH: Aus der Oberpfalz. Zweiter Teil, S. 296.

[816]   Die verwunschene Alm. In: JOHANN KRAINZ (Hg.): Mythen und Sagen aus dem steirischen Hochlande. S. 237.

[817]   Die Haltelli-Zwerge. In: MAX WAIBEL (Hg.): Das große Buch der Walser Sagen. S. 128.

[818]   Ein Zwerglein fragt für eine Winterkuh. In: MAX WAIBEL (Hg.): Das große Buch der Walser Sagen. S. 146-147.

[819]   Die goldene Rose. In: ARNOLD BÜCHLI (Hg.): Schweizer Sagen. Bd. 1, S. 74-77.

[820]   Das Seemännlein. In: HEINZ BISCHOF (Hg.): Im Schnookeloch. S. 126.

Wagnerin alle Abende ein Brötlein unter die Tür und stellte ein Krüglein mit Wasser dazu. Sooft im Hauswesen etwas mehr zu tun war, gab sie drei Brötlein und drei Krüglein (Die „Haiden" zu Kettershausen[821], aus Schwaben). – Die Erdweibl begehrten nichts als Milch und Brei (Die Erdweibl beim Binzinger[822], aus Niederbayern). – In der Häuselmühle an der kleinen Losnitz verlangten die Zwerge für ihre Hilfe nichts als jeden Tag einen Laib Brot (Die Zwerge in der Häuselmühle[823], aus dem Böhmerwald). – Der Bauer vom Broch-Hof bei Uckerath stellte den Heinzelmännchen allabendlich eine Schüssel Milch auf die Türschwelle (Die Heinzelmännchen im Asbacher Land[824], aus dem Westerwald). – Die Rengsdorfer legten ihren nächtlichen Helfern *hin und wieder* etwas zur Belohnung hin, „ein Ei oder ein bisschen Fett, ein Schälchen Milch, einen Bissen Kuchen" (Die „Wellewechter" im Völkerwiesenbachtal[825], aus dem Westerwald). – In der Gegend von Haaren am Niederrhein spendeten mitleidige Menschen (sic!) den Overmännkes Schüsseln mit Speise.[826] – Als Lohn verlangten die Zwerge nichts als etwas Obst und ein kleines, nicht zu hart gebackenes Brötchen (Die Zwerge in der Raudamühle[827], aus Thüringen) – Die Heinzelmännchen brauchen nur wenig

---

[821] Die „Haiden" zu Kettershausen. In: ALEXANDER SCHÖPPNER (Hg.): Bayrische Sagen. Bd. 1, S. 60.

[822] Die Erdweibl beim Binzinger. In: EMMI BÖCK (Hg.): Sagen aus Niederbayern. S. 241-242.

[823] Die Zwerge in der Häuselmühle. In: HANS KOLLIBABE: Sagen aus dem Böhmerwald. S. 254-255.

[824] Die Heinzelmännchen im Asbacher Land. In: O. RUNKEL: Aus dem Sagenschatz der Heimat. Westerwaldsagen. I. Teil, S. 226-227.

[825] Die „Wellewechter" im Völkerwiesenbachtal. In: O. RUNKEL: Aus dem Sagenschatz der Heimat. Westerwaldsagen. I. Teil, S. 157-158, hier S. 158.

[826] Erdgeister. In: PAUL ZAUNERT (Hg.): Rheinland-Sagen. Bd. 1, S. 55-61, hier S. 55.

[827] Die Zwerge in der Raudamühle. In: MICHAEL KÖHLER (Hg.): Der Hexentaler. S. 92-93.

Speise und Trank (Heinzelmännchen im Gumperdaer Schloss[828], aus Thüringen).

All diese Aussagen passen schlecht zum Bild des Nörgleins aus dem Passeiertal, das nach getaner Arbeit – Melken, Mistaustragen, Vieh auf die Weide treiben – mit so großer Lust das Rahmmus aß, dass ihm der Schmalz von beiden Seiten des Mundes herabrann (Ausgelohnt[829]).

In der zitierten Kölner Sage, die der Ballade von August Kopisch zugrunde liegt, ist von einer Verköstigung der Helfer gar nicht mehr die Rede (Die Heinzelmännchen[830]). Ebenso wenig in zwei Mitteilungen aus dem Westerwald (Die „Hehlemänncher" im Wiedtal[831]; Die Zwerge zu Ohlenberg[832]).

Manchmal stellen die Erzähler die Sache so dar, als ob die Hilfeleistung von der Verpflegung abhängig gewesen sei.

Die Oberpfälzer Sage über die Strazeln (Razen[833]) erweckt den Eindruck, als ob man die Gruppe der Initianden nur mit der Aussicht auf einen Imbiss zu einem Arbeitseinsatz hätte aufbieten können („Kommt heute, ihr kriegt was zu essen, wenn ihr arbeitet!"). Aber das ist falsch – die Initianden waren zur Arbeit verpflichtet, noch mehr: Die

---

[828]   Heinzelmännchen im Gumperdaer Schloss. In: MICHAEL KÖHLER (Hg.): Der Hexentaler. S. 180.

[829]   Ausgelohnt. In: LEANDER PETZOLDT (Hg.): Deutsche Volkssagen. S. 229-230. Übernommen aus der Sammlung „Sagen, Märchen und Gebräuche aus Tirol" (Innsbruck, 1859) von Ignaz Vinzenz Zingerle, Nr. 59.

[830]   Die Heinzelmännchen. In: KARL HESSEL (Hg.): Sagen und Geschichten des Rheintals. S. 292-293. – Die Heinzelmännchen. In: GOSWIN PETER GATH: Kölner Sagen, Legenden und Geschichten. S. 194-196.

[831]   Die „Hehlemänncher" im Wiedtal. In: O. RUNKEL: Aus dem Sagenschatz der Heimat. Westerwaldsagen. I. Teil, S. 122-123.

[832]   Die Zwerge zu Ohlenberg. In: O. RUNKEL: Aus dem Sagenschatz der Heimat. Westerwaldsagen. I. Teil, S. 198-199.

[833]   Razen. In: FRANZ XAVER VON SCHÖNWERTH: Aus der Oberpfalz. Bd. 2, S. 291-303, hier S. 298.

Arbeitseinsätze gehörten zum Wesen der Buschschule. Denselben Eindruck erwecken auch andere Überlieferungen. Im schwäbischen Röthenberg, nicht weit von Alpirsbach, erledigten früher Erdmännlein alle Arbeit für die Menschen: sie fütterten das Vieh, warfen Stroh herab, kneteten die Brotlaibe zurecht und backten sie. Dafür aber musste man den Erdmännlein täglich ihr Essen auf den Herd hinstellen, was sie dann heimlich verzehrten. Unterließ man das oder nahm jemand etwas davon, so wanderten sie fort und gingen in ein anderes Haus (Die Erdmännle in Röthenberg[834]). – Dazu eine Mitteilung aus dem Jülicher Land: Wer die Mühe der Zwerge nicht mit Speisen und Süßigkeiten vergalt, etwa mit Weckbrei und Milch, zu dem kamen sie nicht mehr (Das alte Haus zu Merzenich[835]).

Zwei Luxemburger Überlieferungen veranschaulichen überzeugend, nämlich durch entgegengesetzte Aussagen, wie die Erzähler das sachliche Verhältnis zwischen Dorfgemeinschaft und Initianden entstellt haben, indem sie es mit dem Begriff „Dankbarkeit" kennzeichneten. Zum einen wird mitgeteilt, dass die Landleute sich mit Speisen, die sie vor den Grotten der Wichtelchen niederlegten, für die Bearbeitung der Felder bedankten (Die Wichtelcher bei Rosport[836]). Zum anderen wird mitgeteilt, dass die Wichtelchen die Felder jener Menschen bearbeiteten, die sie mit Lebensmitteln versorgten. Jene Menschen, die keine Felder besaßen, fanden zum Dank des Morgens Holz für mehrere Wochen vor ihrer Tür liegen (Die Wichtelcher bei Reckingen und ihr Verfolger[837]). Aber es stand nicht im Belieben der Initianden, ob und wem sie helfen, denn sie waren zu Hilfeleistungen verpflichtet, die Hilfeleistungen gehörten zu ihrer Ausbildung. Andererseits hatten sie ein Recht auf die Kost. Die Erzähler

---

[834]   Die Erdmännle in Röthenberg. In: ERNST MEIER: Deutsche Sagen, Sitten und Gebräuche aus Schwaben. S. 61.
[835]   Das alte Haus zu Merzenich. In: GOTTFRIED HENSSEN: Sagen, Märchen und Schwänke des Jülicher Landes. S. 38.
[836]   Die Wichtelcher bei Rosport. In: N. GREDT (Hg.): Sagenschatz des Luxemburger Landes. Bd. 1, S. 5.
[837]   Die Wichtelcher bei Reckingen und ihr Verfolger. In: N. GREDT (Hg.): Sagenschatz des Luxemburger Landes. Bd. 1, S. 6-8.

haben die Pflicht zur Gefälligkeit stilisiert. Sehr klar kommt diese Entstellung in einer Sage aus dem Salzburger Land zum Ausdruck; hier
bringt ein Bergmännlein die zwei verlaufenen Kühe zum Dank für eine
Schüssel Grießbrei zurück, d.h. es vergilt eine Wohltat mit einer Gefälligkeit (Das Bergmännlein auf der Gerlosplatte[838]).

Selektive Hilfeleistung. Öfter stellen die Erzähler die Sache so
dar, als ob es im Ermessen der Zwerge bzw. der Saligen Fräulein gelegen
habe, ob sie helfen und wem sie helfen, nämlich „guten Leuten" oder
Familien, die in Not geraten sind, Witwen und Waisen. Zum Beispiel:

Die Erdmännlein halfen *rechtschaffenen* Leuten auf den Heuwie-
sen oder beim Garbenbinden (Die Erdmännlein auf der Ramsfluh[839], aus
dem Aargau). – Die Erdleute aus der Tropfsteinhöhle bei Hasel halfen
den Guten bei den Haus- und Feldgeschäften, die dadurch aufs Beste ge-
diehen, während sie *den Bösen* heilsame Ermahnungen gaben
(Erdleute[840], aus Baden). – Den *Bösewichtern* und *Tagedieben* suchten
die Wichtelmännchen stets zu schaden, den *guten* und *fleißigen* Leuten
halfen sie bei der Arbeit, und die Armen und Notleidenden versorgten sie
mit Gold und Silber (Die Wichtelmännchen und Schuster Jobst in Eschwege[841], aus Hessen). – Die Heinzelmännchen halfen nur *guten, fleißigen*
Leuten, nie *Faulenzern* oder *regelrechten Bösewichtern* (Die Heinzelmännchen[842], aus Köln). – Das Heinzelmännchen, das in einer Höhle
zwischen Rennerod und Waldmillen [Waldmühlen] wohnte, brachte armen Leuten Brot und Mehl, aber nur, *wenn sie brav, rechtschaffen und*

---

[838] Das Bergmännlein auf der Gerlosplatte. In: KÄTHE RECHEIS
(Hg.): Sagen aus Österreich. S. 169-170.
[839] Die Erdmännlein auf der Ramsfluh. In: EDMUND MUDRAK
(Hg.): Das große Buch der Volkssagen. S. 245-247.
[840] Erdleute. In: BERNHARD BAADER: Volksagen aus dem Lande
Baden und den angrenzenden Gegenden. S. 17-19.
[841] Die Wichtelmännchen und Schuster Jobst in Eschwege. In: EMIL
SCHNEIDER (Hg.): Hessisches Sagenbuch für Schule und Haus. S. 107-
109, hier S. 108.
[842] Die Heinzelmännchen. In: GOSWIN PETER GATH: Kölner Sagen, Legenden und Geschichten. S. 194-196, hier S. 194.

fleißig waren, die faulen erhielten nichts. Wer aus dem Wirtshaus heimkehrte und zu tief ins Glas geguckt hatte, bekam eine Kopfnuss, hoffärtige und stolze Jungfern wurden in der Spinnstube oder auf dem Tanzboden schwarz gemacht, lügende Bauern bekamen eins aufs Maul. Brautleute erhielten von ihm ein Ringlein von Gold, das zu rosten anfing, wenn die Eheleute uneins wurden, und verschwand, wenn sie untreu wurden (Das Heinzelmännchen[843], aus dem Westerwald). – Die Heugütel erwiesen sich *guten Menschen* gerne hilfreich, *bösen* aber spielten sie oft einen Possen (Globenstein: Das Heugütel[844]). – Die Korigane halfen *guten* Leuten, die ihnen etwas zu essen und ein Schüsselchen Milch hinstellten (Wie die Korigane ihre Schätze trockneten[845], aus der Bretagne).

Wenn eine *brave* junge Frau heiratete, stellten sich die Saligen mit schneeweißem Linnenzeug ein, das sie selbst gesponnen (Die verbannte Salige auf dem Piz Lat[846], aus Tirol). – Die Jungfrauen aus dem Mummelsee wuschen *frommen und redlichen* Leuten die Wäsche aus, die sie in den Zubern stehen hatten (Die guten Seejungfrauen[847], aus Baden). – Die Wilden Weiber aus der Höhle oberhalb Langenaubach waren allen *guten, fleißigen* Menschen zugetan und halfen ihnen, wo sie nur konnten […] Vielen *fleißigen* Leuten halfen sie sogar bei der Ernte (Die Wilden

---

[843]   Das Heinzelmännchen. In: JOHANN GEORG THEODOR GRÄSSE (Hg.): Sagenbuch des Preußischen Staats. Bd. 2, S. 723-724.

[844]   Globenstein: Das Heugütel. In: HERMANN HALLBAUER und HORST HENSCHEL (Hg.): Der Sagenschatz des Erzgebirges. 1. Teil, S. 67.

[845]   Wie die Korigane ihre Schätze trockneten. In: ELENA CHMELOVÁ (Hg.): Keltische Märchen. S. 166-170, hier S. 166.

[846]   Die verbannte Salige auf dem Piz Lat. In: ROBERT WINKLER: Sagen aus dem Vinschgau. S. 23-24.

[847]   Die guten Seejungfrauen. In: AUGUST SCHNEZLER (Hg.): Badisches Sagenbuch. Bd. 2, S. 119. – Auch enthalten in: GUNDULA HUBRICH-MESSOW (Hg.): Sagen und Märchen aus dem Schwarzwald. S. 47.

Weiber und die Menschen[848], aus dem Westerwald). – Die Wilden Weiber aus der Höhle oberhalb Langenaubach luden sich bei der Hochzeit eines *arbeitsamen, ehrbaren* Mädchens zum Festschmaus ein und überreichten der Braut ein Bündel gesponnenen Flachses; am nächsten Morgen waren die Fasern zu Gold und Silber geworden (Die Wilden Weiber und die Menschen[849], aus dem Westerwald).

In manchen Sagen erscheint die Hilfe als Zufall. Eine arme Witwe hatte den Ackergaul verloren und erhielt vom Oheim keine Hilfe, da forderte ein Zwerg den Sohn der Witwe auf, am Abend durch seine Nachbarn das nötige Ackergerät und das Samenkorn auf den Acker schaffen zu lassen, den er zuerst bestellt haben möchte. Am Morgen darauf war der Acker gepflügt, eingesät und eingeeggt, und so ging es auch an den folgenden Tagen (Das Wichtelchen zu Reckingen[850], aus Luxemburg). – Ein Pisweger Bauer hatte viele Wiesen und Felder, da gab es so viel zu tun, dass er in schwerer Sorge war, ob er die Arbeit bewältigen könne, doch im rechten Augenblick kamen immer kleine Männlein und Weiblein daher und halfen so fleißig, dass man leicht mit allem fertig wurde (Die kamoten Leutlan[851], aus Kärnten).

In Wirklichkeit wurden die Zöglinge der Buschschule nach Bedarf aufgeboten, wie oben ausgeführt.

Der Schauplatz der Handlung. Meist sind die genannten Ortschaften Weiler, kleine Dörfer oder Streusiedlungen. Zuweilen aber wird als Schauplatz ein Schloss oder ein Wirtshaus oder ein Kloster angegeben (die Feste Löwenburg im Siebengebirge, das Schloss zu Waltersdorf bei Berga in Thüringen, das Wirtshaus „Zum gelben Engel" in Jena, das Schwerin'sche Franziskanerkloster). Ich halte diese Angaben für un-

---

848 Die Wilden Weiber und die Menschen. In: HELMUT FISCHER: Sagen des Westerwaldes. S. 162.
849 Die Wilden Weiber und die Menschen. In: HELMUT FISCHER: Sagen des Westerwaldes. S. 162.
850 Das Wichtelchen zu Reckingen. In: N. GREDT (Hg.): Sagenschatz des Luxemburger Landes. Bd. 1, S. 5-6.
851 Die kamoten Leutlan. In: GEORG GRABER (Hg.): Sagen und Märchen aus Kärnten. S. 215-216.

wahrscheinlich, weil sie sich mit den oben beschriebenen Umständen der Jugendweihe nicht vereinbaren lassen.

Falls eine Ortschaft genannt wird, die heute eine Stadt oder Großstadt ist, war sie dazumal gewöhnlich ein Nest, oder die Sage wurde durch Zugewanderte übertragen, siehe Köln.

Verstümmelte Aussagen. Den verständlichen Mitteilungen stehen andere gegenüber, die dunkel sind, weil die Überlieferung verstümmelt oder umgedeutet wurde oder weil der zugrundeliegende Vorgang mystifiziert wurde. Wir hören einerseits: Die Zwerge haben den Pflügern das Morgenbrot zum Acker gebracht (Die Zwerge bei Scheuen[852], aus Niedersachsen). Andererseits hören wir: Ein Pflüger hat um die Mittagszeit am Feldrand einen gedeckten Tisch vorgefunden (Der Tisch der Unterirdischen[853], aus Schleswig-Holstein). Oder: Als die mit Pflügen beschäftigten Knechte am Geruch merken, dass die Unterirdischen backen und brauen, wünschen sie, auch etwas zu bekommen, und finden dann am Ende des Ackers auf dem Rasen zwei blanke Krüge mit Bier und zwei Stücke Brot hingestellt. Der eine Knecht legt einen Groschen in die Pfanne, der andere füllt die leere Kanne mit Unrat (Unterirdische in Plau[854], aus Mecklenburg). – Ähnlich in einer Sage von der Insel Rügen (Die Zwerge im Dubberwort[855]).

Beispiele für Umdeutungen wurden im Zusammenhang mit dem Motiv „Ausgelohnt" genannt.

Klischeevorstellungen. Die Kontamination mit Sagen anderer Herkunft hat Ungereimtheiten und Widersprüche ergeben. Nach und nach entwickelte sich eine umfangreiche Zwergen-Legende. Der nicht

---

[852] Die Zwerge bei Scheuen. In: WILL-ERICH PEUCKERT (Hg.): Niedersächsische Sagen. Bd. 4, S. 421.

[853] Der Tisch der Unterirdischen. In: KARL MÜLLENHOFF (Hg.): Sagen, Märchen und Lieder der Herzogtümer Schleswig, Holstein und Lauenburg. Drittes Buch, S. 305.

[854] Unterirdische in Plau (1). In: KARL BARTSCH: Sagen, Märchen und Gebräuche aus Meklenburg. Bd. 1, S. 42.

[855] Die Zwerge im Dubberwort. In: U. HAAS: Rügensche Sagen und Märchen. S. 61-62.

mehr verstandenen Einzelheiten hat sich die Fantasie der Erzähler bemächtigt.

Es ist möglich, dass Knaben und Mädchen während ihrer Buschzeit aus Tradition in derselben Höhle hausten. In den Märchen von der alteuropäischen Buschschule finden sich Hinweise auf eine gemischte Gruppe der Initianden, das ist der Fall bei den Märchentypen AT 303 „Die zwei Brüder" – AT 303 A „Sechs Brüder suchen sieben Schwestern zu Frauen" – AT 311 „Von der Schwester gerettet" – AT 313 „Der dem Teufel versprochene Königssohn" – AT 325 „Der Zauberer und sein Schüler" – AT 400 „Der Mann auf der Suche nach seiner verschwundenen Gattin". Als eine Erklärung für die gemischte Gruppe bietet sich der matrifokale Charakter der ehemaligen Donauzivilisation an, in der Männer und Frauen gleichberechtigt waren.[856] Spätere Erzähler haben aus der gemeinsamen Unterkunft ein Eheverhältnis abgeleitet: Die Erdmännlein, die im Spaltberg wohnten, hinter dem Buchwald, drei Viertelstunden von Dornhan entfernt, waren mit ebenso kleinen Erdweiblein verheiratet und bekamen Kinder miteinander (Die Erdmännle bei Dornhan[857], aus Schwaben). – In der Wolfshöhle südwärts von Pfirt lebten die Zwerge je zwei und zwei, Männlein und Weiblein. Sie genossen ewige Jugend, waren aber kinderlos (Die Zwerge in der Wolfshöhle[858], aus Schwaben). – Mitunter kamen die Wichtel des Nachts die Treppe herauf und führten die zierlichsten Tänze auf. Die Männchen trugen kleine Dreimaster, rote Röckchen, kurze weite Hosen, lange Strümpfe und Schuhe mit gewaltig hohen Absätzen; die Weibchen dagegen eine kleine zweiteilige Schnepphaube und weiße Röckchen (Die Wichtel in Rossdorf[859], aus Thüringen).

---

[856] HARALD HAARMANN: Das Rätsel der Donauzivilisation. S. 150-152.

[857] Die Erdmännle bei Dornhan. In: ERNST MEIER: Deutsche Sagen, Sitten und Gebräuche aus Schwaben. S. 61-62.

[858] Die Zwerge in der Wolfshöhle. In: PAUL STINTZI (Hg.): Die Sagen des Elsasses. S. 11-13.

[859] Die Wichtel in Rossdorf. In: GISELA GRIEPENTROG (Hg.): Die goldenen Flachsknoten. S. 45-46.

In einer Fassung der elsässischen Sage mit Bezug auf Pfirt heißt es sogar, dass die Zwerge, Tausende an der Zahl, einen König hatten und mit den Menschen zusammen gegen einen Riesen kämpften (Die Zwerge von Pfirt[860]).

Weitere Umdeutungen: In der Mühle von Murrhardt tummelte sich nachts *eine unzählbare Menge* von kleinen Männlein (Die guten Erdleute in der Mühle[861], aus Schwaben). – Zwei Erdleute baten einen Bauern aus Hasel täglich um einen Teller Suppe und gaben ihm dafür jeweils ein Stänglein Gold, nachdem sie ihm das Bergwerk gezeigt hatten, in dem viele tausend Erdleute mit der Gewinnung von Gold und Silber beschäftigt waren (Erdleute[862], aus Baden).

Das Ausleihen von Geschirr bei festlichen Gelegenheiten – Kindtaufen und Hochzeiten – wurde im Siebengebirge dahingehend verfälscht, dass die Zwerge Silbergerät zur Verfügung stellten. Es soll aus dem Metall geschmiedet worden sein, das aus ihrem Bergwerk am Virneberg stammte (Die Zwerge im Siebengebirge[863]).

In einer Sage aus dem Erzgebirge hat sich der Bursche, der den Häuern im Bergwerk zur Hand ging, zu einem mächtigen Berggeist ausgewachsen. Doch die Sage ist mit weißem Zwirn genäht, denn dieser Berggeist besitzt ein uns bekanntes Merkmal: Er will dem armen

---

[860]   Die Zwerge von Pfirt. In: ULLA SCHILD (Hg.): Sagen und Märchen aus dem Elsaß. S. 68-73.

[861]   Die guten Erdleute in der Mühle. In: ANTON BIRLINGER und MICHAEL RICHARD BUCK: Sagen, Märchen, Volksaberglauben. S. 39-40.

[862]   Erdleute. In: BERNHARD BAADER: Volkssagen aus dem Lande Baden und den angrenzenden Gegenden. S. 17-19. – Siehe auch den Text „Die Erdmännlein in der Haseler Höhle" in: WILHELM STRAUB (Hg.): Sagen des Schwarzwaldes. S. 172-173.

[863]   Die Zwerge im Siebengebirge. In: O. RUNKEL: Aus dem Sagenschatz der Heimat. Westerwaldsagen. I. Teil, S. 13-15, hier S. 14.

Bergmann helfen, wenn jener ihm für jede Schicht ein Pfennigbrot sowie ein Pfenniglicht gibt (Der Berggeist am Donat zu Freiberg[864]).

Auch die mystifizierte Gestalt des Klabautermanns wird durch ein Merkmal der hilfreichen Zwerge enttarnt: Als der Schiffer ihm aus Dankbarkeit einen neuen Anzug schneidern lässt, verabschiedet er sich, weil er nun ausgelohnt sei (Vom Klabautermann[865], Sage vom Ostseestrand).

In den Sagen der Ladiner in den Dolomiten treten Gestalten auf, die sich weitgehend so verhalten wie unsere Wichtelmännchen – die *Salvans*. Sie werden als rohe Geschöpfe dargestellt, die über riesenhafte Kräfte verfügen. Im Sommer hausen sie in Höhlen oder Holzhütten und helfen den Bauern bei der Feldarbeit. Im Winter schlüpfen sie bei den Bauern unter und werden von diesen verköstigt, dafür machen sie sich im Stall und im Holzschuppen nützlich. Die weibliche Form der Salvans sind die *Ganes,* in der Überlieferung als die Frauen der Salvans vorgestellt. Sie helfen den Bäuerinnen und Hausfrauen bei der Arbeit, hüten die Kinder, solange die Mutter abwesend ist, legen im Gemüsegarten Hand an, führen Schafe und Lämmer auf die Weide. Ehen zwischen Ganes und Bauernburschen sind häufig, die Ganes bringen, so wie die Saligen Fräulein, Glück und Segen ins Haus. Auch die Ganes hüten ein Geheimnis, nur ist dieses verwässert: Während die Saligen Fräulein nichts von den Geheimnissen des Frauenbundes preisgeben, verraten die Ganes ihrem Ehemann nicht, wo sich die Salvans und die Ganes im Laufe des Jahres verbergen.[866]

Anachronismen. Eine besondere Art von Entstellungen sind die Anachronismen. Sie kamen zustande, indem die Erzähler eine Überlieferung vom Entstehungsort in eine neue Umgebung verpflanzten oder indem sie ihre Lebensumstände auf die handelnden Personen übertrugen.

---

[864]   Der Berggeist am Donat zu Freiberg. In: WERNER LAUTERBACH (Hg.): Sagenbuch des Erzgebirges. S. 126-128.
[865]   Vom Klabautermann. In: ALBERT BURKHARDT (Hg.): Vineta. S. 371-373.
[866]   Die Salvans, die Ganes, der Orcus aus Ladinien. In: LUCILLO MERCI: Volkssagen aus Südtirol. S. 330-337, hier S. 330-332.

Beginnen wir mit *dem Bergbau.* In der Umgebung der späteren Stadt Bad Ems gab es vielleicht schon in römischer Zeit Erzgewinnung im Tagebau. Im Mittelalter ging man zum Untertagebau mit Stollen und Schächten über. Erstmals erwähnt ist der Bergbau in einer Urkunde aus dem Jahre 1158. Sicher haben dort auch Kinder gearbeitet. Nun verbindet eine Überlieferung mit Bad Ems Motive, die wir aus Wichtelsagen kennen: Die Bergleute von Bad Ems pflegten den *Hanselmännern* täglich einen kleinen Topf mit Speise hinzustellen und alljährlich zu gewisser Zeit ein rotes Röcklein wie für einen Knaben zu kaufen und ihnen als ein Geschenk zu opfern (Die Hanselmänner von Bad Ems[867]). Das ist von der Zeit her noch glaubhaft. In anderen Fällen jedoch begann der Bergbau erst später, als in Mitteleuropa keine Buschschulen mehr existierten: in Freiburg im 12. Jahrhundert, im böhmischen Kuttenberg im 12. Jahrhundert, im slowenischen Idrija nach 1493, im Banater Bergland schließlich erst im 18. Jahrhundert, und es liegt auf der Hand, dass dort aufgezeichnete Überlieferungen mit denselben Motiven von den Arbeitern aus ihrer Heimat mitgebracht worden waren. Im Erzgebirge wusste man von einem Berggeist, einem kleinen Männchen, das dem armen Bergmann Hans geholfen hat, wenn er dafür jede Schicht ein Pfennigbrot und ein Pfenniglicht bekam und Hans keinem Menschen etwas sagte (Der Berggeist am Donat zu Freiberg[868]). – Die Bergleute von Kuttenberg mussten den Wichtlein alljährlich ein rotes Röcklein opfern, sonst zürnten sie, und wehe dann dem Bergmann, der sich in einem Schacht verirrt hatte, er wäre sicher verloren gewesen (Die Berggeister von Kuttenberg[869]). – Im Quecksilberbergwerg von Idrija, einem Ort, der acht Meilen vom heutigen Ljubljana entfernt ist, halfen unsichtbare Bergmännlein den Bergarbeitern, aber nur, wenn diese täglich ein Häflein voll Speisen an einen besonderen Ort stellten, jährlich ein rotes Röcklein schenkten und sich

---

[867]   Die Hanselmänner von Bad Ems. In: HELMUT BODE (Hg.): Die Schätze im Altkönig. S. 254-256.

[868]   Der Berggeist am Donat zu Freiberg. In: MANFRED BLECHSCHMIDT (Hg.): Die silberne Rose. S. 99-100.

[869]   Die Berggeister von Kuttenberg. In: JOSEF VIRGIL GROHMANN: Sagen-Buch von Böhmen und Mähren. Bd. 1, S. 127-128.

des Fluchens, Schwörens und Pfeifens enthielten (Speisen für die Berg-männlein[870]). – Im Banater Bergland erzählte man von Männlein, die die Arbeit der Kohlenbrenner verrichteten, wenn diese ihnen kleine Geschenke machten: Brot, Speck, eine Montur bestehend aus Hose, Rock und Pintscherln (Die Kohlenmandl[871]). Die Erzähler hielten die Männlein für verwunschene Leute.[872] Die Vorfahren der Erzähler waren von der Wiener Hofkammer in der Zips, in Tirol, in der Steiermark, in Salzburg und in Böhmen als Facharbeiter angeworben worden.

Die Kartoffel stammt aus Amerika, während des Dreißigjährigen Krieges wurde sie erst gelegentlich angebaut. In Latsch, einem Weiler im Vintschgau, hielt ein Lorgg für einen Hafen gekochte Erdäpfel die Arbeitsgeräte in gutem Zustand (Der Lorggenhof[873], aus Tirol). – In Rengsdorf luden die Wichtel die geernteten Krumbieren aus dem Wagen und schafften sie in den Keller (Die „Wellewechter" im Völkerwiesenbachtal[874], aus dem Westerwald). – Auf dem Buschhofe zu Menth kochten die Heinzelmännchen Kartoffeln für die Knechte und Mägde (Die Heinzelmännchen im Asbacher Land[875], aus dem Westerwald).

Die Kirmes von Neukirchen findet im Wirtshaus „Zum Burggraben" statt und dauerte drei Tage. Manchmal erlaubt der Zauberer von der Puppenkaute seinen Töchtern, die Kirmes zu besuchen – ein eklatanter

---

[870] Speisen für die Bergmännlein. In: MANFRED BLECH-SCHMIDT (Hg.): Die silberne Rose. S. 115.

[871] Die Kohlenmandl. In: ALEXANDER TIETZ: Märchen und Sagen aus dem Banater Bergland. S. 324-328. Pintscherl – [kleine] Opanken, eine Fußbekleidung, nämlich Ledersohlen mit hochgebogenem Rand.

[872] Diese Mitteilung ist in einer älteren Textfassung enthalten. Siehe: ALEXANDER TIETZ: Das Zauberbründl. S. 13-17, hier S. 17.

[873] Der Lorggenhof. In: ROBERT WINKLER: Sagen aus dem Vinschgau. S. 273.

[874] Die „Wellewechter" im Völkerwiesenbachtal. In: O. RUNKEL: Aus dem Sagenschatz der Heimat. Westerwaldsagen. I. Teil, S. 157-158.

[875] Die Heinzelmännchen im Asbacher Land. In: O: RUNKEL: Aus dem Sagenschatz der Heimat. Westerwaldsagen. I. Teil, S. 226-227.

Widerspruch. Wenn mit „Puppe" gemeint ist, dass die Mädchen sich in der Buschzeit, in der Seklusion befanden, dann waren sie mit heidnischen Riten beschäftigt. Kein Zauberer hätte sie an einem kirchlichen Fest teilnehmen lassen (Die Jungfrauen auf der Puppenkaute bei Neukirchen[876], aus Hessen).

Um die drei fremden Jungfrauen zum Bleiben zu zwingen, entwendet ein Bursche der einen *den Handschuh*.[877]

In etlichen Erzählungen von den fremden Mädchen, die die Spinnstube besuchen, spielt *die Uhr* eine Rolle, denn um eine bestimmte Stunde, noch vor Mitternacht, sollen die Mädchen sich verabschieden. Um die Trennung hinauszuzögern oder um ihnen einen Streich zu spielen, drehen die Burschen die Uhr zurück. Dabei fanden einfache Holzräderuhren in Mitteleuropa erst im 17. Jahrhundert Verbreitung, vor allem in der Schweiz, in Frankreich und in Süddeutschland. Auch in einer Sage aus Pfullingen kommt das Motiv vor; hier verstellt der Wielweber die Uhr, damit die Nachtfräulein länger für ihn arbeiten (Der hinterlistige Wielweber[878], aus Schwaben).

In Heiderscheid waren die Wichtel dem Besitzer *einer Papiermühle* zugetan, sie schleppten bei anbrechender Dunkelheit ganze Haufen Lumpen herbei, sodass die Mühle die ganze Nacht vollauf zu tun hatte (Die Wichtelcher im Heiderscheidergrund[879], aus Luxemburg). Doch die erste Papiermühle oder Papiermacherwerkstatt im deutschen Sprachraum wurde erst 1390 in Betrieb genommen (und zwar in Nürnberg).

Als ein reicher und stolzer Mann in Turnhout vom Liebsten seiner Tochter forderte, er möge zehntausend *Gulden* auf den Tisch zählen, hat

---

[876] Die Jungfrauen auf der Puppenkaute bei Neukirchen. In: KARL WEHRHAN (Hg.): Sagen aus Hessen und Nassau. S. 58-59.

[877] Genauso in der hessischen Sage „Der Döngessee". Siehe: BRÜDER GRIMM (Hg.): Deutsche Sagen. Erster Teil, Nr. 58.

[878] Der hinterlistige Wielweber. In: MARTIN FINK (Hg.): Pfullinger Sagen. S. 41.

[879] Die Wichtelcher im Heiderscheidergrund. In: N. GREDT: Sagenschatz des Luxemburger Landes. Bd. 1, S. 22-23.

ein Kaboutermännchen dem Jüngling ausgeholfen (Das hilfreiche Kaboutermännchen[880], aus Flandern). Doch in den Niederlanden wurden erst ab 1601 Münzen mit der Bezeichnung *Gulden* geprägt.

Im Westerwald erledigten die Zwerge angeblich sogar *die Schulaufgaben* der Kinder (Die „Hehlemänncher" im Wiedtal[881]; Die „Wellewechter" im Völkerwiesenbachtal[882]).

Das Christentum hat zahlreiche Akzente gesetzt.

Für die Gewährsleute von Johann Adolf Heyl waren die Kasertörggelen, die angeblich den ganzen Sommer unsichtbar auf den Stubaier Almen verbrachten, die Seelen von Kindern (Die Kasertörggelen[883], aus Tirol). – Im Orlagau hielt man die Heimchen einerseits für eine Art elbischer Wesen, die den Zwergen gleichen, also für dienstbare kleine Geister, andererseits für die Seelen ungetauft verstorbener Kinder, die von der Frau Perchte beherrscht werden (Frau Holle in Greuda[884], aus Thüringen) – Das Heugütel galt als der Geist eines ungetauft verstorbenen Kindes (Das Heugütel[885], aus Sachsen). – Ebenso der Klabautermann. Wenn ein Kind, das tot geboren wurde oder vor der Taufe gestorben ist, unter einem Baum begraben wird und von einem solchen Baum etwas zum Bau des Schiffes verwendet wird, dann, so stellte man sich vor, geht mit dem Holz die Seele des Kindes als Klabautermann in das Schiff ein (Der Kalfater

---

[880]   Das hilfreiche Kaboutermännchen. In: PAUL ZAUNERT (Hg.): Vlämische Sagen, Legenden und Volksmärchen. S. 168-169.

[881]   Die „Hehlemänncher" im Wiedtal. In: O. RUNKEL: Aus dem Sagenschatz der Heimat. Westerwaldsagen. I. Teil, S. 122-123.

[882]   Die „Wellewechter" im Völkerwiesenbachtal. In: O. RUNKEL: Aus dem Sagenschatz der Heimat. Westerwaldsagen. I. Teil, S. 157-158.

[883]   Die Kasertörggelen. In: JOHANN ADOLF HEYL: Volkssagen, Bräuche und Meinungen aus Tirol. S. 73.

[884]   Frau Holle in Greuda. In: LUDWIG EHRHARDT und GERTRUD FISCHER: Das Ledermännchen. S. 90-93, hier S. 92.

[885]   Das Heugütel. In: JOHANN GEORG THEODOR GRÄSSE (Hg.): Der Sagenschatz des Königreichs Sachsen. Bd. 2, S. 40.

oder Klabatermann[886], aus Pommern). – In den österreichischen Alpen-
ländern Steiermark, Tirol, Niederösterreich und Salzburg war der Glaube
verbreitet, in den Zwölften folge der Percht eine Schar, die aus den Seelen ungetauft verstorbener Kinder besteht.[887]

Die Heigidle blieben nur in Häusern, wo alle Bewohner *fromm*
und *christlich* leben; wo *geflucht* und *gezankt* wurde, kehrten sie nicht
ein (Das Jüdel im Erzgebirge[888]).

Im Schwarzwald ist eine Sage von der Buschschule mit der Mär
von einem versunkenen Kloster verwachsen (Nonnen als Hochzeitsgäste[889]). Aus unserer Sicht enthält der Text mehrere komische Widersprüche: Die Nonnen sitzen noch oft am See, nachdem ihr Kloster unter-
gegangen ist, und singen Lieder; kommt jedoch jemand in die Nähe, so
springen sie alle ins Wasser. – Sie tanzen gern, nehmen aber keinen
Schluck aus dem ihnen gebotenen Glas. – Das Volk hat sie sehr gern als
Gäste bei Hochzeiten, denn sie bringen der Braut Heil und Segen. Deshalb werden sie rechtzeitig zum Hochzeitstanz eingeladen. – Wenn eine
Nonne beim Fest erscheint, muss das Brautpaar feierlich versprechen, ihr
unbedingt zu sagen, wann es nachts zwölf Uhr schlägt.

Die Urschel vom Urschelberg, als Leiterin einer Buschschule
identisch mit der Zauberin, weigert sich, das geliehene Korn zurückzu-
nehmen, weil der Schuldner *an einem Sonntag, an einem Feiertag,* auf

---

[886]   Der Kalfater oder Klabatermann. In: JODOCUS D. H. TEMME:
Volkssagen aus Pommern und Rügen. S. 300-302.
[887]   VIKTOR WASCHNITIUS: Perht, Holda und verwandte Gestalten. S. 18, 30, 48-49, 56, 142.
[888]   Das Jüdel im Erzgebirge. In: WERNER LAUTERBACH (Hg.):
Sagenbuch des Erzgebirges. S. 18-20.
[889]   Nonnen als Hochzeitsgäste. In: WILHELM STRAUB (Hg.): Sagen des Schwarzwaldes. S. 97-98. – Unter dem Titel „Die Nonnen singen
nicht mehr" enthalten in: HEINZ BISCHOF (Hg.): Im Schnookeloch. S.
58-59.

sein Feld gegangen war um nachzuschauen, wie es mit der Reife steht (Die Urschel leiht dem Weber Korn aus[890], aus Schwaben).

Die Hausleute wollen das Heugütel *zu Weihnachten* für seine Dienste mit einem Röckchen und einem Jäckchen belohnen (Das Heugütel[891], aus Sachsen).

Der Schuhmacher von Windischeschenbach legt dem Holzfräulein ein schönes Kleid *unter den Christbaum* (Das Holzfräulein[892], aus der Oberpfalz).

Diabolisierung der Protagonisten. Die Urbilder der hilfreichen Zwerge führten kein Eigenleben, sie waren Teil der Dorfgemeinschaft und vollständig von den Erwachsenen abhängig. Deshalb handelt es sich immer um eine Entstellung, wenn die Sagengestalt aus der Botmäßigkeit der Menschen heraustritt, sei es, dass sie sich weigert, sei es, dass sie Bedingungen stellt, sei es, dass sie die Hausleute zur Rechenschaft zieht. Solche Entstellungen beruhen auf der Unkenntnis der wahren Verhältnisse. Ein Beispiel dafür ist der Hausgeist auf dem Schloss zu Waltersdorf bei Berga. Während die Mägde ihre Dankbarkeit für seine Hilfeleistungen in der Küche bezeigen, indem sie ihm öfter zum Frühstück eine süße Milch bereiten, sehen die Knechte seine Arbeiten als eine Schuldigkeit an. Weil ihn das verdrießt, hört er auf, sich um Stall und Pferde zu kümmern, und neckt die Knechte, wo er nur kann (Der fleißige Hausgeist[893], aus Thüringen). – Einerseits macht sich der mit übermenschlichen Kräften ausgestattete Klabautermann nützlich, andererseits lässt er die Besatzung durch seine Streiche nicht zur Ruhe kommen (Vom

---

[890] Die Urschel leiht dem Weber Korn aus. In: MARTIN FINK (Hg.): Pfullinger Sagen. S. 39.
[891] Das Heugütel. In: JOHANN GEORG THEODOR GRÄSSE (Hg.): Der Sagenschatz des Königreichs Sachsen. Bd. 2, S. 40.
[892] Das Holzfräulein. In: FRANZ GEORG BRUSTGI (Hg.): Aus der weißblauen Sagentruhe. S. 35.
[893] Der fleißige Hausgeist. In: LEANDER PETZOLDT (Hg.): Deutsche Volkssagen. S. 256.

Klabautermann[894], von der Ostsee). – Das Bergmandl hilft dem armen Bergmann, aber nach dem Löhnungstag verbietet es ihm, sich je wieder in der Grube zu zeigen, und als dieser wieder einfährt, weil das Geld aufgegangen ist, bricht der Berg über ihm zusammen (Dir einen Kreuzer – mir einen Kreuzer[895], deutsch aus dem Banat). – Ein Hüttenmännchen brennt dem Gesellen, der ihm nachts heimlich bei der Arbeit zusieht, ein Auge aus (Die Hüttenmännchen[896], aus dem Vogtland). – Die Sudl auf der Matscher-Alm, von der nur eine Hand zu sehen ist, stellt auf Wunsch eine Pfanne voll bester Nudeln auf den Tisch, doch wenn der Gast etwas übriglässt, bringt sie ihn um (Sudl, bring mir Nudl![897], aus Tirol).

Im schleswigschen Raum beiderseits der deutsch-dänischen Grenze erzählte man von einem Hausgeist *Nis Puk,* der mit seinen guten Eigenschaften an die hilfreichen Zwerge erinnert. Doch dieser Hausgeist besitzt einen zwiespältigen Charakter – er sucht sich selbst den Bauernhof aus, in dem er wohnen will, ist anspruchsvoll, launisch, eitel und rachsüchtig (Nis Puk[898], aus Schleswig-Holstein). Dasselbe gilt für die Wichte auf den Färöern (Die Wichte und die weise Marjun in Ördavik[899]).

In einem geschichtlichen Werk über die bäuerliche Welt wird im Kapitel über volkstümliche Erzählungen und Bräuche angegeben, wie

---

[894]   Vom Klabautermann. In: ALBERT BURKHARDT (Hg.): Vineta. S. 358-360.

[895]   Dir einen Kreuzer – mir einen Kreuzer. In: ALEXANDER TIETZ: Märchen und Sagen aus dem Banater Bergland. S. 328-329.

[896]   Die Hüttenmännchen. In: FRANZ WEIDMANN: Sagen des Greizer Reußenlandes. S. 151-155, hier S. 153.

[897]   Sudl, bring mir Nudl! In: JOHANN NEPOMUK RITTER VON ALPENBURG: Deutsche Alpensagen. S. 235-236. – Auch enthalten in: KARL HAIDING (Hg.): Alpenländischer Sagenschatz. S. 217.

[898]   Nis Puk. In: HANS-JÖRG UTHER (Hg.): Knaurs Sagenschatz. S. 21-26. (Mit Berufung auf G. F. MEYER: Schleswig-Holsteiner Sagen. Jena: Diederichs, 1929. S. 43-46.)

[899]   Die Wichte und die weise Marjun in Ördavik. In: HEINZ BARÜSKE (Hg.): Skandinavische Märchen. S. 138-140.

weit die Vorstellung vom Hausgeist verbreitet war, die sich aus dem Motiv des hilfreichen Zwergs entwickelt hat:

„Die erfreuliche Seite der unterirdischen Zauberwelt verkörpert für den Bauern die Figur des Hausgeistes – des englischen Brownie, des skandinavischen Nisse oder Tomte, des deutschen Kobolds, des russischen Domowoi usw. Auf einem Bauernhof gibt es immer nur einen Vertreter dieser Sorte, und er verkörpert den Glücksbringer des Hofs; als Gegenleistung für kleine Essensgaben drischt er in der Nacht Getreide, füttert und striegelt Pferde, schlägt Butter und verrichtet andere Arbeiten. Manchen Erzählungen zufolge macht er seinen eigenen Hof auf Kosten des benachbarten reich, indem er mit Hilfe seiner Zauberkräfte Weizen aus der Scheune des Nachbarn in die seines eigenen Herrn befördert. Es heißt, dass man einem Hauskobold niemals nachspüren und sich auch nicht über ihn lustig machen soll; er bestraft Faulenzer und Schmutzfinken, indem er sie zwickt; wenn der Herd ungeputzt bleibt oder Abwasser in der Nähe des Hauses ausgeschüttet wird, gerät er in Zorn."[900]

Weil der Hausgeist hier ausdrücklich als Einzelwesen definiert wird, können sich die zugrundeliegenden Sagen nur auf den Abschnitt des sozialen Praktikums beziehen. Allerding geben sie den Tatbestand entstellt und verstümmelt wieder. Zum einen ist das Motiv des Diebstahls der ursprünglichen Überlieferung fremd, zum anderen ging das Motiv „Ausgelohnt" den späteren Erzählern verloren, denn der Hausgeist klebt an seiner Bleibe.

Selma Lagerlöf hat den guten Hausgeist im Roman „Nils Holgersson" auftreten lassen, dessen Schauplatz Schweden ist; das Haus der Familie steht in Wemmenhög an der Ostsee, ganz im Süden. In der deutschen Übersetzung wird der heimliche Mitbewohner als *Wichtelmännchen* bezeichnet. Laut eigener Aussage hat das Wichtelmännchen der Familie seit vielen Jahren Gutes getan. Als der vierzehnjährige Nils es mit

---

[900]   JACQUELINE SIMPSON: Volkstümliche Erzählungen und Bräuche. In: JEROME Blum (Hg.): Die bäuerliche Welt. S. 157-180, hier S. 160.

einem Fliegennetz in seine Gewalt bringt und nicht freilassen will, wird er selbst zum Knirps verzaubert.[901]

In Russland blieb der Glaube an den Hausgeist bis ins 20. Jahrhundert lebendig.[902]

Merkwürdig ist ein Motiv aus der baltischen Folklore. Eine unter Holundersträuchern hausende Erdgöttin war *Puskaitis,* die über gutartige Zwerge mit dem Namen *Barstukai* herrschte. Wenn man der Puskaitis Opfer darbrachte, vergalten es die Zwerge mit einer Menge Getreide und verrichteten obendrein noch sämtliche Hausarbeiten. Zu Ehren der Barstukai veranstaltete man Feste, bei denen in Scheunen Tische mit Brot, Fleisch, Käse und Butter aufgestellt wurden. Um Mitternacht kamen dann jene Heinzelmännchen und schmausten.[903] Das Motiv mutet als verschwommenes Echo der Buschschule an. Es erinnert an eine Sage aus dem Elsass: Den Zwergen von der Wolfshöhle südlich von Pfirt, die den Schnittern bei der Heu- und Getreideernte halfen, wies man bei Kilben und Hochzeitsschmäusen die ersten Plätze zu und stellte ihnen die besten Bissen auf (Die Zwerge in der Wolfshöhle[904]). Wahrscheinlich ist in beiden Fällen das Festmahl zum Abschluss der Jugendweihe gemeint. Für diese Wahrscheinlichkeit spricht die Tradition der Mädchen-Spinnstube in den rumänischen Westkarpaten.[905]

---

[901] SELMA LAGERLÖF: Wunderbare Reise des kleinen Nils Holgersson mit den Wildgänsen. S. 4-5.

[902] VIKTOR BERDINSKICH: Krestjanskaja civilizacija v Rossii. S. 266-268.

[903] MARIJA GIMBUTAS: Die Balten. S. 219. (Mit Berufung auf Algirdas J. Greimas.)

[904] Die Zwerge in der Wolfshöhle. In: PAUL STINTZI (Hg.): Die Sagen des Elsasses. Bd. 1, S. 11-13. – Auch enthalten in: HEINZ BISCHOF (Hg.): Im Schnookeloch. S. 376-377. Kilbe – Kirchweihfest.

[905] TEOFIL FRÂNCU und GEORGE CANDREA: Românii din Munţii Apuseni (Moţii). S. 139.

Schluss

In dem mir bekannten Material kommen Hinweise auf Orte vor, die möglicherweise bis ins Mittelalter der Sitz einer Buschschule waren: Mais unterhalb Meran, die Zerzeralm oberhalb Burgeis, der Urschelberg bei Pfullingen, dann die mit dem Namen des Grînkenschmieds verbundenen Orte: der Rösterberg bei Münster, der Gertrudenberg bei Osnabrück, der See Darmssen bei dem Dorf Epe, Mülheim im Bergischen Land.

Die Gegend unterhalb Meran und bei Mais galt laut Johann Nepomuk Ritter von Alpenburg als die Hauptheimat des Nörggleinvölkchens. „Dort oben im Gebirge liegt die Nörgglhöhle, auf dem Wege von Obermais nach Untermais liegt die Nörgglgasse [...]" (Nörgglein fahren auf Wäglein.[906])

An den Namen der Zerzeralm knüpfen sich Sagen über Wilde Fräulein oder Salige. Auf der linken Seite des Weges, der zur Zerzeralm führt, befand sich früher ein ansehnlicher Steinhaufen, *die wilden Freielen* genannt. Wer nicht rechtzeitig einen Stein aufhob und zum Haufen warf, den nahmen angeblich die Wilden Fräulein mit (Die wilden Fräulein von Zerza[907]). Das „Wörterbuch der deutschen Volkskunde" beschreibt den Brauch wie folgt: Jedes Kind, das zum ersten Mal zur Burgeiser Alm hinaufstieg, warf einen kleinen Stein auf den dort befindlichen Haufen und sagte: „Ich opfere, ich opfere dem wilden Fräulein."[908] Für die heranwachsende Jugend, wird im Kontext der zitierten Sage mitgeteilt, war der erste Gang hinauf in die Zerzeralm vormals eine Erklärung von Volljährigkeit und Zugehörigkeit zur Dorfgemeinschaft.

Eine Aussage des Volkskundlers Josef Virgil Grohmann (1831-1919) könnte Zweifel daran wecken, dass Böhmen und Mähren zu dem

---

[906] Nörgglein fahren auf Wäglein. In: JOHANN NEPOMUK RITTER VON ALPENBURG: Deutsche Alpensagen. S. 254-257.

[907] Die wilden Fräulein von Zerza. In: ROBERT WINKLER: Sagen aus dem Vinschgau. S. 66.

[908] OSWALD ADOLF ERICH: WÖRTERBUCH DER DEUTSCHEN VOLKSKUNDE. S. 973.

Gebiet gehören, auf dem die archaische Jugendweihe bis ins Mittelalter praktiziert wurde. „Im tschechischen Volksglauben", schreibt Grohmann, „treten die Zwergsagen sehr in den Hintergrund. Desto häufiger erscheinen sie in deutschen Gegenden." (Zwerge.[909]) Doch es ist möglich, diese Aussage durch eine Reihe von Belegen zu ergänzen. An das Wegführen der Kinder aus dem Elternhaus erinnern die Sage vom Hamelner Rattenfänger[910], die Sage vom Wassermann mit Bezug auf Dobrawitz bei Budweis (Der Wassermann als Pfeifer und Kinderentführer[911]) sowie der tschechische Mittwinterbrauch „Baby jdou" („Die Altmütter kommen")[912]. An den Ritus der Erneuerung des Körpers durch den Austausch von Organen erinnern die Überlieferung vom bauchaufschlitzenden Zber, der die Kinder aus dem mährischen Kojetein verschleppte[913] sowie der Umgang der Peruchten in der Weihnachtszeit in Miletice bei Velvary[914]

In welchem Alter mit der Initiation begonnen wurde, erfahren wir nicht. Bei den Naturvölkern schulte man die herangewachsenen Kinder – im Prinzip – nach dem Eintritt in die Pubertät ein. Die Märchen von der Buschschule bestätigen dieses Kriterium für die Mädchen. Zuweilen beginnt der Text mit einer unheilvollen Prophezeiung, die kurz nach der

---

[909]   Zwerge. In: JOSEF VIRGIL GROHMANN: Sagen-Buch von Böhmen und Mähren. Bd. 1, S. 114-115.

[910]   Die Kinder zu Hameln. In: GRIMM, BRÜDER GRIMM (Hg.): Deutsche Sagen. Erster Teil, Nr. 245. – Auch enthalten in: EDMUND MUDRAK (Hg.): Das große Buch der Volkssagen. S. 32-33. – Enthalten ferner in: HEINZ RÖLLEKE (Hg.): Das große deutsche Sagenbuch. S. 263-265.

[911]   Der Wassermann als Pfeifer und Kinderentführer. In: THEODOR VERNALEKEN: Mythen und Bräuche des Volkes in Österreich. S. 175-177. – Auch enthalten in: HANS DOBBERTIN (Hg.): Quellensammlung zur Hamelner Rattenfängersage. S. 129-131.

[912]   JOSEF HANIKA: Die schwarzen Prinzessinnen. S. 46.

[913]   Ebd., S. 44, 46.

[914]   JOSEF HANIKA: „Bercht schlitzt den Bauch auf" – Rest eines Initiationsritus? S. 42.

Geburt der Prinzessin bzw. der Prinzessinnen ausgesprochen wird. Zum Beispiel: Wenn die Königstochter im fünfzehnten Lebensjahr von der Sonne beschienen wird, soll sie sich in eine Eidechse verwandeln, ins Meer fallen und fünf Monate darin bleiben (Der Riese vom Berge[915], griechisch, AT 403). – Wenn die Sonne auf die Prinzessinnen scheint, bevor sie fünfzehn Jahre alt sind, wird ein riesenhafter Troll sie entführen (Die verschwundenen Prinzessinnen[916], schwedisch, AT 301 A). Es handelt sich um bruchstückhafte Aussagen im Zusammenhang mit dem Aberglauben der Naturvölker, dass ein Mädchen nicht ins Sonnenlicht treten darf, wenn die Regelblutung eingesetzt hat. Die von der Menstruation bedingte Abwesenheit war das Signal für den Eintritt in die Pubertät, und wenn das Mädchen sich wieder im Sonnenlicht zeigte, war die Zeit für seine Einschulung gekommen – dann nahm der Zauberer oder sein Gehilfe die simulierte Entführung vor. In historischer Zeit wurden die rumänischen Bauerntöchter nach demselben Kriterium in die Mädchen-Spinnstube aufgenommen.

Die Buschschule beendete die Kindheit und leitete zum Leben als Erwachsener über. Im Hochmittelalter existierte sie in Mitteleuropa nicht mehr. In schriftlichen Quellen kommt sie nicht vor. Die Bücher vom Alltag im Mittelalter verlieren kein Wort über die hilfreichen Zwerge, weil die Historiker die einschlägigen Sagen ignorieren. Im 14. Jahrhundert wurden Eheschließungen für Mädchen ab dem zwölften Lebensjahr zugelassen, und zwar sowohl vom kirchlichen als auch vom weltlichen Recht, und die bäuerlichen Weistümer stimmen damit überein.[917]

Was steht in der „Enzyklopädie des Märchens" über die Zwerge? Ich zitiere:

„Zwerge sind kleinwüchsige, menschenähnliche Wesen der niederen Mythologie. [...] Zwerge helfen Menschen in vielfältiger Weise, indem sie z.B. unschuldig Verfolgte bei sich aufnehmen (AT 709),

---

[915]   Der Riese vom Berge (AT 403). In: LEANDER PETZOLDT (Hg.): Balkan-Märchen. S. 59-66, hier S. 59.
[916]   Die verschwundenen Prinzessinnen (AT 301 A). In: WALDEMAR LIUNGMAN (Hg.): Weißbär am See. S. 47-51, hier S. 47.
[917]   ERNST SCHUBERT: Alltag im Mittelalter. S. 241-242.

heimlich in der Nacht diverse Haus- und Handwerksarbeiten erledigen, mit wunderbaren Gaben bzw. rechtzeitigem Eingreifen Menschen aus akuter Not retten oder sie bei der Bewältigung unlösbar scheinender Aufgaben unterstützen, wie z.B. im Motiv vom Wintergarten. [...] Umgekehrt erhalten Zwerge auch von den Menschen Hilfe, z.B. durch Leihen von Kochgeschirr (die Zwerge stellen oft aber auch ihr eigenes zur Verfügung), durch Versorgung mit Nahrung oder – am häufigsten belegt – durch Geburtshilfe."[918]

Im Lichte der ritualistischen Theorie bleibt von dieser Darstellung nichts übrig. (Die Verbindung zu den Saligen Fräulein und ähnlichen Gestalten stellt der Verfasser des Artikels nicht her.)

Ich habe mehr als 400 Sagen nach Motiven geordnet und die Generallinie ihrer Aussagen definiert, wodurch Entstellungen deutlich geworden sind. Das Ergebnis widerspricht dem Befund der traditionellen Erzählforschung, die von falschen Voraussetzungen ausgegangen ist bzw. die ritualistische Theorie ignoriert hat. Es führt die Hypothesen der Erzählforscher ad absurdum.

Durch die Vernachlässigung des Themas ist die Erzählforschung indirekt schuld daran, dass die Schundliteratur über Zwerge, Elfen und Feen ins Kraut schießt.

Die Mitteilungen von Felix Karlinger über Initiationsriten in Italien und die Nachricht über die hilfreichen Nereiden in Griechenland lassen vermuten, dass meine Untersuchung durch faszinierende Einzelheiten ergänzt werden kann.

Die Übereinstimmung von Motiven aus Märchen, die in der Späten Bronzezeit entstanden sind, mit Motiven aus Sagen, die im Mittelalter entstanden sind, und mit rezenten Bräuchen kann nur so ausgelegt werden, dass es die ganze Zeit über eine bodenständige Bevölkerung gegeben hat, die zahlreich genug war, um eine so komplexe Institution wie die Buschschule am Leben zu erhalten, sie von Generation zu Generation weiterzugeben, sodass deren Ausläufer noch zu Beginn des 20. Jahrhunderts in ausgeprägter Form existierten. Als bodenständige Bevölkerung

---

[918] BERND STEINBAUER: Zwerg. In: ENZYKLOPÄDIE DES MÄRCHENS. Bd. 14, Spalten 1437-1445, hier Spalten 1438, 1440-1441.

ist die Gesamtheit der Menschengruppen zu betrachten, die aus der kontinuierlichen Vermischung der Ansässigen mit Zugewanderten entstanden sind.

Meine Vermutung zur Kontinuität der bodenständigen Bevölkerung wird durch Sagen bestärkt, die sich auf Grabhügel aus der Bronzezeit beziehen. Als 1845 der *Rummelsberg* bei Peckatel in der Nähe von Schwerin wissenschaftlich erforscht wurde, wunderten sich die Arbeiter darüber, dass man im Innern des Grabhügels die Dinge fand, von denen die alte Sage berichtet hatte, u.a. eine Steintafel, einen Kessel, Messer, Ringe, Bronzeschwerter, Tonurnen. Dazu vermerkt Waltraud Woeller: „Wenn wir jedoch frühe Raubgrabungen auszuschließen haben, wenn die Wissenschaftler erst um 1845 die alten Hügelgräber öffneten, und die seltsame Übereinstimmung von Sagenelementen und Grabungsfunden sichtbar wurde, dann zwingt sich uns hier die Annahme einer jahrtausendealten Überlieferung auf. Diese Kontinuität fügt sich zu jüngsten Feststellungen, wonach bei den großen Wanderungen wie bei kleineren ethnischen Verschiebungen stets Bevölkerungsteile in der alten Heimat verblieben, in den Hinzuziehenden aufgingen, dabei aber ihre Überlieferungen, die für die Neuen auch wichtig waren, bewahrten."[919]

In der Späten Bronzezeit, als die Buschschule im Süden, Südwesten und Westen Europas aus der sozialen Wirklichkeit verschwand, lebten auf dem Kontinent die Thraker, die Vorfahren der historischen Kelten, im Pyrenäengebiet die Basken und im Süden der Balkanhalbinsel die mykenischen Griechen.

Die Thraker und verwandte Stämme siedelten seit dem 2. Jahrtausend v.Chr. im eigentlichen Thrakien sowie auf vorgelagerten Mittelmeerinseln, nördlich der unteren Donau und im Norden Kleinasiens. Sie bildeten bis ins 6. Jahrhundert n.Chr. eine sprachliche, ethnische und kulturelle Einheit. Nach und nach sind sie mit den Griechen und den Slawen verschmolzen, die ihre Siedlungsgebiete überfluteten.

Keltische Stämme siedelten im ersten vorchristlichen Jahrtausend überall in Europa, und in dem Teil, der uns besonders interessiert,

---

[919]   WALTRAUD WOELLER (Hg.): Volkssagen zwischen Hiddensee und Wartburg. S. 63-64, Zitat S. 64.

nämlich Mitteleuropa, siedelten sie jahrhundertelang. Im Norden wurden sie ab dem 2. Jahrhundert v.Chr. von den vorrückenden Germanen bedrängt, im Süden und im Westen im letzten Jahrhundert vor der Zeitenwende von den Römern unterworfen. Sie sind in den Germanen aufgegangen oder wurden romanisiert.

Für Wörter aus der Sprache eines besiegten Volkes, die im Wortschatz des Siegervolkes weiterleben, haben die Sprachwissenschaftler den Begriff „Substrat" geschaffen. Im Lexikon wird der Begriff auf Wörter begrenzt, aber natürlich ist er auch auf Brauchtumselemente anwendbar. Von wem sollte die Buschschule, die für die Bronzezeit bezeugt ist, in Mitteleuropa bis ins Mittelalter und im Osten des Kontinents bis in die Neuzeit überliefert worden sein? Wahrscheinlich von den Nachkommen der Kelten und der Thraker, die sich zwar mit anderen Ethnien vermischt, zwar ihre Sprache aufgegeben, aber an ihren Bräuchen festgehalten haben. Das ist die einfachste Erklärung. Wie zählebig ein Brauch sein kann, belegen gerade die rumänische und die ukrainische Mädchen-Spinnstube.

Wären die Ortschaften, auf die sich die Sagen beziehen, auffällig in einer gebirgigen Region konzentriert, hätten wir einen ultimativen Anlass, über ein Rückzugsgebiet nachzudenken, aber dieser Anlass ist nicht gegeben. Tatsächlich sind solche Ortschaften im Alpengebiet häufig anzutreffen, aber das war zu erwarten, weil althergebrachte Bräuche in gebirgigen Gegenden zählebiger sind als im Flachland. Doch man findet sie eben nicht nur dort, sondern auch im Alpenvorland, in den Mittelgebirgen und im Norddeutschen Tiefland.

In der Lausitz berührten und überlagerten sich drei Stränge der Überlieferung. Aus Mangel an genauen Informationen kann ich dazu nur Vermutungen anstellen.

(A) Man erzählte von Buschweibchen, die sich einst in den Wäldern am Südhange der Lausche aufhielten und zur Nachtzeit in den Bauernhöfen, so auch in einem Lichtenwalder Hof, alle Arbeit verrichteten

(Die Buschweibchen[920]). Sie dürften mit den Holzweibchen oder Holzweiblein verwandt sein, von denen berichtet wurde, dass sie den Winter bei den Menschen verbrachten (Das Holzweibchen zu Thiemendorf[921]; Die Holzweiblein von Königshain[922]).

(B) Man erzählte von Nixen, die zum Tanz ins Dorf kamen. Sie dürften mit den Nixen oder Spinnweibchen aus dem hinteren Bielatal im Erzgebirge verwandt sein, die im Winter Zuflucht in Häusern des Dorfes Bärenstein suchten, aber auch mit den Nixen im Vogtland, die ebenfalls zum Tanz ins Dorf kamen, mit den Meerweiblein, die im Odenwald die Spinnstuben besuchten, und mit den Seejungfrauen oder Seeweiblein, die im Schwarzwald den Bauern zur Hand gingen.

(C) Schließlich erzählten die wendischen Bewohner der Lausitz, die Sorben, von den Lutken, die sich weitgehend so verhielten wie die hilfreichen Zwerge in anderen Gegenden: sie halfen bei vielerlei Arbeiten im Haus, auf dem Hof und auf den Feldern, dafür stellten ihnen die Bauern abends ein Näpfchen mit Speisen auf die Türschwelle. Selbstverständlich handelt es sich um einen Teil der Ureinwohner, nicht um eine eigenständige Bevölkerung. Selbstverständlich waren sie kein Volk und bildeten keine Familien. Die Sagen weisen Widersprüche auf, denn die Lutken können ihre Aufgaben als Handlanger nicht erfüllt haben, wenn sie weder das Geschrei der Kinder noch das Pfeifen vertrugen, mit dem die Menschen ihr Vieh herbeiriefen.

Die Redeweise der Lutken, die in jede Aussage Verneinungen einflochten (Die Lutken bei Hoyerswerda[923]), ist ein Rätsel für sich.

---

[920] Die Buschweibchen. In: ERICH SCHNEIDER (Hg.): Sagen der Lausitz. S. 57. Die Lausche ist heute ein deutsch-tschechischer Grenzberg im Zittauer oder Lausitzer Gebirge, südlich von Waltersdorf.

[921] Das Holzweibchen zu Thiemendorf. In: JOHANN GEORG THEODOR GRÄSSE (Hg.): Der Sagenschatz des Königreichs Sachsen. Bd. 2, S. 297.

[922] Die Holzweiblein von Königshain. In: JOHANN GEORG THEODOR GRÄSSE (Hg.): Sagenbuch des Preußischen Staats. Bd. 2, S. 401.

[923] Die Lutken bei Hoyerswerda. In: ERICH SCHNEIDER (Hg.): Sagen der Lausitz. S. 38.

Die Ortschaften

Seitdem die Sammler von Märchen und Sagen tätig waren, hat sich die Landkarte verändert. Zum einen haben sich die Ländergrenzen verschoben. Das historische Westfalen (das Land zwischen Rhein und Weser)[924] stimmt nicht überein mit dem Bundesland Rheinland-Westfalen; das ehemalige Königreich Sachsen[925] stimmt nicht überein mit dem Bundesland Sachsen; der Begriff „Preußen"[926] spielt in der Geografie keine Rolle mehr. Schlesien liegt heute in Polen. Nordtirol ist ein Bundesland von Österreich, Südtirol gehört zu Italien. Der Vintschgau, früher *Vinschgau* (italienisch *Val Venosta*), eine Talschaft der oberen Etsch, befindet sich zur Gänze in Südtirol. Das ehemalige Vogtland, ein Gebiet zwischen Frankenwald im Westen, Fichtelgebirge im Süden und Erzgebirge im Südosten, erstreckt sich aus dem Bundesland Sachsen nach Thüringen und Bayern wie auch über die tschechische Grenze. Ein weiteres Beispiel ist die Gemeinde Laudenbach an der nördlichen badischen Bergstraße, direkt an der hessischen Landesgrenze. Als Karl Lyncker 1854 seine Sammlung „Deutsche Sagen und Sitten in hessischen Gauen" veröffentlichte, gehörte die Ortschaft zu Hessen, heute befindet sie sich in Baden-Württemberg. Zum anderen hat sich die Struktur der örtlichen Verwaltung verändert: Weiler sind in Gemeinden, Dörfer in Städten aufgegangen. Deshalb scheint ein Kapitel mit Angaben zu den Ortschaften berechtigt, auf die sich die zitierten Sagen beziehen.

Die zwei Weltkriege wirkten sich dramatisch auf die Zusammensetzung der Bevölkerung aus.

---

[924] ADALBERT KUHN: Sagen, Gebräuche und Märchen aus Westfalen und einigen anderen, besonders den angrenzenden Gegenden Norddeutschlands. (1859.)
[925] JOHANN GEORG THEODOR GRÄSSE (Hg.): Der Sagenschatz des Königreichs Sachsen. (1855; 1874.)
[926] JOHANN GEORG THEODOR GRÄSSE (Hg.): Sagenbuch des Preußischen Staats. (1868-1871.)

Meine Informationen stammen größtenteils aus der Internet-Enzyklopädie WIKIPEDIA. Die Liste ist nicht vollständig, weil WIKIPEDIA nicht über alle Ortschaften Auskunft gibt, auch sind bei weitem nicht alle Ortsnamen eindeutig. Wann eine Siedlung zum ersten Mal urkundlich erwähnt worden ist, steht bei mir zwischen eckigen Klammern, wobei zu vermerken ist, dass diese Jahreszahlen gewöhnlich keine Aussagekraft haben, weil viele Gemeinwesen schon lange vorher bestanden, manche bereits im Altertum.

Abterode – Ortsteil der Gemeinde Meißner im Bundesland Hessen. Sein Ursprung geht wahrscheinlich auf den Abt Ruthard von Fulda zurück, der um 1076 im Meißner-Vorland die Abtei „Abbetesrode" gründete.

Afers (italienisch *Eores*) – eine Fraktion der Gemeinde Brixen in Südtirol.

Aichleit – Ort im Tal der Fersina in Südtirol.

Albaum – Dorf in der Gemeinde Kirchhundem im Bundesland Nordrhein-Westfalen [1313].

Alpirsbach – ein Zinken, der zur Gemeinde Hinterzarten [1148] im Bundesland Baden-Württemberg gehört.

Allendorf (Eder) – Gemeinde im Bundesland Hessen [1107].

Altenberge – Gemeinde im Bundesland Nordrhein-Westfalen [1181].

Alten-Brak = Altenbrak – Ortsteil der Stadt Thale im Bundesland Sachsen-Anhalt [1448].

Ardning – Gemeinde im Bundesland Steiermark [1077].

Arnsdorf – Verwaltungssitz der gleichnamigen Gemeinde im Bundesland Sachsen. Wurde im 12. Jahrhundert als Waldhufedorf gegründet.

Asmushausen – Ortsteil der Stadt Bebra im Bundesland Hessen [1261].

Babenhausen – Stadt im Bundesland Hessen [1236].

Bad Ems – Stadt im Bundesland Rheinland-Pfalz [880]. Das ursprüngliche Dorf gilt als im 6. Jahrhundert entstandene fränkische Gründung.

Barbian (italienisch *Barbiano*) – Gemeinde im Eisacktal, Südtirol.

Bärenstein – Stadtteil von Altenberg im Bundesland Sachsen [1165].

Beggen – Teil der Stadt Luxemburg.

Berga (Elster) – Landstadt im Bundesland Thüringen [1306].

Bergen bei Hoyerswerda – Ortsteil der Gemeinde Elsterheide im Bundesland Sachsen.

Bergreichenstein, früher auch **Reichenstein** (tschechisch *Kašperské Hory)* – Stadt in Tschechien, im Böhmerwald gelegen. Sie entstand im 13. Jahrhundert als Ansiedlung von Bergleuten [1337].

Beulshausen – Ortsteil der Stadt Einbeck im Bundesland Niedersachsen.

Börlingshausen – Dorf im Bundesland Nordrhein-Westfalen, an der Wupperquelle gelegen.

Braunröde = Braunrode – Ortsteil der Stadt Arnstein im Bundesland Sachsen-Anhalt [1060].

Braz – Ortschaft im Bundesland Vorarlberg, im Klostertal gelegen.

Breitenbrunn – Gemeinde im Bundesland Sachsen [1380].

Brixen (italienisch *Bressanone*) – Stadt in Südtirol [901].

Bucha (bei Jena) – Gemeinde im Bundesland Thüringen, Teil der Verwaltungsgemeinschaft Südliches Saaletal [1290].

Burgeis (italienisch *Burgusio;* rätoromanisch *Barbusch*) – Fraktion der Gemeinde Mals in Südtirol, am Oberlauf der Etsch. Im 12. Jahrhunderts bestand Burgeis aus mehreren zerstreuten Höfen.

Burscheid – Kleinstadt im Bundesland Nordrhein-Westfalen [1175].

Cleibe = Clèbe – ein Weiler oberhalb Veysonnaz, zwischen Sion und Nendaz, im Kanton Wallis.

Conters im Prättigau (rätoromanisch *Cunter en il Partenz*) – eine politische Gemeinde im Kanton Graubünden [1290].

Cotta – Ortsteil der Gemeinde Dohma im Bundesland Sachsen [1311].

Cresta – Hauptsiedlung der Gemeinde Avers im Kanton Graubünden.

Dallenwil – politische Gemeinde im Kanton Nidwalden [1190].

Dardesheim – Ortsteil der Stadt Osterwieck im Bundesland Sachsen-Anhalt.

Datterode – Ortsteil der Gemeinde Ringgau im Bundesland Hessen [1140/41].

Datzeroth – Ortsgemeinde im Bundesland Rheinland-Pfalz, gehört zur Verbandsgemeinde Waldbreitbach [1219].

Dierrath = Dierath – Ortsteil der Stadt Leichlingen im Bundesland Nordrhein-Westfalen.

Dietenhayn = Dietenhain = Diedenhain – Dorf im Bundesland Sachsen.

Dittmannsdorf (obersorbisch *Dytmarjecy*) – Ortsteil der Stadt Reichenbach/O.L. im Bundesland Sachsen [1280].

Doberan = Bad Doberan – Stadt im Bundesland Mecklenburg-Vorpommern [1177].

Dobrawitz = Dobrowitz (tschechisch *Dobrovice*) – Stadt in Tschechien, südwestlich von Mladá Boleslav gelegen [1249].

Döllach – Ortsteil der Gemeinde Großkirchheim im Bundesland Kärnten

Dornhan = Dornham – Kleinstadt im Bundesland Baden-Württemberg [777].

Dörtendorf – Ortsteil der Stadt Zeulenroda-Triebes im Bundesland Sachsen [1293].

Dünnenfehr – ehemals ein Dorf zwischen Loxstedt und Bexhövede. Loxstedt – Ortschaft und Einheitsgemeinde im Bundeslan Niedersachsen [1059]. Bexhövede – heute ein Ortsteil von Loxstedt.

Ebersdorf – historischer Name von mehreren Ortschaften in Tschechien.

Ehlscheid – Ortsgemeinde im Bundesland Rheinland-Pfalz, sie gehört der Verbandsgemeinde Rengsdorf an [1311].

Eichbühl [Spessart].

Elgerburg = Elgersburg – Gemeinde im Bundesland Thüringen [1139].

Epe – ehemalige Bauernschaft im Landkreis Osnabrück im Bundesland Niedersachsen.

Erkshausen – Stadtteil von Rotenburg im Bundesland Hessen [1274].

Ermschwerd – ein Dorf, Ortsteil der Kleinstadt Witzenhausen im Bundesland Hessen [833].

Ernen (französisch *Aragnon*) – Munizipalgemeinde und Burgergemeinde mit einem Burgerrat im Bezirk Goms im Kanton Wallis [1214 als *Aragnon*].

Ernsthausen bei Frankenberg – Ortsteil der Gemeinde Burgwald in Hessen [1303].

Eschborn [Luxemburg].

Eschdorf – Teil der Gemeinde Schönfeld-Weißig, die zu Dresden gehört [1317].

Eschwege – Kreisstadt im Bundesland Hessen [974].

Feulen (luxemburgisch *Feelen*) – Gemeinde in Luxemburg.

Flarchheim – Ortsteil der Landgemeinde Unstrut-Hainich im Bundesland Thüringen [980].

Forbach – Gemeinde im Bundesland Baden-Württemberg [1360].

Freiberg – Große Kreisstadt im Bundesland Sachsen [1195].

Frick – Einwohnergemeinde im Kanton Aargau [1064].

Gelrode – seit der Fusion vom 1. Januar 1977 Teilgemeinde von Aarschot in Belgien.

Georgweiler – seit 1837 Ortsteil der Gemeinde Büchel im Bundesland Rheinland-Pfalz.

Giß [Südtirol].

Globenstein – Häusergruppe der Gemeinde Breitenbrunn im Bundesland Sachsen.

Gräfenbrück – Ortsteil der Stadt Weida im Bundesland Thüringen [1335].

Granitztal-Weißenegg – Katastralgemeinde der Gemeinde St. Paul im Bundesland Kärnten.

Greene – ein Flecken der Stadt Einbeck im Bundesland Niedersachsen [980].

Großenhain (früher als *Hayn* bezeichnet) – Große Kreisstadt im Bundesland Sachsen [1205].

Großlützel – siehe Lützel.

Großsaara – Ortsteil der Gemeinde Saara im Bundesland Thüringen [1387].

Grünbach – Ortsteil der Gemeinde Kirchdorf im Wald [1254] im Bundesland Bayern.

Gummersbach – Kreisstadt im Bundesland Nordrhein-Westfalen [1109].

Gumperda – Gemeinde im Bundesland Thüringen, Teil der Verwaltungsgemeinschaft Südliches Saaletal [876].

Gutach (Schwarzwaldbahn) – Gemeinde am Fluss Gutach im Bundesland Baden-Württemberg.

Gutach – Gemeinde im Elztal im Bundesland Baden-Württemberg [1309].

Haag – Teil der Gemeinde Schönbrunn im Bundesland Baden-Württemberg [1416].

Hagen – Großstadt im Bundesland Nordrhein-Westfalen.

Harzheim – vormals Ort im Harz.

Hasel – Gemeinde im Bundesland Baden-Württemberg [820].

Havixbeck – Gemeinde im Bundesland Nordrhein-Westfalen. Grenzt an Altenberge, Münster und Nottuln.

Heidersbach – Ortsteil der Gemeinde Limbach im Bundesland Baden-Württemberg [1315].

Heiderscheid (luxemburgisch *Heischent*) – Ortschaft der luxemburgischen Gemeinde Esch-Sauer.

Heròl – Ort im Eisacktal in Südtirol.

Herrenstrunden – Stadtteil von Bergisch-Gladbach im Bundesland Nordrhein-Westfalen [1300].

Hessenthal – Ortsteil der Gemeinde Mespelbrunn im Bundesland Bayern, im Spessart gelegen [1293].

Hilbersdorf – Ortsteil der Gemeinde Bobritzsch-Hilbersdorf im Bundesland Sachsen [1166].

Hitzacker – Ortsteil der gleichnamigen Stadt im Bundesland Niedersachsen, Teil der Samtgemeinde Elbtalaue.

Hofgeismar – Kleinstadt im Bundesland Hessen [1082]. Archäologische Befunde bezeugen eine durchgehende Besiedlung des Stadtgebiets seit etwa 7.000 Jahren.

Holzhausen – der Name von neun Ortsteilen oder Stadtteilen im Bundesland Hessen.

Homberg (Efze) – Kleinstadt im Bundesland Hessen [1231].

Honnef = Bad Honnef – Stadt im Bundesland Nordrhein-Westfalen [922].

Hundhaupten – Gemeinde im Bundesland Thüringen [1262].

Hutzenbach = Huzenbach [1298] – Ortsteil der Großgemeinde Baiersbronn [1292] im Bundesland Baden-Württemberg.

Ilmenau – Stadt im Bundesland Thüringen [1273].

Ilsenburg – Kleinstadt im Bundesland Sachsen-Anhalt. Entstand als Dorf in der Umgebung des 1525 im Bauernkrieg verwüsteten Klosters.

Iserlohn – Stadt im Bundesland Nordrhein-Westfalen [1150]. Dauerhafte Besiedlung ab dem 6. Jahrhundert.

Jena – Großstadt im Bundesland Thüringen [1145].

Jestädt – Ortsteil der Gemeinde Meinhardt im Bundesland Hessen [876].

Jungholz – Tiroler Gemeinde im Allgäu, eine Enklave [1342].

Kaaden (tschechisch *Kadaň*) – Stadt in Tschechien, südwestlich von Komotau (tschechisch *Chomutov*) an der Eger gelegen [1186].

Kehlen [Luxemburg].

Kelheim – Stadt im Bundesland Bayern [866].

Kematen bei Innsbruck – Gemeinde im Bundesland Tirol.

Kettershausen – Gemeinde im Bundesland Bayern, Mitglied der Verwaltungsgemeinschaft Babenhausen [1162].

Kirchentellinsfurt – Gemeinde im Bundesland Baden-Württemberg. Aus den Dörfern Kirchen [1007] und Tälisfurt zusammengewachsen.

Kleindittmannsdorf – Ortsteil der Gemeinde Lichtenberg im Bundesland Sachsen [1309].

Klein-Lengden – Ortsteil der Gemeinde Gleichen im Bundesland Niedersachsen [822].

Klosters-Serneus (bis 1973 offiziell **Klosters**) – eine politische Gemeinde des Kantons Graubünden [1222].

Kojetein (tschechisch *Kojetin*) – Stadt in Tschechien [1233].

Köln – Metropole im Bundesland Nordrhein-Westfalen. Sie befindet sich an der Stelle einer römischen Kolonie, hieß offiziell auch so *(Colonia),* daher der Name.

Költschach-Mauthen – Marktgemeinde im Bundesland Kärnten.

Königshain ist der Name von mehreren Ortschaften. Die Gemeinde **Königshain** (obersorbisch *Kralowski*) gehört zur Verwaltungsgemeinschaft Reichenbach/O.L. im Bundesland Sachsen. Sie ist ein Waldhufendorf mit zahlreichen gut erhaltenen Vierseithöfen [1298].

Kuborn – Ortsteil der Gemeinde Wahl in Luxemburg.

Kuhstorf – Gemeinde im Bundesland Mecklenburg-Vorpommern [1363].

Kusterdingen – Gemeinde im Bundesland Baden-Württemberg [1108].

Kuttenberg (tschechisch *Kutná Hora*) – Stadt in Tschechien in der Region Mittelböhmen. Sie wurde im 12. Jahrhundert als Bergmannssiedlung gegründet [1289]. Nach der Entdeckung von Silberlagerstätten auf den Besitztümern des Zisterzienserklosters Sedletz siedelten sich 1260 deutsche Bergleute an.

Laas – Gemeinde im Vintschgau in Südtirol.

Laasow (niedersorbisch *Łaz*) – Ortsteil der Stadt Vetschau/Spreewald im Süden des Bundeslandes Brandenburg, zugleich Kernort der Gemeinde gleichen Namens [1377].

Langenaubach – Ortsteil der Stadt Haiger im Bundesland Hessen [1281].

Langenbrück – der historische Name zweier schlesischer Ortschaften in Polen: Mostowice und Moszczanka.

Langenhennersdorf – Ortsteil der Stadt Bad Gottleuba-Berggießhübel im Bundesland Sachsen [1356].

Latsch (italienisch *Laces*) – Marktgemeinde an der Etsch in Südtirol.

Latzfons – Fraktion der Gemeinde Klausen in Südtirol [1050].

Laudenbach – Gemeinde im Bundesland Baden-Württemberg, an der nördlichen Bergstraße gelegen, und zwar neben der hessischen Landesgrenze [795].

Laufenburg – Kleinstadt im Bundesland Baden-Württemberg, direkt an der Grenze zur Schweiz [1173]. Auf der Schweizer Seite, im Kanton Aargau, liegt ein ehemaliger Stadtteil, heute **Laufenburg AG.**

Lautenbach – der Name von vier Orten im Bundesland Baden-Württemberg (ein Zinken und drei Dörfer, die Ortsteile sind, wobei das eine den Hauptort der gleichnamigen Gemeinde bildet).

Lautenthal – Ortsteil der Stadt Langelsheim im Bundesland Niedersachsen. Um 1225 begann am 557 m hohen Kranichsberg der Abbau von Silber, Blei und Kupfer. Um 1330 bestanden in dem Gebiet, wo sich heute Lautenthal befindet, mehrere Kupfergruben. Diese erste Form des Bergbaus kam jedoch zum Erliegen, als der Harz bei der Pestepidemie von 1348 bis 1350 entvölkert wurde. Anschließend war der Harz fast 200 Jahre lang weitgehend unbesiedelt.

Lerbach – Tal- und Straßendorf im Oberharz [um 1530], Ortsteil der Stadt Osterode am Harz im Bundesland Niedersachsen.

Leuterod – Ortsgemeinde im Bundesland Rheinland-Pfalz [1362], sie gehört der Verbandsgemeinde Wirges an.

Lichtenwalde – heute ein Ortsteil der Gemeinde Mařenice in Tschechien, im Zittauer oder Lausitzer Gebirge gelegen.

Liebenzell = Bad Liebenzell – Kurstadt im Bundesland Baden-Württemberg [1091].

Liebschwitz – Stadtteil von Gera im Bundesland Thüringen, am Ostufer der Weißen Elster gelegen [1209].

Liestal (schweizerdeutsch *Lieschdl*) – politische Gemeinde und Hauptort des Bezirks Liestal sowie des Kantons Basel-Landschaft (1225).

Loffenau – Gemeinde im Bundesland Baden-Württemberg.

Löhma – Ortsteil der Stadt Leutenberg im Bundesland Thüringen [1074]. Wurde wahrscheinlich von sorbischen Siedlern gegründet.

Lomnitz – Ortsteil der Gemeinde Wachau im Bundesland Sachsen [1313].

Lüsen (italienisch *Luson*) – Dorf und Hauptort der gleichnamigen Gemeinde in Südtirol [893].

Lustnau – Teil der Stadt Tübingen im Bundesland Baden-Württemberg [1100].

Lützel – vormals eine Abtei der Zisterzienser in der Gemeinde Lucelle, im äußersten Süden des Elsass, direkt an der Grenze zur Schweiz. Ein Ableger der ehemaligen Abtei, ein Kloster der Zisterzienserinnen, befindet sich in **Klein-Lützel** (französisch *Petit-Lucelle*), heute eine politische Gemeinde im Kanton Solothurn.

Mais (italienisch *Maia*) – bis 1924 selbstständig, seither sind Obermais *(Maia Alta)* und Untermais *(Maia Bassa)* Stadtviertel von Meran in Südtirol. Der Name *Mais* stammt von der römischen Zollstation *Statio Maiensis,* die im 3. Jahrhundert in der Nähe der Passermündung in die Etsch bestand.

Mals (italienisch *Malles Venosta*) – ein Dorf der gleichnamigen Gemeinde in Südtirol [1094]. Zur Gemeinde Mals gehören auch die Fraktionen Burgeis und Laatsch (italienisch *Laudes*), nicht zu verwechseln mit der tiefer liegenden Gemeinde Latsch.

Mamer – Gemeinde in Luxemburg [960].

Mansfeld – Stadt im Bundesland Sachsen-Anhalt.

Markersdorf ist der Name einer Ortschaft nördlich von Chemnitz, dann einer Ortschaft westlich von Görlitz, beide im Bundesland Sachsen, sowie der historische Name (tschechisch *Markvartice*) einer Ortschaft in Tschechien, im Böhmischen Mittelgebirge gelegen [1281].

Martell (italienisch *Martello*) – Gemeinde in Südtirol.

Massenei = Massanei – Ortsteil der Kleinstadt Waldheim im Bundesland Sachsen.

Matsch (italienisch *Mazia*) – eine Fraktion der Gemeinde Mals im Vintschgau in Südtirol.

Meilitz – Ortsteil der Gemeinde Wünschendorf (Elster) im Bundesland Thüringen [1279].

Meisenbach – Ortsteil der Stadt Hennef (Sieg) im Bundesland Nordrhein-Westfalen.

Menth. Ein „Buschhof zu Menth" kommt sowohl in einer Sammlung mit Sagen aus dem Bergischen Land als auch in einer Sammlung mit (nacherzählten) Sagen aus dem Westerwald vor.

Meran (italienisch *Merano*) – Stadt in Südtirol [857]. Im Stadtteil Zenoberg befand sich bereits in der Spätantike eine römische Zollstation namens.

Merkendorf – Ortsteil der Stadt Zeulenroda-Triebes im Bundesland Thüringen.

Mersch (luxemburgisch *Miersch*) – Gemeinde in Luxemburg.

Merzenich – Gemeinde im Bundesland Nordrhein-Westfalen [1225].

Meura – Gemeinde im Bundesland Thüringen [1370].

Miletice (Černuc) – Dorf in Tschechien [1337]. Die Stadt Velvary heißt deutsch *Welwarn,* älter *Welbern* [1282].

Misselwarden – Dorf im Bundesland Niedersachsen [860].

Mönchberg – Markt und Sitz der gleichnamigen Verwaltungsgemeinde im Bundesland Bayern [1250].

Montabaur – Stadt im Bundesland Rheinland-Pfalz. Das Kastell Humbach (das heutige Schloss) wurde 959 erstmals urkundlich erwähnt.

Mörtschach – Gemeinde im oberen Mölltal im äußersten Westen des Bundeslandes Kärnten [1256].

Moschheim – Ortsgemeinde im Bundesland Rheinland-Pfalz, sie gehört der Verbandsgemeinde Wirges an [1362].

Mühlbach – Ortsteil der Gemeinde Neuenstein im Bundesland Hessen.

Mühlegg – Hof bei Aichleit im Tal der Fersina in Südtirol.

Mülheim an der Ruhr – Großstadt im Bundesland Nordrhein-Westfalen [1093]. Erhielt erst 1808 das Stadtrecht.

Müngsten – ehemalige Siedlung im Bundesland Nordrhein-Westfalen [1437]. Ihre Gebäude lagen auf dem heutigen Gebiet der drei Städte Wuppertal, Solingen und Remscheid.

Murrhardt – Kleinstadt im Bundesland Baden-Württemberg. Ihre Anfänge liegen in der Römerzeit.

Naila – Stadt im Bundesland Bayern [1343].

Nauroth – Ortsgemeinde im Bundesland Rheinland-Pfalz [1222].

Neukirchen – Gemeinde und Sitz der gleichnamigen Verwaltungsgemeinschaft im Bundesland Bayern.

Neukirchen (Knüll) – Stadt im Knüll-Gebirge im Bundesland Hessen [1142].

Neunburg vorm Wald – Stadt im Bundesland Bayern [1017].

Neusach – Ortsteil der Gemeinde Weißensee im Bundesland Kärnten.

Niederelsungen – Stadtteil von Wolfhagen im Bundesland Hessen [775].

Nienberge – Stadtteil von Münster im Bundesland Nordrhein-Westfalen.

Noirmont – politische Gemeinde im Kanton Jura [1397].

Nottuln – Gemeinde im Bundesland Nordrhein-Westfalen.

Oberachern – Stadtteil von Achern im Bundesland Baden-Württemberg [1090].

Oberdresselndorf – Ortsteil der Gemeinde Burbach im Bundesland Nordrhein-Westfalen. Wurde erst nach dem 14. Jahrhundert gegründet.

Oberellenbach – Ortsteil der Gemeinde Alheim im Bundesland Hessen [1146].

Oberems – politische Gemeinde im Kanton Wallis.

Ober-Lengenhardt = **Oberlengenhardt** – Ortsteil der Gemeinde Schömberg [1177] im Bundesland Baden-Württemberg.

Oberstdorf – Markt im Bundesland Bayern, die südlichste Gemeinde Deutschlands [1141].

Ohlenberg – Teil der Ortsgemeinde Kasbach-Ohlenberg im Bundesland Rheinland-Pfalz [Ohlcnbcrg 1262].

Ohrbeck – vormals eine Bauernschaft, die nach dem Ersten Weltkrieg mit dem Dorf Holzhausen verschmolzen ist. Der Name ging auf das 1926 fertiggestellte Franziskanerkloster über. Holzhausen ist ein Ortsteil der Stadt Georgsmarienhütte im Bundesland Niedersachsen.

Osnabrück – Großstadt im Bundesland Niedersachsen.

Osterode am Harz – Stadt im Oberharz, Bundesland Niedersachsen.

Ottendorf – Teil des Ortsteils Ottendorf-Okrilla in der gleichnamigen Gemeinde im Bundesland Sachsen [1357].

Passeier, auch **Passeiertal** (italienisch *Passiria* oder *Val Passiria*) – Gebirgstal in Südtirol, nördlich von Meran.

Paznaun, seltener **Paznauntal** – eine Talung im Bundesland Tirol, sie umfasst das Tal der Trisanna und deren Nebentäler.

Pettenau – Dorf im Bundesland Bayern.

Pettenbach – Marktgemeinde im Bundesland Oberösterreich.

Pfaffstall – Name eines Hofs auf dem Ritten-Plateau in Südtirol.

Pfirt (französisch *Ferrette*) – Gemeinde im Elsass.

Pfullingen – Kleinstadt im Bundesland Baden-Württemberg [937].

Piesegitz – Dorf im Bundesland Thüringen.

Pinneberg (niederdeutsch *Pinnbarg*) – Stadt im Bundesland Schleswig-Holstein, eine Vorstadt von Hamburg [1351].

Pirmasens – Stadt im Bundesland Rheinland-Pfalz. Erste urkundliche Erwähnung um 860 als „pirminiseusna", eine dem Kloster Hornbach unterstellte Siedlung.

Pisweg – Katastralgemeinde der Gemeinde Gurk im Bundesland Kärnten.

Plau = Plau am See – Stadt im Bundesland Mecklenburg-Vorpommern. Im 13. Jahrhundert aus der slawischen Siedlung *Plawe* entstanden [1235].

Pobershau – Ortsteil der Stadt Marienberg im Bundesland Sachsen.

Prägraten – Gemeinde im Bundesland Tirol [1162].

Rabenstein – Stadtteil von Chemnitz im Bundesland Sachsen.

Radevormwald (seit 2012 offiziell „Stadt auf der Höhe") – Stadt im Bundesland Nordrhein-Westfalen [vermutlich 1050].

Ratschings (italienisch *Racines*) – Großgemeinde in Südtirol. Deren älteste Siedlung, die Gemeinde Telfes im Ridnauntal, lässt sich für das 9. Jahrhundert nachweisen.

Reckingen – Hauptdorf der Gemeinde Reckingen/Mess (luxemburgisch *Reckeng op der Mess*) in Luxemburg. Es besteht seit dem 10. Jahrhundert.

Reichraming im Ennstal – Gemeinde im Bundesland Oberösterreich. Sie wird durch die Enns in die zwei Ortschaften Arzberg und Reichraming geteilt. Die Namen lassen auf slawische Siedlungen schließen. Vermutlich entstanden sie im 6. oder 7. Jahrhundert.

Reinsberge bei Scheuen im Bundesland Niedersachsen. Scheuen [1290] ist ein Stadtteil der Stadt Celle.

Remsfeld – Ortsteil und Verwaltungssitz der Gemeinde Knüllwald im Bundesland Hessen [1108].

Rengsdorf – Ortsgemeinde, Verwaltungssitz der Verbandsgemeinde Rengsdorf im Bundesland Rheinland-Pfalz [857].

Rennerod – Stadt im Bundesland Rheinland-Pfalz, Verwaltungssitz der Verbandsgemeinde Rennerod [1217].

Reutlingen – Großstadt im Bundesland Baden-Württemberg [1089/1090].

Rheinbreitbach – Ortsgemeinde im Bundesland Rheinland-Pfalz [966]. Sie gehört der Verbandsgemeinde Unkel an und grenzt mit Bad Honnef an das Land Nordrhein-Westfalen.

Rheinsheim – Stadtteil von Philippsburg im Bundesland Baden-Württemberg [783].

Rhöndorf – Stadtteil von Bad Honnef im Bundesland Nordrhein-Westfalen [1240].

Richelsdorf – Ortsteil der Gemeinde Wildeck im Bundesland Hessen.

Ricklingen – der 9. Stadtbezirk von Hannover, der Hauptstadt des Bundeslandes Niedersachsen [um 1200].

Ridnaun (italicnisch *Ridanna*) – Fraktion und Katastralgemeinde der Gemeinde Ratschings in Südtirol.

Riezlern – Ort im Kleinwalsertal im Bundesland Vorarlberg, der Hauptort der Gemeinde Mittelberg. Bei der großen Flucht von Tannberg um 1300 siedelten sich einige ausgewanderte Familien aus dem Wallis an. Sie nannten ihre Siedlung *Zu den Rützlern,* woraus der heutige Name entstand.

Rinchnach – Gemeinde im Bundesland Bayern. Sie heißt nach dem 1011 gegründeten Kloster und besteht aus dem Hauptort sowie 24 Dörfern und Weilern.

Rinteln – Stadt im Bundesland Niedersachsen.

Rippoltsau = Rippoldsau – Teil der Gemeinde Bad Rippoldsau-Schapbach [1179 bzw. 1220] im Bundesland Baden-Württemberg.

Rona – Teil der politischen Gemeinde Tinizong-Rona im Kanton Graubünden.

Rosport (luxemburgisch *Rouspert*) – Gemeinde in Luxemburg.

Rossbach – Ortsgemeinde im Bundesland Rheinland-Pfalz.

Rossdorf – Gemeinde im Bundesland Thüringen.

Röthenberg = Rötenberg – Ortsteil der Gemeinde Aichhalden-Rötenberg im Bundesland Baden-Württemberg [1128].

Rötz – Stadt im Bundesland Bayern [1017].

Rübeland – Ortschaft der Stadt Oberharz am Brocken im Bundesland Sachsen-Anhalt. Ihre Entstehung wird ins 14. Jahrhundert datiert. Die Elbinger Chronik von 1320 erwähnt eine Eisenerzhütte.

Rusdorf = Rußdorf – Ortsteil der Stadt Limbach-Oberfrohna im Bundesland Sachsen.

Sachsenstein – eine Burg bei Bad Sachsa [1073] im Bundesland Niedersachsen.

Safien – Teil der Gemeinde Safiental im Kanton Graubünden [1219].

Sandershausen – Ortsteil der Gemeinde Niestetal im Bundesland Hessen [1167].

Schaldern – Streusiedlung, Ortsteil der Gemeinde Vintl (italienisch *Vandoies*) in Südtirol.

Schalders – Bergweiler, Fraktion der Gemeinde Vahrn (italienisch *Varna*), heute praktisch ein Vorort von Brixen in Südtirol.

Schapdeten = Schapdetten – Ortsteil der Gemeinde Nottuln im Bundesland Nordrhein-Westfalen [1230]. Der Ort wurde um 1122 als Eigenkirche des Klosters Fulda gegründet.

Scharfenberg – Ortsteil der Stadt Brilon im Bundesland Nordrhein-Westfalen [1306].

Schelsen – Ortsteil der Großstadt Mönchengladbach im Bundesland Nordrhein-Westfalen. Der Name *Schechtelhausen,* aus dem sich *Schelsen* entwickelte, taucht bereits im 12. Jahrhundert in Urkunden auf.

Scheuen – Stadtteil von Celle im Bundesland Niedersachsen (1290).

Schlath = Schlat – Gemeinde im Bundesland Baden-Württemberg [1139].

Schnals (italienisch *Senales*) – Gemeinde im Vintschgau in Südtirol.

Schnauders – Fraktion der Gemeinde Feldthurns (italienisch *Velturno*) in Südtirol.

Schrambach – Weiler der Gemeinde Feldthurns (italienisch *Velturno*) in Südtirol [1100].

Schwäbisch-Hall – Stadt im Bundesland Baden-Württemberg [1156].

Seebach – Gemeinde im Bundesland Baden-Württemberg. Sie bewahrte bis ins 20. Jahrhundert den Charakter einer Streusiedlung. Seit dem 13. Jahrhundert wurden einzelne Gehöfte urkundlich erwähnt.

Seitenroda – Gemeinde im Bundesland Thüringen [1280].

Selhof = Sellhof – Stadtteil von Bad Honnef im Bundesland Nordrhein-Westfalen [1068]. Mit *Salhof* bezeichnete man den zentralen Hof einer mittelalterlichen Grundherrschaft.

Serfaus – Gemeinde im Bundesland Tirol.

Serrig an der Saar – Ortsgemeinde im Bundesland Rheinland-Pfalz [949].

Signat – ein kleiner Ort am Fuße des Ritten in der Nähe von Bozen in Südtirol.

Sölden – Gemeinde im Bundesland Tirol [1150].

Spiluck – Bergweilcr mit 35 Einwohnern. Er gehört zur Gemeinde Vahrn (italienisch *Varna*) in Südtirol, die an der alten Brenner-Straße liegt.

St. Martin im Granitztal, Rotte von St. Paul im Lavanttal im Bundesland Kärnten.

Steinfurt (plattdeutsch *Stemmert*) – Stadt im Bundesland Nordrhein-Westfalen [um 890].

Stublach – bildet zusammen mit Langenberg den Ortsteil Langenberg der Stadt Gera im Bundesland Thüringen. Eine sorbische Gründung.

Sundwig – ein Stadtteil von Hemer, zwischen Iserlohn und Menden, im Bundesland Nordrhein-Westfalen.

Süß – Teil der Gemeinde Nentershausen im Bundesland Hessen.

Tarasp – Dorf in der Gemeinde Scuol im Kanton Graubünden.

Tauchlitz – Ortsteil der Gemeinde Crossen an der Elster im Bundesland Thüringen [1271].

Teschow – Name von fünf Ortsteilen in Mecklenburg-Vorpommern. Sie gehören zu vier Gemeinden und einer Stadt.

Thial – Abschnitt des Martelltals in Südtirol.

Thiemendorf ist der Name von mehreren Ortschaften bzw. Ortsteilen. So heißt u.a. ein Ortsteil der ehemaligen Gemeinde Friedersdorf im Landkreis Bautzen, die heute zu Pulsnitz gehört, und ein Ortsteil [1389] der Gemeinde Waldhufen im Landkreis Görlitz, beide im Bundesland Sachsen.

Trafoi – Ort im Trafoital im Südtiroler Vintschgau, gehört zur Gemeinde Stilfs.

Überruhr – Ortsteil der Stadt Essen im Bundesland Nordrhein-Westfalen. Ursprünglich umfasste die Gemeinde die Bauernschaften Holthausen [1054] und Hinsel [1092].

Unterjoch – Ortsteil von Bad Hindelang im Bundesland Bayern [1471].

Vallorbe – politische Gemeinde im Kanton Waadt [1139].

Viermünden – Stadtteil von Frankenberg (Eder) im Bundesland Hessen [850].

Villnös = Villnöß (italienisch *Funes*) – Gemeinde in Südtirol [1058].

Virneberg = Firneberg – ein ehemaliges Kupferbergwerk in der Nähe der Ortschaft Rheinbreitbach (siehe dort). Es wurde schon in der Römerzeit als Tagebau betrieben.

Volkersdorf – ein Straßenangerdorf, Ortsteil der Stadt Radeburg im Bundesland Sachsen [1378].

Walddürn = Walldürn – Stadt im Bundesland Baden-Württemberg [794].

Waldheim – Kleinstadt im Bundesland Sachsen [1198].

Waldmillen = Waldmühlen (entstanden aus *Walkmühlen*) – Ortsgemeinde im Bundesland Rheinland-Pfalz, Teil der Verbandsgemeinde Rennerod [15. Jahrhundert].

Wallendorf – Ortsgemeinde im Bundesland Rheinland-Pfalz [1136].

Wälschnoven = Welschnofen (italienisch *Nova Levante*) – Gemeinde in Südtirol [1429].

Wehr – Stadt im Bundesland Baden-Württemberg [1092].

Weißig bei Eschdorf im Bundesland Sachsen. Heute gehört Eschdorf [1317] zur Gemeinde Schönfeld-Weißig, die einen Ortsteil von Dresden bildet.

Welferode – Stadtteil von Homberg (Efze) im Bundesland Hessen [1197]. Um 1490 gab es im Dorf sechs wehrhafte Männer und vier Pflüge.

Wiedtal – Ort im Tal der Wied im Bundesland Rheinland-Pfalz.

Wiersdorf – Ortsgemeinde im Bundesland Rheinland-Pfalz [893].

Wildbad = Bad Wildbad – Stadt im Bundesland Baden-Württemberg [1345].

Wildberg – eine von 106 Ortschaften der Gemeinde Reichshof im Bundesland Nordrhein-Westfalen [1258].

Wilhelmsdorf – Gemeinde der Verwaltungsgemeinschaft Ranis-Ziegenrück im Bundesland Thüringen [1381].

Windischeschenbach – Stadt im Bundesland Bayern. Die Ortschaft entstand um 950 als Missionsstation durch Mönche des Klosters St. Emmeran von Regensburg.

Witzenhausen – Kleinstadt im Bundesland Hessen.

Wohnsgehaig – heute ein Teil der Gemeinde Mistelgau im Bundesland Bayern [1475]. Die Bezeichnung *Schöchtleinsmühle* geht auf den Ort Schöchlein zurück, vormals ein Weiler der ehemaligen Ruralgemeinde Wohnsgehaig.

Wolfenbüttel – Stadt im Bundesland Niedersachsen [1118].

Wolfsgefährt = Wolfsgefärth – Ortsteil der Gemeinde Zedlitz im Bundesland Thüringen [1209].

Wüstensachsen – Ortsteil der Gemeinde Ehrenberg (Rhön) im Bundesland Hessen [1141].

Zürgesheim – Dorf und Stadtteil von Donauwörth im bayerischen Schwaben im Bundesland Bayern.

Bibliografie

Geschichte und Archäologie

BLUM, JEROME (Hg.): Die bäuerliche Welt. Geschichte und Kultur in sieben Jahrhunderten. [London, 1982.] München: Beck, 1982.

BOOCKMANN, HARTMUT (Hg.): Das Mittelalter. Ein Lesebuch aus Zeugnissen des 6. bis 16. Jahrhunderts. München: Beck, 1988.

GIMBUTAS, MARIJA: Die Balten. Geschichte eines Volkes im Ostseeraum. [1963.] München: Herbig, 1983.

GROSSBONGARDT, ANNETTE, und SALZWEDEL, JOHANNES (Hg.): Leben im Mittelalter. Der Alltag von Rittern, Mönchen, Bauern und Kaufleuten. München: Goldmann, 2015. 2. Aufl.

HAARMANN, HARALD: Das Rätsel der Donauzivilisation. Die Entdeckung der ältesten Hochkultur Europas. München: Beck, 2011.

HEINSOHN, GUNNAR, und STEIGER, OTTO: Die Vernichtung der weisen Frauen. Beiträge zur Theorie und Geschichte von Bevölkerung und Kindheit. Herbstein: März, 1985.

JOCKENHÖVEL, ALBRECHT, und KUBACH, WOLF (Hg.): Bronzezeit in Deutschland. Sonderheft der Zeitschrift „Archäologie in Deutschland". [Stuttgart, 1994.] Hamburg: Nikol, 2000.

KUCKENBURG, MARTIN: Vom Steinzeitlager zur Keltenstadt. Siedlungen der Vorgeschichte in Deutschland. Darmstadt: Wissenschaftliche Buchgesellschaft, 2000.

MÄRTIN, RALF-PETER: Die Alpen in der Antike. Von Ötzi bis zur Völkerwanderung. Frankfurt am Main: Fischer, 2017.

PROBST, ERNST: Deutschland in der Bronzezeit. Bauern, Bronzegießer und Burgherren zwischen Nordsee und Alpen. München: Bertelsmann, 1996.

RÖSENER, WERNER: Bauern im Mittelalter. München: Beck, [1985] 1991. Vierte, unveränderte Aufl.

SCHERTLER, OTTO: Die Kelten und ihre Vorfahren. Burgenbauer und Städtegründer. Augsburg: Battenberg, 1999.

SCHNEIDER, HELMUTH (Hg.): Geschichte der Arbeit. Vom Alten Ägypten bis zur Gegenwart. Frankfurt am Main, Berlin/West, Wien: Ullstein, 1983.

SCHREIBER, GEORG (Hg.): Balkan aus erster Hand. Geschichte und Gegenwart in Berichten von Augenzeugen und Zeitgenossen. Würzburg: Arena Verlag Georg Popp, 1971.

SCHREIBER, HEINRICH: Die Feen in Europa. Eine historisch-archäologische Monographie. Freiburg im Breisgau: Groos, 1842.

Volkskunde und Völkerkunde

ANDREE, RICHARD: Braunschweiger Volkskunde. Braunschweig: Vieweg, 1901. Zweite, vermehrte Aufl.

ANDREE-EYSN, MARIE: Volkskundliches aus dem bayrisch-österreichischen Alpengebiet. Braunschweig: Vieweg, 1910.

BÄCHTOLD-STÄUBLI, HANNS, unter Mitwirkung von HOFFMANN-KRAYER, EDUARD (Hg.): HANDWÖRTERBUCH DES DEUTSCHEN ABERGLAUBENS. 10 Bde. [Berlin und Leipzig, 1927-1942.] Berlin und New York: de Gruyter, 2000. 3., unveränderte Aufl.

BECKER, ALBERT: Frauenrechtliches in Brauch und Sitte. Ein Beitrag zur vergleichenden Volkskunde. Kaiserslautern: Kayser, 1913.

BENDEL, JOSEF: Zur Volkskunde der Deutschen im Böhmerwald. Wien und Prag: Schulbücher-Verlag, 1915.

BERDINSKICH, VIKTOR: Krestjanskaja civilizacija v Rossii. [Die bäuerliche Zivilisation in Russland.] Moskau: Agraf, 2001.

BRĂTULESCU, MONICA: Ceata feminină – încercare de reconstituire a unei instituţii tradiţionale româneşti. [Die Mädchen-Schar – Versuch der Rekonstruktion einer traditionellen rumänischen Institution.] In: REVISTA DE ETNOGRAFIE ŞI FOLCLOR. Bukarest: Editura Academiei Republicii Socialiste România. Tomul 23. Nr. 1/1978. S. 37-60.

BREITNER, STEFAN (Hg.): Pretai am linken Ufer der Großen Kokel. Heimatbuch einer siebenbürgisch-sächsischen Gemeinschaft. Aalen: Sedna, 2005.

BUHOCIU, OCTAVIAN: Die rumänische Volkskultur und ihre Mythologie. Wiesbaden: Harrassowitz, 1974. Eine erweiterte Fassung ist in rumänischer Sprache veröffentlicht worden: Folclorul de iarnă, ziorile si poezia păstorească. [Winterfolklore, Morgenlieder und Hirtendichtung.] Bukarest: Editura Minerva, 1979.

CHRISTMANN, ERNST: PFÄLZISCHES WÖRTERBUCH. 4 Bde. Wiesbaden: Steiner, 1965-1986.

CIAUȘIANU, GH. F.: Superstiţiile poporului român în asemănare cu ale altor popoare vechi şi noi. [Die abergläubischen Vorstellungen des rumänischen Volkes im Vergleich mit jenen anderer Völker, antiker und moderner.] [1914.] Bukarest: Saeculum I.O., 2001.

EBERTSHÄUSER, HEIDI CAROLINE (Hg.): Das bairische Leben. Sitten und Gebräuche. München: Hugendubel, 1980.

ELIADE, MIRCEA: Geschichte der religiösen Ideen. Bd. III/1. Von Mohammed bis zum Beginn der Neuzeit. [Paris, 1983.] Freiburg im Breisgau, Basel, Wien: Herder, 1983.

ELIADE, MIRCEA: Iniţierea şi lumea modernă. [Initiation und moderne Welt.] In: Ders.: Nostalgia originilor. Istorie şi semnificaţie în religie. [Die Sehnsucht nach den Ur-sprüngen. Geschichte und Bedeutung in der Religion.] Bukarest: Humanitas, 1994. S. 177-198. Das Kapitel stammt von einem Vortrag, der 1964 in Straßburg ein Symposion zum Thema „Initiation" eröffnete. Der Vortrag wurde zuerst in der Anthologie des Symposions abgedruckt: Initiation. Leiden: Bleeker, 1965. S. 1-14.

ERICH, OSWALD ADOLF: WÖRTERBUCH DER DEUTSCHEN VOLKSKUNDE. Begründet von OSWALD A. ERICH und RICHARD BEITL. Nachdr. der 3. Aufl. 1974, neu bearbeitet von RICHARD BEITL unter Mitarbeit von KLAUS BEITL. Stuttgart: Kröner 1981.

FILLIPETTI, HERVÉ, und TROTEREAU, JANINE: Zauber, Riten und Symbole. Magisches Brauchtum im Volksglauben. [Paris, 1978.] Herrsching: Pawlak, 1992.

FRÂNCU, TEOFIL, und CANDREA, GEORGE: Românii din Munţii Apuseni (Moţii). [Die Rumänen der Westkarpaten (Die Motzen).] Bukarest: Gr. Luis, 1888.

FRAZER, JAMES GEORGE: Der goldene Zweig. Das Geheimnis von Glauben und Sitten der Völker. [Die zugrundeliegende Originalausgabe erschien 1922 in Cambridge. Es ist eine Kurzfassung der zwölfbändigen Ausgabe London 1907-1915.] Reinbek bei Hamburg: Rowohlt Taschenbuch Verlag, 1989.

FROBENIUS, LEO: Die Masken und Geheimbünde Afrikas. Halle: Karras, 1898.

GIANI, LEO MARIA: In heiliger Leidenschaft. Mythen, Kulte und Mysterien. München: Kösel, 1994.

GOTTSCHALK, HERBERT: LEXIKON DER MYTHOLOGIE. München: Heyne, 1988. 4. Aufl.

GRABER, GEORG: Volksleben in Kärnten. Graz: Leykam, [1934] 1941.

GUNDA, BÉLA: Ethnographica Carpatho-Balcanica. Budapest: Akadémiai kiadó, 1979.

GUSINDE, MARTIN : Urmenschen im Feuerland. Vom Forscher zum Stammes-mitglied. Berlin, Wien, Leipzig : Zsolnay, 1946.

HABICHT, MARION : Geliebtes Afrika. Weiße Ärzte im afrikanischen Busch. Klagenfurt : Neuer Kaiser Verlag, 1982.

HANIKA, JOSEF: „Bercht schlitzt den Bauch auf" – Rest eines Initiationsritus? In: HELMUT PREIDEL (Hg.): STIFTER-JAHRBUCH. 2. Jg. Gräfelfing bei München: Gans, 1951. S. 39-53.

HECKSCHER, KURT: Die Volkskunde des Kreises Neustadt am Rübenberge. [Bd. I der Reihe „Die Volkskunde der Provinz Hannover".] Hamburg: Riegel, 1930.

HELM, KARL (Hg.): Hessische Blätter für Volkskunde. Herausgegeben im Auftrag der hessischen Vereinigung für Volkskunde. Bd. XVI. Leipzig: Teubner, 1917.

HERRMANN, PAUL: Deutsche Mythologic in gemeinverständlicher Darstellung. Leipzig: Engelmann, 1906. Zweite, neubearbeitete Aufl.

HERSENI, TRAIAN: Forme străvechi de cultură poporană românească. Studiu de paleoetnografie a cetelor de feciori din Țara Oltului. [Uralte Formen der rumänischen Volkskultur.

Paläoethnografische Studie über die Schar der Burschen des Alt-Landes.] Cluj-Napoca [Rumänien]: Dacia, 1977.

HESSISCHES FLURNAMENARCHIV GIESSEN, im INTERNET.

HÖRBURGER, RAIMUND, NEHR, HELMUT, NEUWEG, SABINE, PICHLWANGER, KLAUS (Hg.): Burkina Faso. Unterentwicklung und Selbsthilfe in einem Sahel-Land. Frankfurt am Main: Brandes & Apsel; Wien: Südwind; 1990.

HÖRMANN, LUDWIG VON: Tiroler Volksleben. Ein Beitrag zur deutschen Volks- und Sittenkunde. Stuttgart: Bonz [1909].

JENSEN, AD. E.: Beschneidung und Reifezeremonien bei Naturvölkern. Stuttgart: Strecker und Schröder, 1933.

JOHANN, A. E.: Afrika gestern und heute. Europas dunkle Schwester. Gütersloh: Bertelsmann, 1963.

JOHN, ALOIS: Sitte, Brauch und Volksglaube im deutschen Westböhmen. Prag: Calve, 1905.

KAUFMANN, PAUL: Brauchtum in Österreich. Feste, Sitten, Glaube. Wien und Hamburg: Zsolnay, 1982.

KELLER, GOTTFRIED: Sämtliche Werke. Berlin/Ost: Aufbau, 1958.

KELLER, GOTTFRIED: Sämtliche Werke. Bern und Leipzig: Benteli, 1931.

KELP, HELMUT MARTIN, und Mitarbeiter: Großprobstdorf. Beiträge zur Heimatkunde. München: Verlag der Siebenbürgisch-Sächsischen Stiftung, 1999.

KERSCHNER, BRUNO: Lebendiger Perchtenbrauch im Salzburgischen. In: BAYERISCHE HEFTE FÜR VOLKSKUNDE. München: Bayerische Akademie der Wissenschaften. Februar 1940. 12. Jg., 6. Heft, S. 59-61.

KLECKER, HANS: Sitten und Bräuche im Jahresverlauf in der gebirgigen Oberlausitz. Waltersdorf: Oberlausitzer Verlag, 1990.

KNAPPERT, JAN: LEXIKON DER AFRIKANISCHEN MYTHOLOGIE. Mythen, Sagen und Legenden von A – Z. Weyarn: Seehamer, 1997.

KÖHLER, JOHANN AUGUST ERNST: Volksbrauch, Aberglauben, Sagen und andere Überlieferungen im Voigtlande, mit Berücksichtigung des Orlagaus und des Pleißnerlandes. Ein Beitrag zur Kulturgeschichte der Voigtländer. Leipzig: Fleischer, 1867.

KRANZMAYER, EBERHARD: Name und Gestalt der „Frau Bercht" im südostdeutschen Raum. In: BAYERISCHE HEFTE FÜR VOLKSKUNDE. München: Bayerische Akademie der Wissenschaften. Februar 1940. 12. Jg., 6. Heft, S. 55-59.

KÜCK, EDUARD, und SOHNREY, HEINRICH: Feste und Spiele des deutschen Landvolks. Berlin: Deutsche Landbuchhandlung, 1909.

LAGERLÖF, SELMA: Wunderbare Reise des kleinen Nils Holgersson mit den Wildgänsen. (Roman.) [Stockholm, 1906-1907.] München: Langen und Müller, o.J.

LÄNG, HANS: Kulturgeschichte der Indianer Nordamerikas. [Olten, 1981.] Göttingen: Lamuv, 1989.

LE ROY LADURIE, EMMANUEL: Montaillou. Ein Dorf vor dem Inquisitor 1294-1324. [Paris, 1975.] Frankfurt am Main, Berlin, Wien: Ullstein, 1982.

LÖBER, KARL: Beharrung und Bewegung im Volksleben des Dillkreises (Hessen). Marburg: Elwert, 1965.

LOMMEL, ANDREAS, und LOMMEL, KATHARINA: Die Kunst des alten Australien. München: Prestel, 1989.

MANNHARDT, WILHELM: Wald- und Feldkulte. 2 Bde. [Berlin, 1875-1877.] Darmstadt: Wissenschaftliche Buchgesellschaft, 1963.

MAGYAR NÉPRAJZI LEXIKON. Budapest: Akadémiai Kiadó, 1979.

MEIER, JOHN: Der Brautstein. Frauen, Steine und Hochzeitsbräuche. Mit Beiträgen von IDA LUBLINSKI, KURT RANKE und SIBYLLE VON REDEN. Bern: edition amalia, 1996.

MEISEN, KARL: Nikolauskult und Nikolausbrauch im Abendlande. Eine kulturgeographisch-volkskundliche Untersuchung. Düsseldorf: Schwann, 1931.

MEMORIA ETHNOLOGICA. Revistă de patrimoniu ethnologic şi memorie culturală. [Zeitschrift für Volksgut und Kulturtradition.] Baia Mare [Rumänien].

MÓRICZ, ZSIGMOND: Der glückliche Mensch. (Roman.) [Budapest, 1930.] Berlin/Ost und Weimar: Aufbau, 1976. 2. Aufl.

MYKYTIUK, BOHDAN GEORG: Die ukrainischen Andreasbräuche und verwandtes Brauchtum. Wiesbaden: Harrassowitz, 1979.

PAMFILE, TUDOR: Mitologie românească. [Rumänische Mythologie.] Bukarest: Editura „Grai şi suflet – cultura naţională", 2000.

REBREANU, LIVIU: Die Erde, die trunken macht. (Roman.) [1920.] Wien: Wiener Verlagsgesellschaft, 1941.

REINSBERG-DÜRINGSFELD, O. FRH. VON: Fest-Kalender aus Böhmen. Ein Beitrag zur Kenntnis des Volkslebens und Volksglaubens in Böhmen. Prag: Kober, 1864.

REINSBERG-DÜRINGSFELD, OTTO FREIHERR VON: Das festliche Jahr in Sitten, Gebräuchen, Aberglauben und Festen der germanischen Völker. Leipzig: Barsdorf, 1898. Zweite, vermehrte und verbesserte Aufl.

RITTER, HANS: Salzkarawanen in der Sahara. Zürich und Freiburg im Breisgau: Atlantis, 1980.

RÖSCHENTHALER, UTE: Die Kunst der Frauen. Zur Komplementarität von Nacktheit und Maskierung bei den Ejagham im Südwesten Kameruns. Berlin: VWB – Verlag der Wissenschaft und Bildung, 1993.

SARTORI, PAUL: Westfälische Volkskunde. Leipzig: Quelle & Meyer, 1922.

SCHÄFER, RITA: Die Sande-Frauengeheimgesellschaft der Mende in Sierra Leone. Ihre Organisation und Masken im zeitlichen, intra- und interethnischen Vergleich. Bonn: Holos, 1990.

SCHENK, ANNEMIE: Deutsche in Siebenbürgen. Ihre Geschichte und Kultur. München: Beck, 1992.

SCHNEEWEIS, EDMUND: Serbokroatische Volkskunde. Erster Teil. Volksglaube und Volksbrauch. [Celje (Cilli), 1935.] Berlin/West: de Gruyter, 1961. Erweiterte Neuaufl.

SCHOPP, JOSEPH: Mythische Welt. Gießen: Mittelhessische Druck- und Verlagsgesellschaft, 1969.

SCHUBERT, ERNST: Alltag im Mittelalter. Natürliches Lebensumfeld und menschliches Miteinander. Darmstadt: Wissenschaftliche Buchgesellschaft, 2002.

SCHULLERUS, ADOLF: Siebenbürgisch-sächsische Volkskunde im Umriß. Leipzig: Quelle & Meyer, 1926. Genehmigte Lizenzausgabe: Augsburg: Weltbild, 1998.

SCHURTZ, HEINRICH: Altersklassen und Männerbünde. Eine Darstellung der Grundformen der Gesellschaft. Berlin: Reimer, 1902.

SÉBILLOT, PAUL: Le Folk-Lore de France. 4 Bde. Paris: Librairie orientale & américaine, 1904-1907.

SIMTSCHENKO, JURI : Am Rande der Arktis. Bei Tschuktschen, Nenzen und Dolganen. Leipzig: Brockhaus ; Moskau: Progress; 1984.

TESSMANN, GÜNTER: Die Pangwe. Völkerkundliche Monographie eines westafrikanischen Negerstammes. Ergebnisse der Lübecker Pangwe-Expedition 1907-1909 und früherer Forschungen 1904-1907. Zwei Bände in einem Band. Berlin: Wasmuth, 1913.

VOITH-DROBNITZKY, REGINA: Gebehochzeiten in Westfalen. Zum Wandel der Schenkbräuche unter dem Einfluß obrigkeitlicher Maßnahmen. Münster, New York, München, Berlin: Waxmann, 1998.

VRABIE, GHEORGHE: Zur Volkskunde der Rumänen. Volksdichtung und Brauchtum im europäischen Kontext. Bukarest: Editura Ştiinţifică şi Enciclopedică, 1989.

WASCHNITIUS, VIKTOR: Perht, Holda und verwandte Gestalten. Ein Beitrag zur deutschen Religionsgeschichte. Wien: Hölder, 1913.

WESTERMANN, DIEDRICH: Die Kpelle. Ein Negerstamm in Liberia. Dargestellt auf der Grundlage von Eingeborenenberichten. Göttingen: Vandenhoeck & Ruprecht; Leipzig: Hinrichs; 1921.

WIMSCHNEIDER, ANNA: Herbstmilch. Lebenserinnerungen einer Bäuerin. München und Zürich: Piper, 1984.

WOLF, HELGA MARIA: Verschwundene Bräuche. Das Buch der untergegangenen Rituale. Mit Beiträgen von SEPP FORCHER. Wien: Brandstätter, 2015.

WÖRTERBUCH DER DEUTSCHEN VOLKSKUNDE – siehe unter ERICH, OSWALD ADOLF.

WREDE, ADAM: Eifeler Volkskunde. [1922.] Bonn: Röhrscheid, 1960. Dritte, völlig neubearbeitete Aufl.

WREDE, ADAM: Rheinische Volkskunde. [Heidelberg, 1922.] Frankfurt am Main: Weidlich, 1979. Zweite, vermehrte und verbesserte Aufl.

WUTTKE, ADOLF: Der deutsche Volksaberglaube der Gegenwart. [1860.] Dritte Bearbeitung von Elard Hugo Meyer. Leipzig: Ruhl, 1925. 4. Aufl.

ZERRIES, OTTO: Das Schwirrholz. Untersuchung über die Verbreitung und Bedeutung der Schwirren im Kult. Stuttgart: Strecker und Schröder, 1942.

Erzählforschung

AARNE, ANTTI: THE TYPES OF THE FOLKTALE. A Classification and Bibliography. Antti Aarne's Verzeichnis der Märchentypen (FF Communications No. 3). Translated and Enlarged by STITH THOMPSON. Second Revision. Helsinki: Academia Scientiarum Fennica, 1961. (FF Communications No. 184.)

BANDINI, DITTE, und BANDINI, GIOVANNI: Das Buch der Elfen und Feen. [München, 2003.] Wiesbaden: Marix, 2006.

BANDINI, DITTE, und BANDINI, GIOVANNI: Das Zwergenbuch. München: Deutscher Taschenbuch Verlag, 2004.

BARTELS, KARLHEINZ: Schneewittchen. Zur Fabulologie des Spessarts. Lohr am Main: Buchhandlung von Törne, 1990.

BÎRLEA, OVIDIU: MICĂ ENCICLOPEDIE A POVEŞTILOR ROMÂNEŞTI. [Kleine Enzyklopädie der rumänischen Erzählungen.] Bukarest: Editura ştiinţifică şi enciclopedică, 1976.

BOLTE, JOHANNES, und POLÍVKA, GEORG: Anmerkungen zu den Kinder- und Hausmärchen der Brüder Grimm. Neu bearbeitet von ... 5 Bde. Leipzig: Dieterich'sche Verlagsbuchhandlung Theodor Weicher, 1913-1932.

DOBBERTIN, HANS (Hg.): Quellensammlung zur Hamelner Rattenfängersage. Göttingen: Schwartz, 1970.

EBERHARD, WOLFGANG, und BORATAV, PERTEV NAILI: Typen türkischer Volksmärchen. Wiesbaden: Steiner, 1953.

ENZYKLOPÄDIE DES MÄRCHENS. Handwörterbuch zur historischen und vergleichenden Erzählforschung. 15 Bde. Begründet von KURT RANKE. Herausgegeben von ROLF WILHELM BREDNICH u.a. Berlin/West und New York: de Gruyter, 1977-2015.

GÖTTNER-ABENDROTH, HEIDE, und DERUNGS, KURT (Hg.): Mythologische Landschaft Deutschland. Bern: edition amalia, 1999.

GÜNTHER, HERBERT (Hg.): Das neue Sagenbuch. Was deutsche Sagen heute erzählen können, und wie man Sagenorte findet. Ravensburg: Maier, 1980.

HANIKA, JOSEF: Die schwarzen Prinzessinnen. Beziehungen eines Märchenmotivs zum Brauchtum. In: KARL MEISEN (Hg.): RHEINISCHES JAHRBUCH FÜR VOLKSKUNDE. 2. Jg. Bonn: Dümmler, 1951. S. 39-57.

MÄRCHENSPIEGEL. Zeitschrift für internationale Märchenforschung und Märchenpflege. Herausgegeben von der Märchenstiftung Walter Kahn, München. Erscheint ab 1990.

MARWEDE, WENDELIN: Die Zwergsagen in Deutschland nördlich des Mains. Würzburg: Triltsch, o.J. [Um 1930.]

MERKEL, JOHANNES (Hg.): Löwengleich und Mondenschön. Orientalische Frauenmärchen. Zürich: Unionsverlag, 1994.

PETZOLDT, LEANDER: Dämonenfurcht und Gottvertrauen. Zur Geschichte und Erforschung unserer Volkssagen. Darmstadt: Wissenschaftliche Buchgesellschaft, 1989.

PETZOLDT, LEANDER, und DE RACHEWITZ, SIEGFRIED (Hg.): Der Dämon und sein Bild. Berichte und Referate des dritten und vierten Symposions zur Volkserzählung Brunnenburg/Südtirol 1986/87. Frankfurt am Main, Bern, New York, Paris: Lang, 1989.

PEUCKERT, WILL-ERICH: Ausgelohnt. In: Ders.: Sagen. Geburt und Antwort der mythischen Welt. [Einführungsband der Reihe „Europäische Sagen".] Berlin/West: Schmidt, 1965. S. 139-155.

PROPP, VLADIMIR: Die historischen Wurzeln des Zaubermärchens. [Leningrad, 1946.] München und Wien: Hanser, 1987.

RANKE-GRAVES, ROBERT VON: GRIECHISCHE MYTHOLOGIE. Quellen und Deutung. [Baltimore, London, New York, 1955.] Reinbek bei Hamburg: Rowohlt Taschenbuch Verlag, 1984.

RÖTH, DIETHER: KLEINES TYPENVERZEICHNIS DER EUROPÄISCHEN ZAUBER- UND NOVELLENMÄRCHEN. Im Auftrag der Märchenstiftung Walter Kahn. Hohengehren: Schneider, 1998.

Sammlungen von Märchen und Sagen

ACKERMANN, ERICH (Hg.): Der nordische Märchen- und Sagenschatz. Köln: Anaconda, 2014.

ACKERMANN, ERICH (Hg.): Märchen der Antike. Frankfurt am Main: Fischer Taschenbuch Verlag, 1981.

AFANASJEW, ALEXANDER N.: Märchen aus dem alten Russland. Frankfurt am Main und Hamburg: Fischer Bücherei, 1966. [Eine Auswahl.]

AFANASJEW, ALEXANDER N.: Russische Volksmärchen. 2 Bde. München: Deutscher Taschenbuch Verlag, 1985. [Eine Auswahl.]

AĞCAGÜL, SEVGI, und RAGAGNIN, ELISABETTA: Türkische Volksmärchen. Ausgewählt und nacherzählt von … München: Deutscher Taschenbuch Verlag, 2008.

ALPENBURG, JOHANN NEPOMUK RITTER VON: Deutsche Alpensagen. [1861.] München: Hugendubel, 1977.

ALTRICHTER, ANTON: Sagen aus der Iglauer Sprachinsel. [Iglau, 1920.] Beigebunden in: KOSCH, MARIE: Deutsche Volksmärchen aus Mähren. [Kremsier, 1899.] Hildesheim, Zürich, New York: Olms, 1988.

APRILE, RENATO (Hg.): Die Schöne mit den sieben Schleiern. Sizilianische Zaubermärchen. Stuttgart: Urachhaus, 1997.

ARNOLD, WERNER (Hg.): Aramäische Märchen. München: Diederichs, 1994.

BAADER, BERNHARD: Neugesammelte Volkssagen aus dem Lande Baden und den angrenzenden Gegenden. Karlsruhe: Geßner, 1859.

BAADER, BERNHARD: Volkssagen aus dem Lande Baden und den angrenzenden Gegenden. [Karlsruhe, 1851.] Hildesheim und New York: Olms, 1978.

BAGEACU, VIOREL (Hg.): Padişahul şi vizirul. Basme persane. [Der Padischah und der Wesir. Persische Märchen.] Bukarest: Editura Minerva, 1971.

BARTSCH, KARL: Sagen, Märchen und Gebräuche aus Meklenburg. 2 Bände in 1 Band. Wien: Braumüller, 1879.

BARÜSKE, HEINZ (Hg.): Dänische Märchen. Frankfurt am Main und Leipzig: Insel, 1993.

BARÜSKE, HEINZ (Hg.): Skandinavische Märchen. Frankfurt am Main: Fischer Taschenbuch Verlag, 1972.

BAUER, GERD: Das unsichtbare Land. Hessische Sagen – neu erzählt. Frankfurt: Societäts-Verlag, 2005. 2., überarbeitete Aufl.

BAZANOV, V. G., und ALEKSEEVA, O. B.: Velikorusskie skazki v zapisjach I. A. Chudjakova. [Die großrussischen Märchen in den Werken I. A. Chudjakovs.] Moskau und Leningrad: Nauka, 1964.

BENEDEK, ELEK: Benedek Elek összes meséi. [Elek Benedeks sämtliche Märchen.] [1894-1896.] 4 Bde. Szegedin und Budapest: Szukits, 2001-2003.

BENESCH, KURT: Sagen aus Österreich. Oberösterreich, Steiermark, Kärnten. Neu erzählt von ... Wien: Kremayr & Scheriau, 1985.

BERGER, KARL HEINZ, und PÜSCHEL, WALTER (Hg.): Deutsche Balladen von Bürger bis Brecht. Berlin/Ost: Neues Leben, 1956.

BERNDT, HELMUT (Hg.): Die schönsten deutschen Volkssagen. Köln: Naumann & Göbel, 1991.

BIESALSKI, KURT: Die rauhbeinigen Zwerge von Mecklenburg. Sagen von den Ünnerierdschen [Unterirdischen]. Neu erzählt von ... Rostock: Hinstorff, 1999.

BIRLINGER, ANTON, und BUCK, MICHAEL RICHARD: Sagen, Märchen, Volksaberglauben (Volksthümliches aus Schwaben). Freiburg im Breisgau: Herder'sche Verlagshandlung, 1861.

BÎRLEA, OVIDIU (Hg.): Antologie de proză populară epică. [Anthologie epischer Volksprosa.] 3 Bde. Bukarest: Editura pentru literatură, 1966.

BISCHOF, HEINZ (Hg.): Im Schnookeloch. Sagen und Anekdoten aus Baden und dem Elsaß. Kehl: Morstadt, 1980.

BLECHSCHMIDT, MANFRED (Hg.): Die silberne Rose. Europäische Bergmannssagen. Rudolstadt: Greifenverlag, 1974.

BÖCK, EMMI (Hg.): Sagen aus Niederbayern. Regensburg: Pustet, 1977.

BODE, HELMUT (Hg.): Die Schätze im Altkönig und andere Sagen aus dem Taunus. Aus vielen Quellen geschöpft und meist neu erzählt von ...Wiesbaden: Kramer, 2011.

BOER, DEMETRIU, STĂNESCU ARĂDANUL, MIRCEA VASILE, CACOVEANU, ŞTEFAN: Poveşti din Transilvania. [Erzählungen aus Transsilvanien.] (Auswahl hg. von OVIDIU BÎRLEA und ION TALOŞ.) Cluj-Napoca [Rumänien]: Dacia, 1975.

BOGLÁR, LAJOS (Hg.): A három narancs palotája. Spanyol népmesék. [Der Palast der drei Orangen. Spanische Volksmärchen.] Budapest: Europa könyvkiadó, 1963.

BOLTZ, HERBERT (Hg.): Toskanische Märchen. Frankfurt am Main: Fischer Taschenbuch Verlag, 1999.

BOTEZATU, GRIGORE: Făt-Frumos şi Soarele. Poveşti populare din Basarabia. [Der Märchenheld und die Sonne. Volkserzählungen aus Bessarabien.] Bukarest: Minerva, 1995.

BRIGGS, KATHARINA, und MICHAELIS-JENA, RUTH (Hg.): Englische Volksmärchen. Düsseldorf und Köln: Diederichs, 1970.

BRÜCKNER, KARL (Hg.): Am Sagenborn der Fränkischen Schweiz. Sagen, Legenden und Lokalgeschichtliches aus den Jurabergen. Band 1 und 2 in einem Band. [1921.] Bamberg: Antiquariat Murr, o.J.

BRUNOLD-BIGLER, URSULA (Hg.): Die drei Hunde. Rätoromanische Märchen aus dem Engadin, Oberhalbstein und Schams. Chur: Desertina, 2004.

BRUNOLD-BIGLER, URSULA (Hg.): Die drei Winde. Rätoromanische Märchen aus der Surselva. Gesammelt von Caspar Decurtins. Chur: Desertina, 2002.

BRUSTGI, FRANZ GEORG (Hg.): Aus der weißblauen Sagentruhe. Märchen, Sagen und Legenden aus Altbayern und Schwaben. München: Süddeutscher Verlag, 1972.

BRÜSTLE, HANS (Hg.): Wiedergänger und Weiße Frauen. Sagen aus Baden und Württemberg. Freiburg im Breisgau: Rombach, 1997.

BÜCHLI, ARNOLD (Hg.): Schweizer Sagen. Erster Band. Zweite, erweiterte Aufl. Aarau: Sauerländer, o.J.

BUKOWSKA-GROSSE, EWA, und KOSCHMIEDER, ERWIN (Hg.): Polnische Märchen. Düsseldorf und Köln: Diederichs, 1967.

BURKHARDT, ALBERT: Sagen und Märchen der Insel Rügen. Berlin und München: Altberliner Verlag, 1994.

BURKHARDT, ALBERT (Hg.): Vineta. Sagen und Märchen vom Ostseestrand. Rostock: Hinstorff, 1990. 4., durchgesehene Aufl.

CALVINO, ITALO: Die Braut, die von Luft lebte, und andere italienische Märchen. Gesammelt und nacherzählt von ... [Turin, 1956.] München und Wien: Hanser, 1993.

CHMELOVÁ, ELENA: Keltische Märchen. Erzählt von … Prag: Artia, 1982.

CHRISTENSEN, ARTHUR (Hg.): Persische Märchen. Düsseldorf und Köln: Diederichs, 1958.

COLSHORN, CARL, und COLSHORN, THEODOR: Märchen und Sagen aus Hannover. Hannover: Rümpler, 1854.

CRAMM, WALTER: (Hg.): Sagenwelt des Harzes. Osterode/Harz: Giebel & Oehlschlägel, 1976. 19. Aufl.

CZAMBEL, SAMO: Die goldene Frau. Slowakische Märchen. [Bratislava, 1969.] Berlin/Ost: Altberliner Verlag Lucie Groszer, 1972.

DENGLER, JOSEF (Hg.): 's Klousterer Nachtg'loit. Volkssagen und Märchen aus der mittelalterlichen Propstei Rinchnach. Grafenau: Morsak Grafenau, 1989.

DER NAGELKÖNIG. Zigeunermärchen. Budapest: Corvina, 1977.

DETERING, MONIKA (Hg.): Sagen & Legenden aus dem Ruhrgebiet. Daun: Regionalia, 2019.

DETTMER, HELGE (Hg.): Sagen, Märchen und Legenden zwischen Heide, Harz und Wesergebirge. Hannover: Madsack, 1988.

DIEDERICHS, ULF, und HINZE, CHRISTA (Hg.): Alemannische Sagen. Köln: Diederichs, 1984.

DIEDERICHS, ULF, und HINZE, CHRISTA (Hg.): Hessische Sagen. Frankfurt am Main und Berlin/West: Ullstein, 1986.

DIEDERICHS, ULF, und HINZE, CHRISTA (Hg.): Sagen aus Niedersachsen. Düsseldorf und Köln: Diederichs, 1977.

DOBŠINSKÝ, PAVOL: Slowakische Märchen. Prag: Artia, 1963.

DÖRLER, ADOLF FERDINAND: Sagen aus Innsbruck's Umgebung, mit besonderer Berücksichtigung des Zillerthales. Innsbruck: Wagner, 1895.

DREWITZ, INGEBORG (Hg.): Märkische Sagen. Berlin und die Mark Brandenburg. [Köln, 1984.] Frankfurt am Main, Berlin/West und Wien: Ullstein, 1985.

EHRHARDT, LUDWIG, und FISCHER, GERTRUD: Das Ledermännchen. Sagen und merkwürdige Begebenheiten aus Jena und dem mittleren Saaletal. Jena: Stadtmuseum Jena, 1975.

EISEL, ROBERT: Sagenbuch des Voigtlandes. [Gera: Griesbach, 1871.] Bad Langensalza: Rockstuhl, 2003.

ENDERLE, URSULA (Hg.): Märchen der Völker Jugoslawiens. Leipzig: Insel-Verlag Anton Kippenberg, 1990.

ENDRÖS, HERMANN, und WEITNAUER, ALFRED (Hg.): Allgäuer Sagen. Kempten: Verlag des Heimatpflegers von Schwaben, 1954.

ENGLERT-FAYE, C. (Hg.): Vo chlyne Lüte. Zwergensagen, Feen- und Fänggengeschichten aus der Schweiz. St. Gallen: Schweizer Bücherfreunde, 1937.

EY, AUGUST: Harzmärchenbuch oder Sagen und Märchen aus dem Oberharze. [Stade, 1862.] Hildesheim, Zürich, New York: Olms, 1996.

FEY, HILDEGARD (Hg.): Märchen aus Bulgarien. Frankfurt am Main: Fischer Taschenbuch Verlag, 1977.

FINK, DAGMAR (Hg.): Mabik und der Wolkenriese. Volksmärchen aus der Bretagne. Stuttgart: Freies Geistesleben, 1991. 2. Aufl.

FINK, HANS: Eisacktaler Sagen, Bräuche und Ausdrücke. Innsbruck: Wagner, 1957.

FINK, HANS: Salige und Unholde. Frauengestalten der Alpensage. Bozen: Athesia, 1996.

FINK, MARTIN (Hg.): Pfullinger Sagen. Kleiner Führer und Wegweiser durch die heimische Sagenwelt. Pfullingen, 1999. 3., erweiterte Aufl.

FISCHER, HELMUT: Sagen des Westerwaldes. Montabaur: Verlag Westerwald-Verein, 1987.

GAŠPARÍKOVÁ, VIERA, JECH, JAROMÍR, KAPEŁUŚ, HELENA, NEDO, PAUL (Hg.): Die gläserne Linde. Westslawische Märchen. Bautzen: Domowina, 1972.

GATH, GOSWIN PETER: Kölner Sagen, Legenden und Geschichten. Köln: Greven, 1959.

GONZENBACH, LAURA: Sicilianische Märchen. Erster und zweiter Teil. [Leipzig, 1870.] Hildesheim und New York: Olms, 1976.

GRABER, GEORG (Hg.): Sagen aus Kärnten. [Leipzig, 1914.] Graz: Leykam, 1944. 6. Aufl.

GRABER, GEORG (Hg.): Sagen und Märchen aus Kärnten. Graz: Leykam, 1935.

GRÄSSE, JOHANN GEORG THEODOR (Hg.): Der Sagenschatz des Königreichs Sachsen. 2 Bde. Dresden: Schönfeld, 1874. 2. Aufl.

GRÄSSE, JOHANN GEORG THEODOR (Hg.): Sagenbuch des Preußischen Staats. 2 Bde. Glogau: Flemming, 1868-1871.

GREDT, N. (Hg.): Sagenschatz des Luxemburger Landes. Bd. 1 (einziger Band). [Luxemburg, 1883.] Esch-Alzette: Kremer-Muller, 1963.

GRIEPENTROG, GISELA (Hg.): Die goldenen Flachsknoten. Frauen in den Sagen um Rhön und Thüringer Wald. Leipzig: Verlag für die Frau, 1989.

GRIMM, BRÜDER GRIMM (Hg.): Deutsche Sagen. [Berlin, 1816-1818.] Zwei Bände (Teile) in einem Band. München: Winkler, 1981.

GRIMM, BRÜDER GRIMM: Kinder- und Hausmärchen. [Göttingen, 1857.] 3 Bde. Ausgabe letzter Hand. Mit den Originalanmerkungen der Brüder Grimm. Mit einem Anhang sämtlicher, nicht in allen Auflagen veröffentlichter Märchen und Herkunftsnachweisen herausgegeben von HEINZ RÖLLEKE. Stuttgart: Reclam, 1984.

GROETEKEN, FRIEDRICH ALBERT: Sagen des Sauerlandes. [1921.] Fredeburg: Grobbel, 1983.

GROHMANN, JOSEF VIRGIL: Sagen-Buch von Böhmen und Mähren. Bd. 1. [Prag: Calve, 1863.] Berlin: Contumax, o.J.

GUNDLOCH, HEINZ (Hg.): Sagen rund um Rostock. Rostock: Hinstorff, [1995] 1999. 2. Aufl.

HAAS, U.: Rügensche Sagen und Märchen. Stettin: Burmeister's Buchhandlung, [1891, 1896] 1903.

HAHN, J. G. v.: Griechische und albanesische Märchen. Erster und zweiter Teil. Leipzig: Engelmann, 1864.

HAIDING, KARL: Alpenländischer Sagenschatz. [Wien, 1964.] Wien und München: Molden, 1977.

HAIDING, KARL (Hg.): Österreichs Märchenschatz. Wien: Pro domo, 1953.

HALLBAUER, HERMANN, und HENSCHEL, HORST (Hg.): Der Sagenschatz des Erzgebirges. 1. Teil. Der Sagenschatz des Schwarzwassergebietes. Schwarzenberg: Glückauf, 1934.

HALLER, KARL (Hg.): Volksmärchen aus Österreich. Wien, Stuttgart, Leipzig: Loewes Verlag Ferdinand Carl, o. J.

HARMEL, SIEGFRIED (Hg.): Sagen vom Klabautermann. Rostock: Hinstorff, 2008.

HEINECKE, PAUL, und OST, GERHARD (Hg.): Holzlandsagen. Eine Sammlung von Sagen, sagenhaften Erzählungen und Geschichten aus den Landschaften zwischen mittlerer Saale und Elster. Jena: Kessler, 1968. 5. Aufl.

HENSSEN, GOTTFRIED (Hg.): Deutsche Volkserzählungen aus dem Osten. Märchen und legendenartige Geschichten aus den

Sammlungen des Zentralarchivs der deutschen Volkserzählung. Münster in Westfalen: Aschendorff, 1963. 2. Aufl. (Zuerst 1959 unter dem Titel „Von Königen, Hexen und allerlei Spuk".)

HENSSEN, GOTTFRIED (Hg.): Sagen, Märchen und Schwänke des Jülicher Landes. Aus dem Nachlass Heinrich Hoffmanns herausgegeben und durch eigene Aufzeichnungen vermehrt von ... Bonn: Röhrscheid, 1955.

HENSSEN, GOTTFRIED: Volkserzählungen aus dem westlichen Niedersachsen. Münster in Westfalen: Aschendorff, 1963.

HERRLEIN, ADALBERT VON: Sagen des Spessarts. [1851.] 2 Bde. Aschaffenburg, Krebs'sche Buchhandlung W. Hausmann, 1906.

HESSEL, KARL (Hg.): Sagen und Geschichten des Rheintals von Mainz bis Köln. Bonn: Marcus und Weber, 1904.

HEYL, JOHANN ADOLF: Volkssagen, Bräuche und Meinungen aus Tirol. [1897.] Bozen: Athesia, 1989.

HOFFMANN, KLAUS W., und KÜNZLER-BEHNCKE, ROSEMARIE (Hg.): Die Zwerge im Schweckhäuserberge und andere Sagen aus ganz Deutschland von Wichteln, Kobolden & Co. Neu erzählt von … Würzburg: Echter, 1994.

HOLZMANN, HERMANN: Wipptaler Heimatsagen. [Bd. 2 der Forschungen zur Volkskunde.] Wien: Österreichischer Bundesverlag für Unterricht, Wissenschaft und Kunst, 1948.

HOPPE-HOYER, THILDE (Hg.): Egerländer Sagenkranz. Nürnberg: Egerland Verlag, o.J. Zweite Aufl.

HUBRICH-MESSOW, GUNDULA (Hg.): Sagen und Märchen aus dem Schwarzwald. Husum: Husum, 1995. 2. Aufl.

HUPFAUF, ERICH: Sagen, Brauchtum und Mundart im Zillertal. Innsbruck: Wagner, 1956.

ILG, B.: Maltesische Märchen und Schwänke. Zwei Teile in je einem Band. Leipzig: Schönfeld, 1906.

ILK, ANTON-JOSEPH: Die Unsterblichkeit der Wildfrauen. 200 mündlich überlieferte Märchen, Sagen, Schwänke und Alltagserzählungen altösterreichischer Holzfäller aus den nordrumänischen Waldkarpaten. Linz: Adalbert-Stifter-Institut des Landes Oberösterreich, 2017.

IONIȚĂ, MARIA: Drumul urieşilor. Basme, poveşti si legende din Apuseni. [Der Weg der Riesen. Märchen, Erzählungen und Sagen aus den Westkarpaten.] Cluj-Napoca [Rumänien]: Dacia, 1986.

ISPIRESCU, PETRE: Legende sau basmele românilor. [Sagen oder die Märchen der Rumänen.] [Bukarest, 1872.] Bukarest: Editura Cartea româneasca, 1988. (Gesamtausgabe der Märchen.)

JECKLIN, DIETRICH, und DECURTINS, C.: Volksthümliches aus Graubünden. [1874.] Chur, 1916.

JEGERLEHNER, JOHANNES: Sagen und Märchen aus dem Oberwallis. Basel: Verlag der Schweizerischen Gesellschaft für Volkskunde, 1913.

KAPEŁUŚ, HELENA, und KRZYŻANOWSKI, JULIAN (Hg.): Die Kuhhaut. Hundert polnische Volksmärchen. Leipzig und Weimar: Kiepenheuer, 1987.

KARLINGER, FELIX (Hg.): Das Feigenkörbchen. Volksmärchen aus Sardinien. Kassel: Röth, 1973.

KARLINGER, FELIX (Hg.): Märchen griechischer Inseln und Märchen aus Malta. [München, 1979.] Reinbek bei Hamburg: Rowohlt Taschenbuch Verlag, 1993.

KARLINGER, FELIX, und BÎRLEA, OVIDIU (Hg.): Rumänische Volksmärchen. Düsseldorf und Köln: Diederichs, 1969.

KARLINGER, FELIX, und ESPADINHA, MARIA ANTÓNIA (Hg.): Märchen aus Mexiko. Düsseldorf und Köln: Diederichs, 1978.

KARLINGER, FELIX, und PÖGL, JOHANNES (Hg.): Katalanische Märchen. München: Diederichs, 1989.

KELLER, WALTER: Tessiner Sagen und Volksmärchen. [Zürich, 1940.] Zürich: Edition Olms, 2000. 3. Aufl.

KERBELYTÉ, BRONISLAVA (Hg.): Litauische Volksmärchen. Berlin/Ost: Akademie-Verlag, 1978.

KLEIBAUER, HEINRICH (Hg.): Sagen aus der Stadt und dem Landkreis Iserlohn. Iserlohn: Sauerland, 1961. 4. Aufl.

KNOOP, OTTO: Polnische Märchen aus der Provinz Posen. In: HANS-JÖRG UTHER (Hg.): Digitale Bibliothek, Bd. 110: Europäische Märchen und Sagen.

KÖHLER, JOHANN AUGUST ERNST: Volksbrauch, Aberglauben, Sagen und andere Überlieferungen im Voigtland. [Leipzig, 1867.] Bad Langensalza: Rockstuhl, 2008.

KÖHLER, MICHAEL (Hg.): Der Hexentaler. Sagen und ausgewählte Begebenheiten aus dem Saale-Holzland-Kreis. Jena: Jenzig-Verlag Gabriele Köhler, 1996.

KOLLIBABE, HANS: Sagen aus dem Böhmerwald, besonders aus Bergreichenstein und Umgebung. [Reichenberg, 1925.] Grafenau: Morsak, 1989.

KOOI, JURJEN VAN DER, und MEERBURG, BABS A. GEZELLE (Hg.): Friesische Märchen. München: Diederichs, 1990.

KORMOS, ISTVÁN (Hg.): Die Wunderflöte. Märchen aus Ungarn. Berlin/Ost: Der Kinderbuchverlag, 1971.

KOSCH, MARIE: Deutsche Volksmärchen aus Mähren. [Kremsier, 1899.] Hildesheim, Zürich, New York: Olms, 1988. (Beigebunden ist: ALTRICHTER, ANTON: Sagen aus der Iglauer Sprachinsel. [Iglau, 1920.])

KRAINZ, JOHANN (Hg.): Mythen und Sagen aus dem steirischen Hochlande. [Bruck an der Muhr, 1880.] Hildesheim und New York: Olms, 1979.

KRAUSS, FRIEDRICH S.: Sagen und Märchen der Südslaven in ihrem Verhältnis zu den Sagen und Märchen der übrigen indogermanischen Völkergruppen. 2 Bde. Leipzig: Friedrich, 1883-1884.

KRAUSS, FRIEDRICH S.: Tausend Sagen und Märchen der Südslaven. Bd. 1. Leipzig: Ethnologischer Verlag [1914].

KUHN, ADALBERT: Sagen, Gebräuche und Märchen aus Westfalen und einigen anderen, besonders den angrenzenden Gegenden Norddeutschlands. 2 Bände in einem Band. [Leipzig, 1859.] Hildesheim und New York: Olms, 1973.

KUHN, ADALBERT, und SCHWARTZ, WILHELM: Norddeutsche Sagen, Märchen und Gebräuche aus Mecklenburg, Pommern, der Mark, Sachsen, Thüringen, Braunschweig, Hannover, Oldenburg und Westfalen. [Leipzig, 1848.] Hildesheim und New York: Olms, 1972.

KÜHN, DIETER: Sagen und Legenden aus Thüringen. Neu erzählt und herausgegeben von ... Jena: Wartburg, 1990.

KÜHNAU, RICHARD (Hg.): Schlesische Sagen. 4 Bde. Leipzig: Teubner, 1910-1913.

KUHR, UWE (Hg.): Arabische Märchen aus Syrien. Frankfurt am Main und Leipzig: Insel, 1993.

KÜNZIG, JOHANNES (Hg.): Schwarzwald-Sagen. Jena: Diederichs, 1930.

LAMBRECHT, SUSAN, RICHARDT, GERD, SCHMITT, CHRISTOPH (Hg.): Das große WOSSIDLO-Lesebuch. Rostock: Hinstorff, 2009.

LAUTERBACH, WERNER (Hg.): Sagenbuch des Erzgebirges. Friedrichsthal: Altis, 2003. 2., erweiterte Aufl.

LIENERT, MEINRAD (Hg.): Schweizer Sagen und Heldengeschichten. Wiesbaden: Marix, 2006.

LINDHOLM, VALDEMAR: Märchen und Sagen aus Lappland. [Stockholm 1913, 1919.] Leipzig: Reclam jun., 1989.

LIUNGMAN, WALDEMAR (Hg.): Weißbär am See. Schwedische Volksmärchen von Bohuslän bis Gotland. Kassel: Röth, 1965.

LOHMEYER, KARL: Die Sagen der Saar von ihren Quellen bis zur Mündung. Saarbrücken: Minerva-Verlag Thinnes & Nolte, 1952.

LYNCKER, KARL: Deutsche Sagen und Sitten in hessischen Gauen. [Kassel, 1854.] Hildesheim, Zürich, New York: Olms, 1994.

MAIERBRUGGER, MATTHIAS (Hg.): Kärntner Sagenbuch. Klagenfurt: Heyn, 1970.

MARICHAL, WILHELM: Volkserzählgut und Volksglaube in der Gegend von Malmedy und Altsalm. Würzburg: Triltsch, 1942.

MEIER, ERNST: Deutsche Sagen, Sitten und Gebräuche aus Schwaben. Stuttgart: Metzler'sche Buchhandlung, 1852.

MEIER, HARRI, und KARLINGER, FELIX (Hg.): Spanische Märchen. Augsburg: Weltbild, 1998.

MELL, MAX (Hg.): Alpenländisches Märchenbuch. Volksmärchen aus Österreich. Wien: Amandus-Edition, 1946.

MERCI, LUCILLO: Volkssagen aus Südtirol. Die wunderschöne Fabelwelt der Dolomiten. Calliano (Trento): MANFRINI EDITORI, [1981] 1985.

MOOG, HANNA (Hg.): Die Wasserfrau. Von geheimen Kräften, Sehnsüchten und Ungeheuern mit Namen Hans. Köln: Diederichs, 1987.

MUDRAK, EDMUND (Hg.): Das große Buch der Volkssagen. Reutlingen: Ensslin und Laiblin [1959].

MÜLLENHOFF, KARL (Hg.): Sagen, Märchen und Lieder der Herzogthümer Schleswig, Holstein und Lauenburg. Kiel: Schwerssche Buchhandlung, 1845.

MÜLLER, JOSEF: Sagen aus Uri. 3 Bde. Basel: Krebs, 1926, 1929, 1945.

MYKYTIUK, BOHDAN (Hg.): Ukrainische Märchen. Düsseldorf und Köln: Diederichs, 1979.

NĚMCOVÁ, BOŽENA: Das goldene Spinnrad und andere tschechische und slowakische Märchen. Leipzig und Weimar: Kiepenheuer, 1990.

NICULESCU, RUXANDRA (Hg.): Omul de piatră. Basmele călătoriilor în timp. [Der steinerne Mann. Märchen von Zeitreisen.] Bukarest: Minerva, 1976.

NITZSCHE, GOTTFRIED (Hg.): Sagen und Geschichten aus der Massenei. Spitzkunnersdorf: Oberlausitzer Verlag Frank Nürnberger, 2001.

NÜRNBERGER, FRANK (Hg.): Großes Oberlausitzer Sagenbuch. Spitzkunnersdorf: Oberlausitzer Verlag Frank Nürnberger, 1998.

OBERT, FRANZ: Rumänische Märchen und Sagen aus Siebenbürgen. In: ARCHIV DES VEREINES FÜR SIEBENBÜRGISCHE LANDESKUNDE. Neue Folge. Bd. 42, 2. und 3. Heft. Hermannstadt [Rumänien]: Franz Michaelis Nachf. E. Dück, 1925.

OTMAR [d.i. JOHANN CARL CHRISTOPH NACHTIGAL]: Volcks-Sagen. Bremen: Friedrich Wilmans, 1800.

PANZER, FRIEDRICH: Bayerische Sagen und Bräuche. Beiträge zur deutschen Mythologie. [München, 1848-1855.] 2 Bde (Teile). Hg. von Will-Erich Peuckert. Göttingen: Schwartz, 1954-1956.

PAP, ÉVA (Hg.): Der Bärenjunge. Volksmärchen aus dem uralischen Sprachraum. Budapest: Corvina, 1985.

PEHR, FRANZ (Hg.): Sagen aus Kärnten. Klagenfurt: Heyn, [1913] 1993. Zehnte, vollständige Aufl.

PETSCHEL, GÜNTER (Hg.): Volkssagen aus Niedersachsen. Husum: Husum, 1979.

PETZOLDT, LEANDER (Hg.): Balkan-Märchen. Frankfurt am Main: Fischer Taschenbuch Verlag, 1995.

PETZOLDT, LEANDER (Hg.): Deutsche Volkssagen. München: Beck, 1970.

PETZOLDT, LEANDER (Hg.): Sagen aus Kärnten. München: Diederichs, 1993.

PETZOLDT, LEANDER (Hg.): Sagen, Märchen und Schwänke aus Südtirol. Gesammelt von Willi Mai. 2 Bde. Innsbruck und Wien: Tyrolia, 2000-2002.

PEUCKERT, WILL-ERICH (Hg.): Niedersächsische Sagen. 4 Bde. Göttingen: Schwartz, 1964-1968.

PEUCKERT, WILL-ERICH (Hg.): Ostalpensagen. Berlin/West: Schmidt, 1963.

PEUCKERT, WILL-ERICH (Hg.): Schlesische Sagen. [1924.] Köln: Diederichs, 1966.

PFEIFER, VALENTIN: Spessart-Sagen. Völlig neu bearbeitet und herausgegeben von … Aschaffenburg: Pattloch, [1948] 1961. 3., ergänzte Aufl.

POMERANZEWA, ERNA (Hg.): Russische Volksmärchen. Berlin/Ost: Akademie-Verlag, [1964] 1967. 12. Aufl.

POP RETEGANUL, ION: Poveşti ardeleneşti. Basme, legende, snoave, tradiţii şi povestiri. [Siebenbürgische Erzählungen. Märchen, Sagen, Schwänke, Bräuche und Geschichten.] [Bukarest, 1943.] Bukarest: Editura Minerva, 1986.

PRÖHLE, HEINRICH: Harzsagen. Gesammelt auf dem Oberharz und in der übrigen Gegend von Harzeburg und Goslar bis zur Grafschaft Hohenstein und bis Nordhausen. [1852.] Göttingen: Schwartz, 1957.

PRÖHLE, HEINRICH: Unterharzische Sagen. Aschersleben: Fokke, 1856.

QUENSEL, PAUL (Hg.): Sagen aus Thüringen. [Jena, 1926.] Reinbek bei Hamburg: Rowohlt Taschenbuch Verlag, 1993.

RANKE, KURT (Hg.): Schleswig-Holsteinische Volksmärchen. Aus den Sammlungen der Kieler Universitätsbibliothek, der Schleswig-Holsteinischen Landesbibliothek und des Germanistischen Seminars der Universität Kiel. 3 Bde. Kiel: Hirt, 1955, 1958, 1962.

RAPPOLD, J. (Hg.): Sagen aus Kärnten. Augsburg und Leipzig: Amthor, 1887.

RASMUSSEN, KNUD: Der Sängerkrieg. Eskimosagen aus Grönland. [Berlin, 1922.] Berlin: Zerling, 2001. 2. Aufl.

RAUCH, KARL (Hg.): Märchen aus Frankreich, den Niederlanden und der Schweiz. Gütersloh: Bertelsmann, o. J.

RECHEIS, KÄTHE (Hg.): Sagen aus Österreich. Wien: Ueberreuter, 1970.

RIPPE, KLAUS PETER (Hg.): Nordhessens Sagen. Gudensberg-Gleichen: Wartberg, 1991.

RITTERSHAUS, ADELINE: Die neuisländischen Volksmärchen. Ein Beitrag zur vergleichenden Märchenforschung. Halle an der Saale: Niemeyer, 1902.

RÖLLEKE, HEINZ (Hg.): Das große deutsche Sagenbuch. Düsseldorf und Zürich: Artemis & Winkler, 1996.

RÖLLEKE, HEINZ (Hg.): Sagen aus Westfalen. [München, 1981.] Reinbek bei Hamburg: Rowohlt Taschenbuch Verlag, 1995.

RUNKEL, O.: Aus dem Sagenschatz der Heimat. Westerwaldsagen. Gesammelt und erzählt von … I. Teil. Langensalza: Beltz, 1929.

ŞANDRU OLTEANU, TUDORA (Hg.): Yara, zîna apelor. Poveşti şi legende din America latină. [Yara, die Wasserfee. Märchen und Sagen aus Lateinamerika.] Bukarest. Minerva, 1980.

SARANTIS-ARIDAS, GEORGIOS (Hg.): Griechische Märchen. Frankfurt am Main und Leipzig: Insel, 1998.

SCHAMBACH, GEORG, und MÜLLER, WILHELM: Niedersächsische Sagen und Märchen. Göttingen: Vandenhoeck und Ruprecht, 1855.

SCHELL, OTTO: Bergische Sagen. [1897.] Elberfeld: Martini & Grüttefien, 1922. Zweite, vermehrte Aufl.

SCHICK, PAUL, und LEHR, RUDOLF (Hg.): Hookemann und Hexenritt. Sagen der Kurpfalz. Heidelberg: Winter, 1994. 2. Aufl.

SCHILD, ULLA (Hg.): Sagen und Märchen aus dem Elsaß. [München, 1991.] Reinbek bei Hamburg: Rowohlt Taschenbuch Verlag, 1994.

SCHILD, ULLA (Hg.): Westafrikanische Märchen. Düsseldorf und Köln: Diederichs, 1975.

SCHLEICHER, AUGUST: Litauische Märchen, Sprichworte, Rätsel und Lieder. [Weimar, 1857.] Hildesheim und New York: Olms, 1975.

SCHNEIDER, EMIL (Hg.): Hessisches Sagenbuch für Schule und Haus. Marburg: Elwert, 1918.

SCHNEIDER, ERICH (Hg.): Sagen der Lausitz. Eine Auswahl. Bautzen: Domowina, 1967. 5., durchgesehene und veränderte Aufl.

SCHNELLER, CHRISTIAN: Märchen und Sagen aus Wälschtirol. Ein Beitrag zur deutschen Sagenkunde. [Innsbruck, 1867.] Hildesheim und New York: Olms, 1976.

SCHNEZLER, AUGUST (Hg.): Badisches Sagenbuch. 2 Bde. [Karlsruhe, 1846.] Wiesbaden: Fourier, 1978.

SCHÖNWERTH, FRANZ XAVER VON (Hg.): Aus der Oberpfalz. Sitten und Sagen. 3 Teile (Bände). [Augsburg: Rieger, 1857-1859.] Hildesheim und New York: Olms, 1977.

SCHÖPPNER, ALEXANDER (Hg.): Bayrische Sagen. 3 Bde. München: Borowsky, o. J.

SCHÖPPNER, ALEXANDER (Hg.): Sagenbuch der Bayerischen Lande. 3 Bde. München: Rieger, 1852-1853.

SCHOTT, ARTHUR, und SCHOTT, ALBERT: Rumänische Volkserzählungen aus dem Banat. Märchen, Schwänke, Sagen. [Stuttgart und Tübingen, 1845.] Bukarest: Kriterion, 1971.

SCHULENBURG, WILIBALD VON: Wendische Volkssagen und Gebräuche aus dem Spreewald. Leipzig: Brockhaus, 1880. – Cottbus: Heine, 1930. – Wiesbaden: Sändig, 1969.

SCHULFÖRDERVEREIN GRUNDSCHULE MÜHLBACH (Hg.): Sagenhaftes Müglitztal. Alte und neue Geschichten von Zinnwald bis Heidenau. Müglitztal: Niggemann & Simon, 2003.

SCHULLERUS, PAULINE: Rumänische Volksmärchen aus dem mittleren Harbachtal. [Hermannstadt (Ungarn), 1905.] Bukarest: Kriterion, 1977.

SCHULZ, BERNDT: Märchen aus Niedersachsen. Frankfurt am Main: Fischer Taschenbuch Verlag, 1979.

SCHULZE, WOLFGANG: Das große Essener Sagenbuch. Sagen, Legenden und sagenhafte Erzählungen. Nacherzählt und hg. von ... Essen: Pomp, 1990.

SCHUSTER, FRIEDRICH: Der weiße Büffelstier. Sächsische Sagen aus Siebenbürgen. Bukarest: Ion Creangă, 1989.

SEVASTOS, ELENA D. O.: Literatură populară. [Volksliteratur.] 2 Bde. Bukarest: Minerva, 1990.

SIEBER, FR. (Hg.): Sächsische Sagen. Von Wittenberg bis Leitmeritz. Jena: Diederichs, 1926.

SIMONIDES, DOROTA, und SIMONIDES, JERZY (Hg.): Märchen aus der Tatra. München: Diederichs, 1994.

SOMMER, EMIL: Sagen, Märchen und Gebräuche aus Sachsen und Thüringen. Bd. 1. Halle (Saale): Anton, 1846.

SOUPAULT, RÉ (Hg.): Französische Märchen. Düsseldorf und Köln: Diederichs, 1963.

STĂNCESCU, D.: Sur-Vultur. Basme culese din gura poporului român. [Grau-Adler. Märchen aus dem Munde des rumänischen Volkes.] Bukarest: SAECULUM I. O., 2000.

STEPHANI, CLAUS (Hg.): Sagen der Rumäniendeutschen. München: Diederichs, 1994.

STINTZI, PAUL (Hg.): Die Sagen des Elsasses. Alsatia Verlag Kolmar im Elsaß. [1928.] Dritte Aufl., o.J.

STRAUB, WILHELM (Hg.): Sagen des Schwarzwaldes. Ausgewählt und bearbeitet von ... Bühl-Baden: Konkordia, 1959.

TEMME, JODOKUS D. H.: Volkssagen aus Pommern und Rügen. Berlin: Nicolaische Buchhandlung, 1840.

TEODORESCU, G. DEM.: Basme române. [Rumänische Märchen.] Bukarest: Editura pentru literatură, 1968.

TIETZ, ALEXANDER: Das Zauberbründl. Bukarest: Jugendverlag, 1958.

TIETZ, ALEXANDER: Märchen und Sagen aus dem Banater Bergland. Bukarest: Kriterion, 1974.

TODOROVIČ-STRÄHL, PIA, und LURATI, OTTAVIO (Hg.): Märchen aus dem Tessin. Köln: Diederichs, 1984.

UFFER, LEZA (Hg.): Rätoromanische Märchen. Düsseldorf und Köln: Diederichs, 1973.

UHLISCH, GERDA (Hg.): Die Schöne der Erde. Albanische Märchen und Sagen. Leipzig: Reclam, 1985.

UTHER, HANS-JÖRG (Hg.): Deutsche Märchen und Sagen. Digitale Bibliothek, Bd. 80. Berlin: Directmedia, 2003.

UTHER, HANS-JÖRG (Hg.): Deutscher Sagenschatz. Kreuzlingen bei München: Hugendubel, 2000.

UTHER, HANS-JÖRG (Hg.): Europäische Märchen und Sagen. Digitale Bibliothek, Bd. 110. Berlin: Directmedia, 2004.

UTHER, HANS-JÖRG (Hg.): Knaurs Sagenschatz. Die großen deutschen Sagen. [München: Droemer-Knaur.] Lizenzausgabe für area Verlag, Erftstadt, 2004.

VERLEGER, AUGUST: Taunus-Sagen. Erzählt von … Frankfurt am Main: Kramer [1928].

VERNALEKEN, THEODOR: Alpenmärchen. [Wien, 1863.] Augsburg: Weltbild, 1992.

VERNALEKEN, THEODOR: Mythen und Bräuche des Volkes in Österreich. Als Beitrag zur deutschen Mythologie, Volksdichtung und Sittenkunde. Wien: Braumüller, 1859.

VIIDALEPP, RICHARD (Hg.): Estnische Volksmärchen. Berlin/Ost: Akademie-Verlag, 1980. Die Sammlung erschien 1990 unter demselben Titel im Diederichs-Verlag München.

VONBUN, FRANZ JOSEF, und BEITL, RICHARD: Die Sagen Vorarlbergs mit Beiträgen aus Liechtenstein. Auf Grund der Ausgabe von Hermann Sander (1889) neu bearbeitet und herausgegeben von Dr. Richard Beitl. Feldkirch: Montfort, 1950.

VON PRINZEN, TROLLEN UND HERRN FRO. Märchen der europäischen Völker. Rheine in Westfalen. [Eine Reihe von Bänden mit Märchen in der Originalsprache und in deutscher Übersetzung.] Ab 1956 im Jahresrhythmus herausgegeben von der Gesellschaft zur Pflege des

Märchengutes der europäischen Völker. Ab 1965 unter dem Titel „Begegnung der Völker im Märchen. Unveröffentlichte Quellen".

WAIBEL, MAX (Hg.): Das große Buch der Walser Sagen. Frauenfeld, Stuttgart, Wien: Huber, 2010.

WALDAU, ALFRED VON (Hg.): Tschechische Märchen. [Prag, 1860.] Prag: Vitalis, 1999.

WALDMANN, RICHARD (Hg.): Die Schweiz in ihren Sagen und Sennengeschichten. Köln: Diederichs, 1983.

WANKE, H.: Geschichten und Sagen vom Schwielochsee-Mochowsee. Herausgegeben vom Betrieb Erholungswesen Schwielochsee-Mochowsee. O.J.

WEHRHAN, KARL (Hg.): Sagen aus Hessen und Nassau. Leipzig-Gohlis: Eichblatt, 1922.

WEIDMANN, FRANZ: Sagen des Greizer Reußenlandes. Gesammelt und erzählt von ... [1907.] Plauen: Vogtländischer Heimatverlag Neupert, 2003.

WEISWEILER, MAX (Hg.): Arabische Märchen. Augsburg: Bechtermünz, 1998.

WERNER, DIETMAR (Hg.): Bergmannssagen aus dem Harz. Leipzig: VEB Deutscher Verlag für Grundstoffindustrie, 1988.

WEYDEN, ERNST: Cöln's Vorzeit. Geschichten, Legenden und Sagen Cöln's, nebst einer Auswahl cölnischer Volkslieder. Schmitz: Köln, 1826.

WILDHABER, ROBERT, und UFFER, LEZA (Hg.): Schweizer Volksmärchen. Köln: Diederichs, 1971.

WINKLER, ROBERT (Hg.): Sagen aus dem Vinschgau. Bozen: Athesia, [1968] 2000. Dritte, erweiterte Aufl.

WITTER, ECKHARD: Die Ottermahlzeit. Sagen aus dem oberen Waldgebiet. Hildburghausen: Verlag Frankenschwelle Hans J. Salier, 1993.

WOELLER, WALTRAUD (Hg.): Volkssagen zwischen Hiddensee und Wartburg. Berlin/Ost: Deutscher Verlag der Wissenschaften, 1979.

WOLF, JOHANN WILHELM: Hessische Sagen. Beigebunden ist: E. MÜLHAUSE: Die aus der Sagenzeit stammenden Gebräuche der

Deutschen, namentlich der Hessen. [Göttingen und Leipzig, 1953.] Hildesheim, Zürich, New York: Olms, 1982.

WOLF, JOHANN WILHELM: Niederländische Sagen. Leipzig: Brockhaus, 1843.

WOYCICKI, K. W.: Volkssagen und Märchen aus Polen. Breslau: Priebatsch, 1920.

ZAUNERT, PAUL (Hg.): Deutsche Märchen aus dem Donaulande. In Verbindung mit VIKTOR v. GERAMB, J. R. BÜNKER, P. ROMUALD PRAMBERGER, SIEGFRIED TROLL und ADOLF SCHULLERUS. Jena: Diederichs, 1926.

ZAUNERT, PAUL (Hg.): Deutsche Märchen seit Grimm. 2 Bde. Jena: Diederichs, 1912 und 1923.

ZAUNERT, PAUL (Hg.): Deutsche Natursagen. 1. Reihe, Von Holden und Unholden. Jena: Diederichs, 1921.

ZAUNERT, PAUL (Hg.): Rheinland-Sagen. Bd. 1. Niederrhein bis Köln – Bergisches Land – Eifel. Jena: Diederichs, 1924.

ZAUNERT, PAUL (Hg.): Vlämische Sagen, Legenden und Volksmärchen. Jena: Diederichs, 1917.

ZELENIN, D. K. (Hg.): Velikorusskie skazki Permskoj gubernii. [Die großrussischen Märchen des Gouvernements Perm.] [Petrograd, 1914.] Sankt Petersburg: Bulanin, 1997.

ZENDER, MATTHIAS: Volkssagen der Westeifel. Bonn: Röhrscheid, 1935.

ZEPF, JOSEF (Hg.): Sagenbuch. Aus dem Donaubergland um Tuttlingen. Tuttlingen: Buchhandlung Holzwarth [1958, 1990].

ZINGERLE, IGNAZ VINZENZ: Sagen aus Tirol. Ausgewählt und mit Erläuterungen versehen von LEANDER PETZOLDT. Graz: Verlag für Sammler, 1976.

ZINGERLE, IGNAZ, und ZINGERLE, JOSEPH: Kinder- und Hausmärchen aus Tirol. [Innsbruck, 1852; Gera, 1870; Innsbruck, 1911.] Hildesheim und New York: Olms, 1976.

Märchentypen aus dem
Aarne-Thompson-Katalog

Als Antti Aarne die Klassifizierung der Märchen in Angriff nahm, war die ritualistische Theorie noch nicht geboren. Deshalb stehen die Märchentypen mit Motiven, die Momenten der archaischen Jugendweihe entsprechen, im Katalog nicht nebeneinander, sondern verstreut in der Menge der Angaben. Aus Bewunderung für das Sammelwerk der Brüder Grimm benannte der Finne etliche Typen nach bekannten Texten aus den „Kinder- und Hausmärchen".

Aarnes Verzeichnis wurde zweimal von Stith Thompson überarbeitet und ergänzt (1928 und 1961).

AT 222 „Der Krieg der fliegenden und der vierfüßigen Tiere"

AT 300 „Der Drachentöter"

AT 300 A „Der Kampf an der Brücke" (auch registriert als AT 328 A* „Drei Brüder befreien die von Drachen geraubten Gestirne")

AT 301 „Die drei geraubten Königstöchter", auch bekannt als „Die Prinzessinnen in der Unterwelt". Der Typus umfasst drei Untertypen. (Die verbreitete Bezeichnung *Bärensohnmärchen* trifft nur auf AT 301 B zu.)

AT 301 A „Die Suche nach den verschwundenen Prinzessinnen". Drei Handwerker oder drei Soldaten oder die Drillinge Abendrot, Mitternacht und Morgenrot machen sich auf die Suche.

AT 301 B „Die außerordentlichen Gesellen". Hier beginnt die Handlung oft mit den Abenteuern eines Kraftmenschen, die auch das Thema eigenständiger Überlieferungen bilden, man hat diese zum Märchentypus AT 650 A „Der starke Hans" zusammengefasst. (In der Enzyklopädie des Märchens" gelten sie als Schwänke.) Zuweilen ist die Geschichte vom Starken Hans auf kurze Mitteilungen zusammengeschrumpft; wir hören etwa, dass der Held von einem Tier geboren bzw. gesäugt wird, wundersam heranwächst und eine Kraftprobe leistet. In der portugiesischen Variante „Sohn einer Eselin"[927] hören wir bloß, dass er ein Findelkind ist und von allen *Sohn einer Eselin* genannt wird.

Während seiner Wanderung durch die Welt begegnet der Kraftmensch der Reihe nach zwei, seltener drei Riesen, von denen jeder einer besonderen, ausgefallenen Beschäftigung nachgeht, und verbündet sich mit ihnen. Diese Riesen sind Abbilder von Fachleuten der Späten Bronzezeit. Im zweiten Teil des Märchens werden die Gefährten des Helden von einem Quälgeist überfallen, der sie martert, so wie die Zöglinge der Buschschule gemartert worden sind. Bei der Verfolgung des Quälgeistes gelangt der Kraftmensch in die Unterwelt, wo er die geraubten Königstöchter befreit.

AT 301 C „Der Apfelbaum des Königs". Ein Unhold stiehlt regelmäßig die goldene Frucht vom Apfelbaum des Königs; endlich gelingt es dem jüngsten Königssohn, den Dieb zu verwunden, und die Blutspuren führen die drei Prinzen zum Eingang der Unterwelt. In einer belorussischen und in einer estnischen Variante vergreift sich der Unhold am Vieh des Königs. (Im AT-Katalog nicht enthalten, aber im Typenverzeichnis von Diether Röth vermerkt.)

AT 302 „Das Herz des Unholdes im Ei"

AT 303 „Die zwei Brüder"

AT 303 A „Sechs Brüder suchen sieben Schwestern zu Frauen"

AT 306 „Die zertanzten Schuhe"

AT 310 „Die Jungfrau im Turm"

AT 311 „Von der Schwester gerettet"

AT 312 D „Der Held errettet seine Schwester und seine Brüder aus der Gewalt des Drachen"

AT 313 „Der dem Teufel versprochene Königssohn" (zuweilen eingeleitet durch AT 222 „Der Krieg der fliegenden und der vierfüßigen Tiere" und/oder AT 537 „Die magische Schatulle")

AT 314 „Goldener"

AT 321 „Der Held gewinnt die von der Hexe genommenen Augen zurück"

---

[927] Sohn einer Eselin (AT 301 B). In: HARRI MEIER und DIETER WOLL (Hg.): Portugiesische Märchen. S. 152-155.

AT 325 „Der Zauberer und sein Schüler"

AT 326 „Der Knabe, der das Fürchten lernen wollte"

AT 329 „Die Versteckwette"

AT 400 „Der Mann auf der Suche nach seiner verschwundenen Gattin"

AT 402 „Die Katze als Braut"

AT 403 „Die weiße und die schwarze Braut"

AT 408 „Die drei Orangen"

AT 409 A „Das Mädchen als Zicklein (oder Dohle)"

AT 410 „Dornröschen"

AT 413 „Heirat durch Kleiderdiebstahl"

AT 425 A „Amor und Psyche"

AT 425 B „Der entzauberte Gatte und die Aufträge der Hexe"

AT 425 C „Die Schöne und das Tier"

AT 425 G „Am Lager des schlafenden Prinzen" (siehe auch AT 437 und AT 894)

AT 437 „Der Nadelprinz" (siehe auch AT 425 G und AT 894)

AT 440 „Der Froschkönig"

AT 441 „Hans mein Igel"

AT 451 „Das Mädchen, das seine Brüder sucht"

AT 460 A „Die Reise zu Gott"

AT 460 B „Die Reise zum Glück"

AT 461 „Drei Haare vom Barte des Teufels"

AT 480 „Das gute und das schlechte Mädchen"

AT 502 „Der wilde Mann"

AT 510 A „Aschenputtel"

AT 511 A „Das rote Öchslein"

AT 513 A „Die wunderbaren Helfer"

AT 516 „Der getreue Johannes"

AT 518 „Teufel (Riesen) streiten um Wünscheldinge"

AT 531 „Das kluge Pferd"

AT 532 „Ich weiß nicht"

AT 560 „Der Zauberring"

AT 650 A „Der starke Hans"

AT 590 A „Die verräterische Ehefrau"

AT 709 „Schneewittchen"
AT 710 „Marienkind"
AT 894 „Der Kummerstein" (siehe auch AT 425 G und AT 437)
AT 923 „Lieb wie Salz"

Abweichend vom Schema des Typus wird die Handlung in manchen Texten nicht von einem männlichen, sondern von einem weiblichen Helden getragen und umgekehrt. Ich stelle mir vor, dass man etliche Märchen, ausgehend von der gemischten Gruppe der Zöglinge, wie sie bei AT 301, 303 A, 311, 313, 400 u.a. greifbar ist, ursprünglich sowohl mit männlichen als auch mit weiblichen Helden erzählt hat und einerseits nach und nach der weibliche Held, anderseits nach und nach der männliche Held verdrängt und ausgebootet wurde. Möglicherweise hat das Erzählen vor ausschließlich männlichem Publikum bzw. vor ausschließlich weiblichen Zuhörern zu der Einseitigkeit geführt. (Männliches Publikum: Jäger, Hirten, Händler, Matrosen, Holzfäller, Bergarbeiter, Soldaten, Kaffeehausbesucher. Weibliche Zuhörer: Erzählgemeinschaften der von der Außenwelt abgeschotteten Frauen, wie es im alten Athen und in islamischen Ländern der Fall war, Spinnstubengemeinschaften, Gärtnerinnen, Flachsbrecherinnen, Baumwollpflückerinnen.) Zu dieser thematischen Spaltung hat Johannes Merkel anhand orientalischer Frauenmärchen Überlegungen angestellt.[928]

AT 303 A „Sechs Brüder suchen sieben Schwestern zu Frauen". In einer Überlieferung aus Schleswig-Holstein wollen sieben Schwestern nach Männern Ausschau halten, die Brüder sind.[929]

---

[928] JOHANNES MERKEL: Schehrezad und ihre Schwestern [Nachwort]. In: Ders. (Hg.): Löwengleich und Mondenschön. S. 123-139, hier S. 128-136.
[929] Text ohne Titel. In: KURT RANKE (Hg.): Schleswig-Holsteinische Volksmärchen. Bd. 1, S. 103-104.

AT 311 „Von der Schwester gerettet". Es gibt eine französische Variante mit drei Brüdern, sie heißt „Die sprechende Hand"[930].

AT 313 „Der dem Teufel versprochene Königssohn". In der Grimm'schen Variante „Die wahre Braut"[931], die aus der Oberlausitz stammt, und in der ungarischen Variante „Teufels-Hänschen"[932] soll ein Mädchen „schwere Aufgaben" erledigen.

AT 314 „Goldener". In der rumänischen Variante „Ellenbart"[933] leben im Anwesen der Zauberer-Gestalt ein Knabe und ein Mädchen. Sie fliehen zusammen mit Hilfe des sprechenden Pferdes.

AT 326 „Der Knabe, der das Fürchten lernen wollte". In der Tiroler Überlieferung „Das Totenköpflein"[934] beweist ein Mädchen seine Standhaftigkeit.

AT 361 „Der Bärenhäuter". Im Tiroler Märchen „Die faule Katl"[935] darf sich ein Mädchen sieben Jahre lang weder waschen noch kämmen und nichts Warmes essen.

AT 400 „Der Mann auf der Suche nach seiner verschwundenen Gattin". Laut Aarne-Thompson erlöst ein männlicher Held in den sogenannten *Qualnächten* durch standhaftes Verhalten eine verzauberte Jungfrau. Doch in mehreren Texten, je einer aus Oberösterreich, Niederösterreich, Schlesien, Polen und der Toskana, fällt die Rolle des Erlösers

---

[930] Die sprechende Hand. In: RÉ SOUPAULT (Hg.): Französische Märchen (1963). S. 138-145.

[931] Die wahre Braut. In: BRÜDER GRIMM: Kinder- und Hausmärchen. KHM 186. Bd. 2, S. 368-376.

[932] Ördög-Jánoska. In: ELEK BENEDEK: Benedek Elek összes meséi. Bd. 2, S. 286-291.

[933] Tartacot. In: D. STĂNCESCU: Sur-Vultur. S. 254-258. Die Zauberer-Gestalt trägt hier den Namen des Quälgeistes aus AT 301, eine Maske, hinter der sich vermutlich ein Gehilfe des Stammeszauberers und Schulleiters verbarg.

[934] Das Totenköpflein. In: PAUL ZAUNERT (Hg.): Deutsche Märchen aus dem Donaulande. S. 236-237.

[935] Die faule Katl. In: PAUL ZAUNERT (Hg.): Deutsche Märchen seit Grimm. Bd. 1, S. 369-371.

einem Mädchen zu (Vom verwunschenen Prinzen[936]; Allmählich weiß[937]; Die erlöste Schlange[938]; Die Krähe[939]; Der Mensch aus Stein[940]).

AT 675 „Der faule Bursche". In der polnischen Überlieferung „Der verzauberte Hecht"[941] hilft der dankbare Fisch einem Mädchen.

AT 923 „Lieb wie Salz". In der türkischen Erzählung „Teuer wie Salz"[942] fragt ein Padischah seine *Söhne,* wie sie ihn lieben, und verstößt dann den jüngsten.

AT 930 „Der reiche Mann und sein Schwiegersohn". Im englischen Märchen „Der Fisch und der Ring"[943] sträubt sich ein Baron, im rumänischen Märchen „Der Spruch der Schicksalsfrauen"[944] sträubt sich der Grüne Kaiser gegen die Heirat *des Sohnes* mit einem armen Mädchen.

---

[936]   Vom verwunschenen Prinzen. In: KARL HALLER (Hg.): Volksmärchen aus Österreich. S. 6-11. – Auch enthalten in: MAX MELL (Hg.): Alpenländisches Märchenbuch. S. 56-60.

[937]   Allmählich weiß. In: THEODOR VERNALEKEN: Mythen und Bräuche des Volkes in Österreich. S. 125-129.

[938]   Die erlöste Schlange. In: KARL HALLER (Hg.): Volksmärchen aus Österreich. S. 109-111.

[939]   Die Krähe. In: K. W. Woycicki: Volkssagen und Märchen aus Polen. S. 82-83.

[940]   Der Mensch aus Stein (AT 425 A + 400 + 516). In: HERBERT BOLTZ (Hg.): Toskanische Märchen. S. 108-115.

[941]   Der verzauberte Hecht. In: VIERA GAŠPARÍKOVÁ, JAROMÍR JECH, HELENA KAPEŁUŚ, PAUL NEDO (Hg.): Die gläserne Linde. S. 170-172.

[942]   Teuer wie Salz. In: SEVGI AĞCAGÜL und ELISABETTA RAGAGNIN (Hg.): Türkische Volksmärchen. S. 168-174.

[943]   Der Fisch und der Ring. In: KATHARINA BRIGGS und RUTH MICHAELIS-JENA (Hg.): Englische Volksmärchen. S. 36-39.

[944]   Cuvîntul ursitoarelor. In: ION POP RETEGANUL: Poveşti ardeleneşti. S. 244-247.